任重◎主编

张其成国学基金资助

儒生

第肆卷

【第四卷】

知识产权出版社

全国百佳图书出版单位

图书在版编目（CIP）数据

儒生. 第 4 卷/任重主编. —北京：知识产权出版社，2015.8
ISBN 978 - 7 - 5130 - 3096 - 0

Ⅰ.①儒… Ⅱ.①任… Ⅲ.①儒学—研究 Ⅳ.①B222.05

中国版本图书馆 CIP 数据核字（2014）第 241156 号

责任编辑：江宜玲　　　　　　　　　　　　责任出版：刘译文
封面设计：张　冀

儒生（第四卷）

任重◎主编

出版发行：	知识产权出版社 有限责任公司	网　址：	http：//www.ipph.cn
社　址：	北京市海淀区马甸南村 1 号	邮　编：	100088
责编电话：	010 - 82000860 转 8339	责编邮箱：	jiangyiling@cnipr.com
发行电话：	010 - 82000860 转 8101/8102	发行传真：	010 - 82000893/82005070/82000270
印　刷：	三河市国英印务有限公司	经　销：	各大网上书店、新华书店及相关专业书店
开　本：	880mm×1230mm　1/32	印　张：	12.5
版　次：	2015 年 8 月第 1 版	印　次：	2015 年 8 月第 1 次印刷
字　数：	314 千字	定　价：	48.00 元

ISBN 978 -7 -5130 -3096 -0

目 录

甲编：谏议

国体的初现

——中国历代祭孔释奠袭封衍圣公的意义透析

张晚林[*]

一

笔者拜谒曲阜文庙时，曾有人说：中国现存的古代庙庭，以等级之森严、气象之宏伟、境界之博大论，除北京故宫外，当属曲阜文庙。同时，曲阜礼器、什物、碑亭、题跋、字画之繁盛，亦仅居北京之次。曲阜，俨然传统中国的另一个都城。但我们知道，曲阜在秦汉以后，从来没有作为任何一个朝代的政治都城。尽管如此，曲阜却比历史上的政治都城延绵更久远，因为秦汉以后，中国的政治之都分别建在长安、洛阳、南京（建康）、开封、杭州、北京等地，这些都城历尽沧桑，但曲阜却一直没有变化。我们不妨把曲阜作为文化之都，其标志就是：中国历代统治者都毫无例外地袭封世居阙里的孔子后裔，名曰衍圣公。尽管朝代有更迭，朝政有更张，但袭封衍圣公却延续了 2000 多年，至袁世凯称帝时依然如此。政治上的中国，秦汉以后，经历了十几

---

  * 张晚林：男，1968 年生，湖北大冶人。工学学士、文学硕士、哲学博士。现为湖南科技大学哲学系教授。著有《赫日自当中：一个儒生的时代悲情》（"儒生文丛"第二辑，北京：中国政法大学出版社 2013 年版）。

个朝代，同时，亦有十几个姓氏的人登上历史舞台，称霸当王。但文化上的中国，曲阜的衍圣公传承，世系清晰，延绵不断。岂不令人惊奇？同时，历代帝王或亲幸阙里，或临雍释奠，或遣官阙里祭告，都是朝廷重典。这些制度与典礼透显出的意义是需要分辨与剖析的，不然，就泯灭了其中的大义。

二

　　社会有政治社会与文化社会之分，政治社会的运行依赖于行政权力，其着眼点在于经济发展、社会治安、国家安全等；文化社会的运行依赖于伦理教化，其着眼点在于扶持人心、和谐社会乃至安顿生命。政治社会易于显性表现，因为经济发展、社会治安、国家安全等作为一种事实，很容易被人们在日常体验到；而文化社会却常是隐性的表现，因为人心之好坏、社会之教养、生命之安顿等问题作为一种底据性的存在，不易被人发现，出了问题常以政治社会的形态表现出来，人们常以为是政治出了问题，实际上是文化出了问题。可见，文化社会是比政治社会更基础性的社会，政治问题的解决必须依赖文化问题的解决，若一时解决了政治问题，但文化问题没有解决，政治问题依然会凸显出来。在政治社会与文化社会的关系问题上，现代社会与传统社会表现出了不同的着眼点。传统社会，无论是中西方，都视文化社会高于政治社会。柏拉图以为只有哲学王才能当"理想国"的统治者，这意味着国家的统治不只是一般性的事务管理，更是文化的修持与提升，因为"哲学王"是一个文化的"王"；同样，柏拉图的学生亚里士多德也认为：城邦政治的目标是实现"善"，而"善"不仅仅是一个经济发展问题，更是一个关涉人的身心幸福的综合性的文化问题。本来，在西方亦如东方一样，政治是文化的一部分，"政治"（polis）原意为"城邦"，柏拉图的"理想国"就是用的 polis，亚里士多德的"政治学"用的也是 polis，其实都是城邦学（文化学、人学）的意思。中译者翻译成纯粹的政治学著作，味道全失，尽管细读他们的著作仍可感受到其超越纯粹政治、以文化来"化成天下"的主旨。由此可知，他们的著作隐含着一个更为深入的问题，就是"以文化作为国体"之问题。

在古代中国，政治社会之于人的生活的影响是很有限的。我们常说，中国古代是一种农耕社会，其经济运行模式是自给自足的自然经济，所谓"自然"就是消弭了政治权力的作用，至少使其降到最低限度，而让人自由地生产作业。《击壤歌》唱曰："日出而作，日入而息，凿井而饮，耕田而食。帝力于我何有哉！"正是这种经济运行模式与政治权力关系的最好表示。如果政治权力过分地干预社会，就会被认为是扰民。柳河东的《种树郭橐驼传》就鲜明地体现出这种思想。因此，在传统中国，人们很少体会到政治之于人的生活的影响，他们对于朝代的更迭、王朝的更替，没有太多的感觉与感受。这是为什么呢？因为传统的中国人多生活在一个更有黏合力与协调度的社会里面，这个社会就是宗法族里社会，这个社会的主要精神载体不是政治权力、经济纽带，而是儒家的传统礼法，故可称为是文化社会。可以说，古代中国人之所以对于政治社会罔顾而无觉，乃因为他们浸于儒家文化社会的润泽与调适之中。这种润泽与调适覆盖于整个社会，从而不觉需要政治权力的掺入。这就是中国传统的宗法自治社会。正因为历代帝王将相深刻认识到政治权力对于传统中国人生活方式的影响非常有限，因此，一方面，他们于政治上很少觉得有改革变化的必要；另一方面，维护儒家之文化传统于不坠，这不但是治国之首务，而且是国家之所以为国家的根本。因为政治之于百姓的日常生活影响很小，一则是百姓不觉政治的重要，二则是统治者也因之不觉改革的必要。甚至在朝廷政治乱象环生的时候，百姓的生活依然平静如水。于是，我们可以看到，中国历史上有不少怠于朝政的帝王，但社会运行依然故我，没有受到太多伤害。可见，在传统中国，文化社会与政治社会常常拉开了相当的距离。文化社会以其强大的文化黏合力确保了基层社会的正常经济运行与治安管理。中国古代的王朝更迭，很少是由于基层社会的崩溃引起的，或是朝臣拥兵自立，或是英雄募兵造反。但无论是朝臣自立，还是英雄造反，他们对于政治架构自身并无丝毫改变，因此，中国历史上的朝代更迭，从文化精神而言，并无意义。基于此，黑格尔才说中国是一个空间性的国家，从精神史上看，并无发展。正因为如此，历代统治者都深知，政治可以没有改进，甚至朝政可以相对地无序一点，没有关系，但文化社会绝不能崩塌，儒家文化之于社会的教化功能不能有丝毫懈怠。这也可以解释，为什么中国历史上昏庸无能的君臣那么多，但百姓并没有什么意见，且顺民成千上万的原因所在了。顾亭林在《日知录》中说："有亡国，有亡天下，亡国与亡天下奚辨？曰，易姓改号，谓之亡国；仁义充塞而至于率兽食人，人将相食，谓之亡天下。""亡国"就是"易姓改号"，这对于中国百姓来说，不算什么，或者说，那是王侯将相的事；但"亡天下"就是失却文化，其结果就是"仁义充塞而至于率兽食人，人将相食"，所关甚大。"天下兴亡，匹夫有责"，不是针对政治社会而言，乃是针对文化社会而言。简言之，在传统中国，文化社会的重要性远远高于政治社会，中国历代之祭孔释奠、袭封衍圣公，正是确保文化社会的领袖作用的基本举措之一。或者说，他们希望通过文化的举措达到政治的目的，这样，软性的文化黏合力消解了硬性的政治暴戾之气。这样，文化走向前台，政治反退居幕后了。以前我们以为，中国历代假借儒家文化来实行统治，而看到朝廷实际的政治运行乱象丛生，于是，我们批判儒家文化为专制政治的护身符。殊不知，在传统中国，政治与基层社会运行是分开的，朝廷政治是君臣之间的权力游戏，尽可以不断地变换戏法，与基层社会的运行，即与百姓的日常生活关系不大。基层社会的运行是依靠儒家文化，统治者抓住了这一点，也就抓住了根本。至于权力中心的游戏，尽可以无序。但我们看到权力中心无序，就以为整个社会皆无序，乃至把这种罪过推给儒家文化，这是没有看到权力中心与基层社会的差别。仅仅看到朝廷权力中心的游戏，而看不到基层社会的文化黏合力，并不能真正地了解传统中国的政治内涵。所以，对于一个真正有作为与远见的帝王而言，作为政治家，如其玩好权力中心的游戏，不如去曲阜祭祀孔子，或袭封孔子后人，引领世道，表率人伦，从而起到维护斯文道统的作用，是以人心得以扶持，社会得以和谐，乃至生命得以安顿。只要斯文道统不坠，基层社会就可正常运行，与权力中心的游戏无关。由此我们可以明白，中国传统社会轻政治而重文化的缘由了。传统典籍总是讲"无为而治"，并非虚言。因此，古代中国的政治，其"为"表现在硬性的政治举措很少（多了反被认为是扰民），多表现在软性的文化建设上。但文化上的"为"就是"无为"，因为统治者只要维持孔子以来的道统不坠即可，无须太多的发明创造。一言以蔽之，传统的中国，其国体是以儒家文化为中心构建的，而不是权力中心的游戏。当然，这种国体不像现代意义的国体那样紧凑而凸显，因为它比较松散，故一般人很难体会到这种国体的存在。也正因为如此，英人罗素才说：中国更像一个文化单位而不是严格意义上的现代政治国家。[①]

古代中国之国体，乃以文化来引领政治，表现在官员的任用上，在隋唐之前，或举孝廉，或征辟制，其依据是儒家的忠孝节义或礼义廉耻之行，隋唐以后，则是科举考试，其基本内容是

---

① 罗素. 中国问题［M］. 秦悦，译. 上海：学林出版社，1996：164.

"四书五经"。概言之，官员的任用，其依据都来自儒学道统之内容。这样，这些官员分派到各基层社会，不是以政治的强力去宰制民众，乃是以文化的潜德去规导人心。这个效果，如果只从权力中心的政治游戏看，是得不出的，必须从传统中国宗法社会的胶固与强大这个地方看。中国历代帝王或亲幸阙里，或临雍释奠，或遣官祭告，乃至袭封衍圣公，都有敬服与遵从国体的意义。

三

传统中国以文化来引领政治，除了依据儒学道统进行官员任用之外，对于这个道统的代表人物——孔子及其家族，历代帝王亦有特别的举措，凭这些举措，起到扶持人心、师范社会的作用，更深入地看，是传统中国国体的初步显现。下面笔者即不揣繁复，钩沉史料，列举事实，以见政治对于文化的敬重与臣服。

（一）帝王亲幸曲阜，祭祀孔子及其弟子

据衍圣公孔子第六十七代孙孔毓圻（1657—1723）主持编撰的《幸鲁盛典》及清代学者黄本骥（1781—1854 或 1856）的《圣域纪闻》，历史上有以下帝王曾临幸曲阜，祭祀孔子及其弟子。

一、汉高祖十二年（前 195）十一月，行至淮南，还，过鲁，以太牢祭祀孔子。此开帝王祭祀孔子之先河。

二、光武帝建武五年（29）冬十月征董宪，遂幸鲁，使大司空祀孔子。

三、明帝永平十五年（72）二月庚子，东巡，耕于下邳，至鲁，幸孔子宅，祀仲尼及七十二弟子。

四、章帝元和二年（85）正月丙辰，东巡狩，耕于定陶，柴告岱山，祀明堂。三月己丑，进幸鲁，庚寅，祀孔子于阙里及七十二弟子。

五、安帝延光三年（124）二月丙子，东巡狩……戊戌，祀孔子于阙里。

以上两汉时期。

六、北魏世祖太平真君十一年（450），车驾南伐宋，自东平趋邹山。十一月进至鲁郡，以太牢祀孔子。

七、孝文帝泰和十九年（495）夏四月，如鲁城，亲祀孔子。

以上南北朝时期。

八、唐高宗乾封元年（666）正月丙戌，车驾发泰山，辛卯至曲阜，赠孔子太师，以少牢致祭。

九、唐明皇开元十二年（724）十一月，封泰山，还，车驾诣孔子宅，亲设奠祭。

以上李唐时期。

十、后周太祖广顺二年（952），亲征慕容彦超……于六月朔，亲诣阙里致祭。

以上五代时期。

十一、宋真宗大中祥符元年（1008）十一月敕告，报皇帝封禅毕，车驾至兖州曲阜县，谒先圣庙，取十一月初一日，备礼躬谒。

十二、金太宗天会七年（1129），睿宗为都元帅，统大军入兖州，抚定退师，命曲阜知县衡雄引诣宣圣庙。时值建炎寇焚殿，火犹未息，元帅乃登杏坛奠拜，讫，复诣圣林。

十三、熙宗皇统元年（1141）二月戊午，亲诣阙里致祭。

以上宋金时期。

上列资料引自《幸鲁盛典》第二卷。

十四、清圣祖康熙二十三年（1684），圣驾东巡，躬诣阙里致祭，行三跪九叩礼，用大学舞乐。祭毕，诣孔林，祭酒三爵，行一跪三拜礼。诣诗礼堂讲书。留御用曲柄黄盖于庙庭，颁御书"万世师表"额于各学。（康熙此次幸鲁祭孔，由衍圣公孔毓圻引驾，孔子后人孔尚任等御前讲经。其行程、礼数、祭奠、器皿、什物及制诰、诏书、题跋、书帖、碑文、诗赋等撰成《幸鲁盛典》四十卷。数据丰富翔实，记载了历代诣阙里祭祀，太学释奠礼及孔子后裔赐爵封侯情况。值得参考，是书收入《四库全书》）

十五、清高宗乾隆二十一年（1756）二月，亲诣太学行礼。圣驾东巡，躬诣阙里致祭，遣官诣启圣林祭酒。二十二年（1757），圣驾南巡，遣官祭阙里。回銮时，躬诣孔庙，撝香行三跪九拜礼，孔林酹酒行一跪三拜礼。二十七年（1762），圣驾南巡，遣官祭阙里。回銮时，躬诣孔庙孔林行礼。三十一年（1766），圣驾南巡，道经山左，躬诣孔庙孔林行礼。三十六年（1771），圣驾东巡，躬诣阙里致祭。四十九年（1784），圣驾南巡，道经山左，躬诣阙里致祭，行三跪六拜礼。五十五年（1790），圣驾东巡，躬诣阙里致祭。

以上清廷时期。

上列资料引自黄本骥《圣域纪闻》卷二。

（二）帝王幸太学、辟雍、国子监行释奠礼

黄本骥《圣域纪闻》卷一记载，在太学、辟雍或国子监行释奠礼的帝王很多。概有：

一、魏·齐王曹芳正始二年二月、五年五月、七年十二月，皆使太常以太牢祠孔子于辟雍，以颜渊配。

二、晋·武帝泰始三年，诏太学及鲁国四时备三牲祠孔子。七年，命皇太子祠孔子。

晋·穆帝升平元年，亲释奠于中堂。

三、北魏·太武帝始光三年，起太学于城东，祀孔子，以颜渊配。

北魏·孝文帝延兴三年，诏祭孔子，制用酒脯。

四、齐·武帝永明二年，太子释奠，王公以下悉往观礼。

五、陈·后主至德三年，改筑孔子旧庙，以时飨奠，十二月释奠于先师，设金石之乐。

六、北周·武帝天和元年，诏胄子入学，行释奠礼。北周·静帝大象二年，幸露门学，行释奠礼，追封孔子为邹国公。

七、唐·高祖武德二年，立孔子庙于国子监。七年二月，释奠于国学，以周公为先圣，孔子配。

唐·太宗贞观十四年，观皇太子释奠于国学。二十一年二月，皇太子释菜于国学，以左丘明、卜子夏、公羊高……王弼、杜预、范宁等二十二人配享。

唐·高宗总章元年，皇太子释奠于学，赠颜回太子少师，曾参太子少保。开耀元年，皇太子释奠于学。

唐·殇帝唐隆元年八月，皇太子释奠于学。

唐·玄宗开元七年，皇太子齿胄于学，谒先师。

唐·肃宗上元元年仲秋，祠太学。

唐·代宗永泰二年，修国学祠堂成，行释奠礼，宰相以下就观。

八、后唐·明宗长兴三年，定七十二贤祠享，各陈酒脯。

九、宋·太祖建隆初，于国学槊先圣孔子、亚圣颜子及十哲像，画七十二贤及先儒左丘明等二十一人像于东西庑之壁，亲撰先圣亚圣赞，十哲以下命文臣分赞之。凡三幸国学，谒孔子庙。

宋·仁宗庆历四年，幸国学，谒孔子，有司言旧仪止肃揖，帝特再拜。

宋·哲宗元祐六年，幸太学释奠礼，一献再拜。

宋·孝宗淳熙四年，幸太学，谒先圣。

宋·理宗淳祐元年，幸太学，谒孔子，封周濂溪、张横渠、程明道、程伊川伯爵，以朱子从祀，黜王安石。

宋·度宗咸淳三年，帝诣太学，谒孔子，行释菜礼。

十、金·世宗大定十四年，定释奠仪数。

十一、元·仁宗延佑三年，释奠于先圣，以颜、曾、思、孟配享。

十二、明·太祖洪武元年二月，以太牢祀先师孔子于国学，仍遣使诣曲阜致祭。定每岁仲春、秋上丁，皇帝降香，遣官祀国学。置衍圣公府官属，掌书、典籍、司乐、知印、奏差、书写各一人，立孔、颜、孟三学教授，司教、学录、学司各一人，立尼山、洙泗二书院，各设山长一人，免孔氏子孙及颜、孟大宗子孙徭役。十五年，新建太学庙中大成殿，左右两庑。前为大成门，门左右列戟二十四，又前为棂星门。亲行释奠。又诏天下通祀孔子，并颁释奠仪注。二十九年，行释奠礼。

明·惠帝建文元年三月，行释奠礼。

明·成祖永乐四年三月，行释奠礼。

明·英宗正统九年三月，新建太学成，行释奠礼。

明·景帝景泰元年，幸太学，诏衍圣公及孔、颜、孟三氏子孙观礼。二年二月，行释奠礼。

明·孝宗弘治元年三月，行释奠礼。

明·世宗嘉靖元年二月，行释奠礼。

明·穆宗隆庆元年八月，行释奠礼。

明·熹宗天启五年三月，行释奠礼。

明·思宗崇祯十四年八月，行释奠礼。

十三、清·世祖顺治二年，定太学丁祭，遣大学士一人行礼，翰林官分献，国子监祭酒祭启圣祠。定每年致祭皆以二月八月上丁日，如遇有事，改次丁或下丁，并通行直省各学。定直省春秋释奠礼，以地方正印官主祭。定朔望释菜礼，设酒、芹、枣、粟，太学朔日以祭酒，望日以司业行礼，直省以教职行礼。定直省府州县，建名宦、乡贤二祠于学官内，每岁春秋释奠之日，地方官以少牢致祭。九年，临雍释奠，行二跪六拜礼。十七年，重修太学告成，临雍释奠。

清·圣祖康熙八年，临雍释奠。十四年，册立皇太子，遣官祭阙里。三十二年，重修阙里庙落成，遣皇子诣祭，具蟒袍补服，于杏坛行礼，随诣孔林，行三跪九拜礼，祭酒三爵，行一跪三拜礼。三十四年，畿辅灾，山西地震，遣官祭阙里。三十五年，平定额鲁特噶尔丹，遣官祭告太学，颁御制碑于各学。三十六年，平定朔汉，遣官祭阙里。四十八年，册立皇太子，遣官祭阙里。

清·世宗雍正元年，圣祖仁皇帝升配礼成，遣官祭阙里。二年，临雍释奠。四年，定临雍释奠仪注，行二跪六拜礼，立献帛爵一次，不读祝文，不饮福受胙。是年又改定读文致祭，仲秋亲诣行礼。又改定跪献帛爵。五年，定每年八月二十七日至圣诞辰，内外文武官及军民人等，均致斋一日，不理刑名，禁止屠宰。七年，亲诣太学祭告，颁直省文庙乐章。

清·高宗乾隆二年，世宗宪皇帝升配礼成，遣官祭阙里。三年二月，亲诣太学，行三献爵礼。五年八月，亲诣太学行礼。定舞用六佾，设乐舞，生三十六人，免其府州县赋。九年二月，亲诣太学行礼。十八年八月，亲诣太学行礼。二十年，平定准噶尔，遣官祭告太学，颁御制碑于各学。二十一年二月，亲诣太学行礼。二十五年，平定回都，遣官祭告太学及阙里。颁御制碑于各学。四十八年二月，亲诣太学行礼。五十一年，临雍释奠。六十年二月，亲诣太学行礼。

清·仁宗嘉庆元年，授受礼成，遣官祭阙里。二月，亲诣太学行礼。三年，临雍释奠。四年，高宗纯皇帝升配礼成，遣官祭阙里。七年二月，亲诣太学行礼。十五年二月，亲诣太学行礼。

清·宣宗道光二年，仁宗睿皇帝升配礼成，遣官祭阙里。二月，临雍释奠。

咸丰、同治、光绪、宣统四朝祭孔释奠的情况，因数据所限，暂时不能列出，有待进一步考证。

（三）修建或重建京师文庙，修葺阙里庙庭

魏文帝黄初二年，令鲁郡修葺旧庙，置百户吏卒以守卫之。此开朝政令修阙里庙庭之始。尔后，历代帝王诏令重修阙里庙庭之无数，在此不一一列出。

北魏孝文帝太和十三年，立孔子庙于京师。此开京师修建文庙之先河。尔后，历代亦多在京师修建或重修文庙，在此亦难以一一列出。不唯此也，传统中国几乎每个州府县学中，都修建有文庙，尽管历史上可能常毁于战乱或火灾，但后代一定会修葺重建，以匡扶时学。

（四）孔子后裔封侯赐爵

汉高祖十二年，过鲁幸阙里，封孔子九世孙孔腾为奉祀君，专管祭祀孔子事务。这虽然不是一个可以世袭的爵位，却开朝廷册封孔子后裔风气之先。至汉元帝永光元年，诏封孔子第十三世孙孔霸为关内侯，主管宗庙祭祀，食邑八百户。此为孔子后裔世袭爵位之始。此后一直到宋仁宗至和二年之前，孔子后裔中的嫡长孙俱可世袭爵位，其名称虽略有异，其实质就是主管阙里宗庙祭祀的奉祀官。宋仁宗至和二年，孔子第四十六代孙孔宗愿被封为衍圣公，此为袭封衍圣公之始。自此以后，一直到1920年，孔德成袭封衍圣公止。如果从汉元帝封孔霸关内侯算起，则中国历史上之封赐孔子后裔，近2000年之久。

以上这些，都是国家的重典，是很大的政治事件，而由帝王或重臣亲自参加，正表现了传统中国以文化来引领政治的基本特

征，更透露出儒家文化作为国体的意义。中国历代帝王的尊号、庙号、年号、诏书，臣子的官职、封赏、谥号等，无不体现儒家文化作为国体的意义。

四

因为孔子在中国文化上的特殊贡献，故帝王之临幸阙里拜谒，行祭孔释奠礼，兴建、修葺京师或阙里文庙，都是表示对孔子的敬重。一般人或许以为无可非议，但孔子后裔无故袭封衍圣公，这是为何？要知道，诸多的衍圣公，无论在才德与学识方面，未见得特别突出，仅仅因为是孔子的嫡长孙而获袭封，这是不是一种家族血缘崇拜呢？这是不是一种不公平的门阀制度呢？如果今人从这个方面来看待中国传统的衍圣公传承，说明其没有文化意识，不能理解真正意义上的古代中国。

衍圣公，尽管有爵位与俸禄，但却没有什么政治权力，其职责仅仅是主管阙里宗庙祭祀、孔林之看护等。按理说，这样的职责由朝廷专门任用一个异姓之人，也是可以完成的。那么，中国历朝历代无论谁家坐定天下，却无异议地袭封孔子后人，这是为何？因为中国文化是一个源远流长的道统，这个道统从学术精神上看，是一种抽象的存在，这种抽象的存在如何使人感觉它是一种具体的存在呢？袭封孔子后人，名其曰衍圣公，就是最好的表示。1935年民国政府改衍圣公为"大成至圣先师奉祀官"，就不太好，这个名称没有显示出道统的延续性。因为人人可就任"大成至圣先师奉祀官"，但衍圣公却不是人人可任的，必须是孔子的后裔。然由此是否可带来家族血缘崇拜的后果，当然不会。何也？吾人从文庙两庑牌位之开放性即可知晓。文庙尽管名为孔庙，但却不是孔氏之家庙，而是中国道统之精神之庙。因为在孔庙中不只有孔子的牌位，更有历代圣贤或儒林巨子的牌位，如理学大家程、朱、陆、王等，相反，衍圣公的牌位却很少进入。这意味着，如果一个人在弘扬儒家道统方面有杰出的贡献，就有资格从祀于文庙。所以，文庙是开放的，每一个在践行儒学、弘扬道统方面表现卓越的人，都有可能进入，这是一个民族文化精神之庙。因此，衍圣公制度绝不是一种家族血缘崇拜，而是体现了中华道统的世代延绵。这就如英国、日本等国的王室制度一样，绝不是一种家族血缘特权，而是一种民族文化精神的体现。所以，如果我们更深入地看，中国传统的衍圣公传承与历代王朝之更迭，相当于国体与政府的关系，衍圣公传承就相当于国体，这个"体"就是以儒家文化立国，永远不变，但政府可以随时变更。当然，时人未必有这种清醒的意识，但一定隐含有这种意义。一言以蔽之，衍圣公制度，体现了传统中国以儒家文化立国的根本意义。进言之，中国历代帝王之幸阙里致祭，或临雍释奠，并非对孔子个人的膜拜，而是对这种文化国体的敬服与遵从。这种文化立国尽管在王朝权力中心之运用差强人意，但在基层社会却表现良好，使得中国传统社会呈现出一种静态的良性运行，历2000多年而不变。

五

那么，当代中国难道不是以文化立国吗？首先，中国政府一再强调增加文化软实力；其次，现在教育普及，义务教育实行免费制，高等教育也空前发展。这一切，不是超过了传统中国数倍吗？尽管如此，也不能说现代中国是文化立国。因为文化软实力也好，教育普及也罢，都是技术性的。现代文化都是在这种技术性架构的逼夹下衍生出来的，因而是形式性的。就教育而言，现在的大学教育是学到一门技术而去找一份工作，这与传统的教育精神根本殊异。在古代中国，如果走进传统书院，即可见"学达性天"四个字，这就是教育的根本精神，也是文化之所以为文化的根本标志。所以，文化绝不是一些技术性的程序或形式性的系统，文化一定契合"天地人"为一而言，故真正的文化一定是"天人合一"的形态。这在中西传统中都是如此，胡塞尔曾论古希腊人的生活时说："更全面地说就是：历史上环绕着希腊人的世界并不是我们的意义上的客观世界，而毋宁是他们'对世界的表象'，即他们自己的主观评价以及其中的全部实在性，比如诸天神与诸守护神，这些东西对于他们而言都是有效的。"① 现代文化的技术性程序或形式性系统只是人的客观经验认知，以此作为文化的全部，正是现代文化日益世俗化与实用化的因由。

　　现代中国由于生产的社会化，打破了传统中国自给自足的自然经济形态，使得基层社会不可能完全像传统社会那样，依靠伦理文化就可以自行运转。生产的社会化增加了政治的担负，因为此时的政治要安排生产管理与经济发展，不可能完全像传统政治那样，只以文化来引领政治，确保基层社会的稳定即可。所以，现代政治在一定程度上脱离文化的牵引，讲究政治自身的主体性，这是必需的，也是可以理解的。因此，现代文化的技术性程序与形式性系统在一定程度上都是有意义的。但现代社会的弊端是，把现代文化的技术性程序与形式性系统作为文化的全部，或者说，使政治成了赤裸裸的政治，完全下降为"人事"，因为没有"天"的超越的一面，故现代文化那种技术性程序与形式性系统不能凝练成一个民族精神。这正是现代社会铜臭气冲天，继而人情冷漠、社会危殆的根本原因所

---

① 胡塞尔. 欧洲人的危机与哲学 [M] //倪梁康. 胡塞尔选集. 上海：上海三联书店，1997：944.

在。由此，吾人也可以看到，中国传统的基层社会在现代被彻底松散，每个人被原子式地架构在政治社会中，赤裸裸地面对那些技术性程序与形式性系统，不像传统中国社会那样，有宗族的退守与温存。因为技术性程序与形式性系统是松弛的、平面的，而不是紧聚的、立体的，故现代社会只是线性的因果关系，而不像传统社会那样具有立体的黏合力量。传统文化的退隐致使中国传统基层社会的消解，是当下中国社会治安混乱、民风日下的致病之因。吾人说过，文化一定契合"天地人"为一而言，一个重文化的政治一定也要讲究"天地人"，这正是传统中国的政治与现代中国政治的根本区别。根据前面所列的史料，传统中国的一些政治事件，如册立皇太子、平定方镇等一定要遣官祭告阙里，这表明，政治不仅仅是对"人"负责，而且是对"天地君亲师"负责。与传统社会及政治相较，现代社会及其政治，其根本差别就在这里，一切只是"人事"，缺乏一个"天地君亲师"的维度。传统社会的祭孔大典、释奠礼与袭封衍圣公，都是在遵从"天地君亲师"，这是真正文化的表示。所以，尽管现代中国教育发达、文化兴隆，依然不是文化立国，至多是技术立国。

文化立国与技术立国奚辨？曰：文化立国求契合天道，技术立国仅计算得失。《管子·四时》篇中说，治理国家要"知四时"，"令有时。无时则必视，顺天之所以来"，"不知四时，乃失国之基"。所谓"知四时"就是要人顺应天道，故一年四季其发令施政皆有不同。"是故春三月以甲乙之日发五政。一政曰：论幼孤，舍有罪；二政曰：赋爵列，授禄位；三政曰：冻解修沟渎，复亡人；四政曰：端险阻，修封疆，正千伯；五政曰：无杀麑夭，毋蹇华绝芋。五政苟时，春雨乃来。"同样，夏三月、秋三月、冬三月各有其政，不可淆乱。传统中国为什么科学不发达，乃因为传统中国人不需要科学，他们依天而行劳作。于是，吾人可以看到，传统的农村人纯粹依据流传下来的几句俚语乡谚，就可以把四时的生产劳作打理得很好，而绝不会对时下的科学有什么兴趣。正因为施政劳作乃依天而行，故治国对于他们来说是很简易的事。老子曰："治大国，若烹小鲜。"这虽然是道家的思想，但代表了传统思想的经典方向。陆象山曰："简易工夫终久大，支离事业竟浮沉。"依文化立国，就是简易工夫。依技术立国，就是支离事业。技术立国何以"支离"，因为它的一切来自于计算。昔人云："天下之枉，未足以害理，而矫枉之枉常深；天下之弊，未足以害事，而救弊之弊常大。"（宋·李泌《路史·封建后论》）于是，吾人看到法愈密而弊愈生，术愈细而道愈离。故技术立国乃是矫"失"以为"得"，而真所以得之之道，独弃置而未讲。

六

本文通过祭孔释奠，袭封衍圣公这种古礼或制度，深掘其中之义理，进而开显其得之之道，可谓"众里寻他千百度"也，唯希望能看到站在"灯火阑珊处"中的"那人"。近年来，一些儒者常去阙里祭拜或文庙祭祀，笔者也曾三度带领学生在夫子像前行祭拜礼，但却遭到了国人的非议与责难，认为这些儒者顽固不化，倒行逆施。其实，儒者们之祭孔行礼，绝不只在乎古礼自身，而是欲唤醒国人的文化意识，回到自家的国体当中。因为国体当中，一定要有民族道统在里面，只是技术性程序与形式性系统，不足以成为国体。而且，国体中的文化一定是民族文化传统，因为这涉及文化的情感承受性与历史合法性问题。所以，中国要真正复兴，完成"中国梦"，建构"美丽中国"，则传统文化的复兴并使其作为国体之要件，是一个必须正视的问题，也是一个时不我待的问题。

一件重要的"小事"

——关于红十字

盛　洪 *

　　2005 年 12 月 5 日，国际红十字会推出了红水晶标志，为的是让以色列能够加入这个国际组织。这个消息在中国被迅速淹没掉了，因为普通中国人很难理解这一新标志的含义。这多半是因为中国是一个非一神教文明，人们对宗教标志并不敏感。一提起红十字，就会想起医院和战地救护，几乎不会与宗教联系在一起。按照现在通常的说法，红十字是由最先发起红十字运动的瑞士人将本国国旗的图案（红底白十字）反转而成，没有宗教含义。事实没有这么简单。因为从历史上看，瑞士国旗有着很明确的基督教起源。《大英百科全书》指出，瑞士国旗是中世纪时罗马教皇以基督教的名义授予瑞士国王的。今天瑞士仍是基督教国

---

　　* 盛洪：男，1954 年生于北京。1983 年毕业于中国人民大学，1986 年和 1990 年于中国社会科学院研究生院相继获得经济学硕士和经济学博士。现任北京天则经济研究所所长，山东大学经济研究中心教授。著有《为什么制度重要》（郑州：郑州大学出版社 2004 年版），《治大国若烹小鲜》（上海：上海三联书店 2003 年版），《在传统的边际上创新》（上海：上海三联书店 2003 年版），《经济学精神》（上海：上海三联书店 2003 年版），《盛洪集》（哈尔滨：黑龙江教育出版社 1996 年版），《分工与交易》（上海：上海三联书店 1994 年版），《为万世开太平》（北京：北京大学出版社 1999 年版），《寻求改革的稳定形式》（上海：上海财经大学出版社 2002 年版），《以善致善》（与蒋庆合著，上海：上海三联书店 2004 年版），《旧邦新命》（与宇燕合著，上海：上海三联书店 2004 年版），与陈郁合作译校《论生产的制度结构》（原著科斯，上海：上海三联书店 1994 年版）。

家，有 79.3% 的人信仰基督教。尽管现代以来瑞士政府对国旗做了世俗化的解释，但仍不能完全抹掉其宗教色彩。正如许多欧洲国家，如英国、希腊、挪威、丹麦、瑞典、芬兰和冰岛的国旗上有十字，而不少的伊斯兰国家，如巴基斯坦、马来西亚、土耳其、阿尔及利亚、突尼斯以及有部分穆斯林人口的新加坡的国旗上有新月一样，都是明白无误的宗教标识。

这是自古以来的文化传统。在原始部落中，人们以崇拜的图腾为旗帜；到后来，众多图腾演变和整合为高级宗教。高级宗教的符号是对丰富的文化精神的提炼和浓缩，因而更有文化代表性，更应出现在作为一国文化图腾的国旗中。无奈在国际组织中，由于有众多不同文化背景的成员，采用何种宗教符号就会成为问题。问题在于，在中东先后诞生的三种宗教——犹太教、基督教和伊斯兰教，虽然是一脉相承，却因都是一神教而互不相容；又因为上千年的历史恩怨而对彼此的标志过于在意。穆斯林一看到十字就会想到十字军东征，而犹太人会因十字想起耶稣之死（《圣经》中记载，犹太人要对耶稣之死负责）。所以不少伊斯兰国家不会接受红十字符号，他们将自己的同类组织称为红新月会。而以色列既不认同红十字，也不认同红新月。至今，它仍与伊斯兰国家处于紧张状态之中。

在人类历史中，解决不同社会之间争斗的方法，就是社会间的整合，其中包括经济整合、政治整合和文化整合。而文化认同是整合完成的最终表现。文化整合有过多种形式，既可以通过军事征服和暴力迫害，也可以通过谈判，也可以两者兼而有之。在历史上，前者的例子有基督教的十字军东征，宗教裁判所和烧死异教徒的火刑柱；伊斯兰教的喀喇汗王朝强迫佛教徒改宗等。在中国，虽然在社会整合过程中出现过战争，但文化整合仍然包容了各方的文化符号。例如，黄帝部落打败炎帝部落后，仍然进行了和平的文化整合，以至今天我们把"炎"字放在"黄"字前面，自称是"炎黄子孙"。从结果看，用暴力强制虽然暂时有一些作用，但引起的仇恨远大于整合的好处。这就是至今三教之间仍然紧张的历史原因。而我们知道，中国的文化图腾是龙，据一些学者研究，这是对各种不同的动物图腾进行整合的结果。龙不仅兼顾了不同原始社会的文化符号，它本身也标志着文化整合过程是和平进行的，有着文化宽容精神和政治智慧。

如今国际红十字会提出了非宗教化的红水晶标志，实际上是一件重大的文化整合事件。它既没有采用暴力手段，也没有借助图腾合并的方式，而是提出了一个与现有文化无关的新标志。有了红水晶，任何国家的红十字会或红新月会都可以在不喜欢自己标志的外国工作。因为人们不仅可以使用红水晶标志，也可以把自己原先的标志与红水晶组合使用，如内含红十字或红新月的红水晶等。这个新标志由基督教背景的瑞士人提出，得到了犹太教以色列的赞同，获得了伊斯兰教人士的好评。据说在红水晶标志得到正式通过的一周前，巴勒斯坦红新月会就同意以色列红大卫盾组织可以红水晶的标志在巴勒斯坦活动。既然在存在紧张关系的三教之间能就一个特定问题基本达成一致，这种形式难道不能推广到其他有争议的领域中吗？人类难道不能从中探索出一条解决文明冲突之路吗？

中国人之所以对红十字的宗教含义不敏感，不仅因为这个非一神教文明有着宗教淡漠和文化宽容精神，还多少有一些近代以来产生的文化自卑，从而理性地（贬义地说是"势利眼地"）追随强势文化。我们把耶稣纪元称为"公元"，把耶稣诞生称为"圣诞"，把向基督教国家的文化看齐称为"与国际接轨"。这在某种意义上有利于推进中国的现代化，但妨碍了中国人对世界的真正认识，也妨碍了中国人重新建立文化自信和对世界的责任感。如果从结果看，直到今天，中国都是世界上文化整合最为成功的文明，它难道不应对解决人类的流血纷争再做一次贡献吗？

期待中国国家元首发表新春贺词

慕朵生[*]

每到年终岁尾，有关春节的话题就层出不穷。2013 年一个虽不火爆但很新颖的话题是，国内有不少民众以及学者，如著名礼学家、清华大学教授彭林等，呼吁中国国家元首能在春节到来之际发表贺词，向全球华人贺新春、拜大年。笔者认为，这是个很好的建议，值得认真研究并尽快实行。

国家元首在本国重要传统节日到来之际发表演讲或贺词，是世界各国的通行做法，如美国总统"独立日演讲"，英国女王"圣诞节贺词"等。它既是沟通"国"与"民"情感、体现"官"与"民"同乐的重要方式，也是周期性唤起举国上下共同的历史记忆、风俗传统、价值观念的重要途径，有利于强化全国民众的文化认同、民族认同和国家认同。

与欧美国家有所不同的是，中国有两个新年，即西历元旦和传统春节。但众所周知，作为中国历史最悠久、文化最厚重、影响最广泛的节日，春节的重要性要远远大于元旦，甚至可以说，"春节回家过年"不仅是每个中国人魂牵梦绕的迫切愿望，更是中华文明的神奇力量，集中体现了中华民族子孙的价值共识和民族特性。无春节，何谓中国？

数年来，就像其他国家一样，中国国家元首发表元旦贺词已

──────────
* 慕朵生：男，独立学者。中国儒教网暨儒教复兴论坛网站站长。

成为一个约定俗成的做法，彰显了中国与国际接轨的姿态。现在，如果能在保留发表元旦贺词做法的基础上，再发表一个新春贺词，在庆祝两大新年方式上做到"国际化"与"本土化"平等和同步，特别是以"本土化"方式重新向中国传统文化致敬，真诚地给全球华人拜年，必能得到海内外中华民族子孙的热烈欢迎与广泛支持。

事实上，我国台湾和香港地区的领导人，多年来一直坚持发表新春贺词，民众反响效果相当不错。尤其值得注意的是，近年来联合国秘书长、欧盟委员会主席等国际组织领导人以及美、英、法、泰、丹麦、日本、巴西、俄罗斯、加拿大、澳大利亚、马来西亚、印度尼西亚等数十国的国家元首或政府首脑，也纷纷以演讲、谈话、贺信等方式，向当地华裔以及其他亚裔族群发表新春贺词，并遥祝中国人民新春佳节幸福快乐，赢得海内外华人一片掌声。

在上述情况下，如果作为春节起源地和主体国的中国，再不及时推出国家元首发表新春贺词，无疑是个很大的遗憾，甚至会在国际上带来"谁之春节"或"谁过春节"的疑惑，不利于提升春节的国际影响力和中国的文化软实力。

当然，国家元首如何发表新春贺词，可以讨论，也要创新。最重要的是，贺词时的背板设计、衣装服饰、演讲内容等，最好能体现一些春节传统或中国元素。事实上，现在之所以有人呼吁中国国家元首发表新春贺词，就来自 2013 年元旦前一天，韩国总统李明博身穿民族传统服装"韩服"，并引用《朱子语类》中的成语，向韩国民众发表了新年贺词的启发。此外，除向海内外中华民族子孙拜年之外，也要祝福世界各国人民，并用多语种直播或转播。至于时间，可选在除夕夜中央电视台春节联欢晚会开始之前。

前两天，生活在旧金山的一位老华侨在观看完奥巴马总统就职典礼后，感慨地说：美国是一个年轻的国家，但非常重视国家典礼，而作为礼仪之邦的中国，却非常缺少具有传统元素的国家典礼，中国国家元首若能每年都发表新春贺词，必会演化成为中国国家典礼和国家仪式的一个重要组成部分，成为人们周期性的期待与守候。我想，这位老华侨的想法，代表了海内外华人共同的心声。

婚礼：旧式有礼，新式有戏

许石林 [*]

旧式婚礼是传统文化的重要内容，也是礼乐文化的一部分。现在流行的新式婚礼，形式不伦不类，内容空洞乏味，无论如何变花样儿，终因没有文化根据，而把人生重大的典仪弄成了一场十三不靠的滑稽戏。

这里并非有意厚古薄今，而是据实表述。我参加过许多次婚礼，感觉无论如何讲究奢华，都是吃一顿饭看一场千篇一律的笨拙表演，如此而已。

而旧式婚礼，哪怕是旧式婚礼的遗风，都能体现"礼"的文化价值。我亲历的陕西关中农村旧式婚礼，即便是极其简陋、极其省略的婚礼，也有可观之处。现试择其鲜为人知的细节以观之。

所谓六礼，此不赘述，单说其迎娶：纳彩之后，请期迎娶，两家派媒人早早就合日子，合好日子，便不能轻易更改。古人认为茶树落土，即不能移栽他处，移则必死，故订婚以及合定婚礼的日子名为"茶订"。南方人婚礼上公婆"饮新抱茶"，应该与此有关。但是，民间人多不知此礼的来处和意义。

女家准备待嫁女子的嫁妆、男家准备里外三新被褥等，所有

---

* 许石林：评论家，随笔作家，著有《损品新三国》《尚食志》《文字是药做的》。

针线活需要村中四位姓氏不同、身体健康、有儿有女、父母健在的"全和人"共同完成。传统文化中的孝义，渗透在生活的各个层面，在重大的仪式上，突出对于那些较为完满地执行它的文化要义并有成就者的表彰——尊重"全和人"。这是对与此"全和人"相关的所有人的表彰，以此明示众人：平常生活不可不谨慎信用，处理好家庭的各种关系，一切行不违礼，才能修炼到被人重视的地位。

未婚女子是不能送亲的，故姐妹在头一天来辞行。出嫁这一天，女方家中早早布置好先人牌位，男方前来迎亲的傧相要向女方的祖先献上四色礼，缺少一样礼，新娘不愿出门。

女子离家，先在房中被梳头、扶女的两位女傧相说得哭了，这才红着眼睛，有的还掉着眼泪离家，离家前在祖宗牌位前行礼告辞。行礼时，在施礼的地方铺上红毯或红布，即脚不沾地。行完礼，即由娘家父兄将女子背起，一般都是搀扶着走出家门，在门槛处又铺红毯或红布，意谓不带走娘家的一点土，不带走娘家的福气。传说清代状元、韩城人王杰，其母出嫁前给祖宗施礼辞行，拜毕即手抓前襟，仿佛用前襟撩着什么东西，不肯放手。娘家人再让她放手她都不放，双手死死地抓住前襟，掰都掰不开。亲友中有人开解，说算了，时辰不早了，让娃赶紧上轿吧。就这样，该女嫁给了王家，生下王杰，后来中了状元。她的娘家世代读书，而婆家是个普通人家，其子能中状元，人都说是她把娘家的风脉从祖宗牌位前一把抓走了。

女子出嫁队伍，走在最前面的是女方的父兄辈中青壮年，从前是骑马，现在是坐车，手中拿一串黄色的纸钱——一根两尺长的细竹竿，中间劈开，用黄纸剪成的圆形纸钱夹在竹竿上，长长的一串，每逢岔路口，即取下一叠纸钱，撒向空中，这是给沿途看热闹的游鬼们买路钱，希望这一路平平安安，也希望女子这一生都平安无事。这叫压前马。压前马者，也有领队的意思，送亲的队伍作为一门新亲，到了新郎门前，要有礼貌、有派头，不能凌乱散漫。有了这个压前马的，整个送亲队伍看上去就显得庄重诚敬多了。所以，压前马的人，一定要相貌堂堂、仪表不凡，用今天的话说，是新娘娘家的形象代言人。

男方这边迎亲，早早将新房收拾布置好，新裱糊的顶棚、新刷的炕围子、新门窗、新桌椅，炕上至少有两床新被子，多的新被子是娘家陪嫁过来的，婆家准备两床即可（也有心盛的，准备四床）。结婚的头一天晚上，要请男性的"全和人"两位同辈大哥，跟新郎一起睡到新房中，为新房"压炕"，用的都是里外三新的新被褥。这两位压炕的大哥不能是本家人，要外家人。其实，这就是让两位过来人给新郎上课，上夫妻之事的课。这种事儿，不让本家兄弟做，是因为兄弟之间从不谈论这种事儿。平时，村中男青年在一块儿说笑，一人正说得起劲儿，见有本家兄弟来，立即闭嘴，别人也会配合他将此话题打住。

有的地方婚礼前，先举行加冠礼，即男性成人礼。由德高望重的长辈主持，在祖宗牌位前行礼，接受训话，此时鼓乐齐鸣，主持成人礼的长辈叙述，动情入理，任你是铁打的浑小子，也会被调教得泪如雨下乃至号啕大哭。周围人也因此而感动，这个成人礼是古代圣贤教化四方的一个具体实施，其对乡村的文化宣教、礼仪传承起着不可估量的作用。

婚宴上，女方作为新亲，今天优先坐席。新郎要给新娘家的每位送亲者看酒，即只敬客人，自己不喝。这比现在敬别人自己也喝，新郎喝不了，旁边跟一两位专门喝酒的酒囊（伴郎）要好。新郎看酒，只女性长辈给礼物，礼物是规定好的，就是一块手帕。手帕刚从长辈手中给到新郎手中，即被围绕着新郎和陪客傧相的年轻人抢走，沾沾喜气。整个过程是个好玩的游戏，气氛相当热烈。有的女长辈还会和新郎开玩笑，有意难为新郎，这样的过程是个彼此熟悉的过程，气氛也很热闹，很显一个人的个性与修养。

新娘不看酒，只挨个儿给婆家亲友施礼，长辈给礼物。新婚三天不论大小，谁都可以要求新娘施礼，这个过程就是认亲，快速跟周围的人熟悉起来。

可以说，我们那里的传统婚礼，新郎新娘可以一滴酒都不沾。因为平时就不主张人多喝酒，喝酒在乡下也是礼仪。

婚后第二天，新娘早早起来，梳洗打扮好，在姑嫂的陪同下，挨家走本家，看望本家长辈。昨天婚礼上见过一面，但印象不深的，今天再加深印象，关键是认门。新娘给本家长辈施礼，长辈再给礼物。

走完本家，新娘家的兄嫂就到了，接新娘回门。一是新娘经过了一天婚礼，晚上又被闹新房的耽误，休息不好。次日家中要收拾，别人干活，新娘不能在房中休息睡觉，否则于礼不合。回娘家休息一下是很有必要的。还有，嫂子会和新娘私密交流，问昨天一切是否顺利，遇到什么问题、如何解决，解答疑惑等。

这都是从前的老例儿，老例儿每一样都实用，没有一项是空洞的、虚妄的、无意义的，都是有目的的，节之以礼，施之以仪，看上去很美，做起来很典雅。其目的，无一不是让人因为结婚而成为一个能负责任的、成熟的人。种种礼仪，不乏强制，让人在作为人的理想标准面前检讨、对照自己，并努力靠近那个理想。

中国何日有"正装"

杜吹剑*

中国已经进入无"正装"时代。

这不是危言耸听。相信很多人都有过相同的经历和感受，那就是每参加一些正式公共活动时，都会接到主办方的通知曰"请着正装"。但什么是正装？在当下的中国，似乎不言而喻是指"西装"。你若跟对方较真为什么"西装"是"正装"，则显得太不识时务且大大落伍了。"西装"怎么会在素有"礼仪之邦""衣冠上国"的中国跻身为"正装"，实在令人不解，也难以接受。

衣冠具有最鲜明的文化象征意义，无论古今，不管中西，概莫能外。中国春秋时期，上衣多为交领斜襟，华夏族上衣襟右掩，称为右衽，北方胡族衣襟左掩，是为左衽，所以才有孔子赞管仲之语："微管仲，吾其被发左衽矣。"《论语·宪问》孔子赞管仲并坚持不左衽，正是明确意识到衣冠所具有的民族文化身份

* 杜吹剑：男，1972 年生，中国人民大学哲学博士。名任重，曾用名耿硎，网名"读书吹剑"。2004—2007 年，参与创办儒学联合论坛网站并任总版主，同时任《原道》辑刊编委。2006 年，参与创办中国儒教网暨儒教复兴论坛网站并曾任总版主。2006 年，创办电子刊物《儒家邮报》并任执行主编。2008 年，创办儒家中国网站和《儒生》集刊并任主编。2012 年，主编"儒生文丛"。曾发起联署 54 位学者发布《以孔子诞辰为教师节建议书》、50 多个儒家团体《致电影〈孔子〉剧组人员公开函》。

识别功能，由此而将其上升至政治象征和文化认同的高度，所以唐代孔颖达有"中国有礼仪之大，故称夏；有服章之美，谓之华"①的说法。也正因为如此，正式场合如何着装，在古代中国都有明确规定，根本不是问题。

但自近代以来，尤其是西方文化伴随坚船利炮入侵中国以来，服装因其特有的象征意义，不可避免地成为革命与反革命、进步与落后、改革与保守的标识。由于革命领袖的提倡，中山装随着辛亥革命的胜利开始成为正式"国服"，并根据中国传统政治文化精神和礼仪赋予其新的含义——前上身四个口袋表示礼义廉耻国之四维，前上身口袋袋盖形状为倒笔架寓意为以文治国，门襟五粒纽扣代表行政、立法、司法、考试、监察五权分立，袖口三粒纽扣表示民族、民权、民生三民主义，后背不破缝表示国家和平统一之大义，衣领定为翻领封闭式显示严谨治国的理念。后来，毛泽东等共产党领导人穿中山装出席开国大典，国外有人便将这一款式的中山装称作"毛式中山装"。自此以后，中山装作为男人的主装，成为中国最庄重也最为普通的服装，苏式列宁装便成为女干部中最流行的服装。可惜，因为特殊的历史时代所致，其他服装，如着西装和旗袍等则被非此即彼地看作资产阶级情调的体现，中国由此进入到有"正装"无"便装"的时代。这种全民单调统一的着装，实在是呆板乏味，让人无法忍受。

这种情况，随着改革开放时代的到来开始转变。穿着西装，又变成了开放思想、改革精神的象征，因为政治领导人的倡导，不知不觉中日益升格为公务常礼服即"正装"，并且愈演愈烈，成为不容置疑的惯例。如果真有较真如我辈者追问以"西装"为"正装"，所依何法？所据何理？相信很多人只能以惯例云云而搪塞之。所谓惯例，实际上也是欧美惯例。就此而论，中国当

---

① 李学勤. 春秋左传正义 [M]. 北京：北京大学出版社，1999：1587.

下实乃无"正装"的时代！君不见阿拉伯人有长衫、印度有纱丽、日本有和服、越南有奥黛，以及非洲各国所具有的民族服饰，可谓绚烂多姿。反观中国，却是因袭他人单调枯燥——这也就不难理解为何近年来民间开始兴起"唐装""汉服"热了。

笔者很赞同国学家张立文先生①的看法，我们并不是反对服饰的多样化，也不拒斥不同民族服饰的交流，而是因为服饰的民族文化表征性，中国应该有自己的"国服"。"国服"是民族人文精神的体现，给人们以国家、民族、文化以及宗教的认同感，这种认同感是文化的亲和力、国家的凝聚力、民族的生命力的源泉。假如我们认同"西装"为"正装"，即为中华民族正统的服装，那么，我们就会在不知不觉、潜移默化中认同西方的服饰文化，慢慢地就会对西方文化产生一种亲切感，而对中华民族自己的文化（包括服饰文化）产生一种疏离感。长此以往，中华民族的人文精神、气质、品格、神韵就会被消解，中华民族在世界文化之林中的个性光彩、特殊魅力就会淡出、淡化。

衣冠服饰，兹事体大，中国是该有自己的"正装"了。窃以为，从历史传承和现实方便两个角度考虑，中山装为男士正装的最佳选择，女士正装可在此基础上有所变化，凸显女性特色，或者择以旗袍。实际上，在新中国成立 60 周年典礼上，最高领导人即身着中山装出席，谨严素雅，刚健挺拔，迎来一片好评声，说明中山装在当前各种服装中是"最大公约数"，理应扶正。

---

① 张立文. 国服与民族人文精神［J］. 中州学刊，2006（5）.

乙编：学术

中国历史演进的自由线索

吴　钩[*]

对晚清近代化转型的分析，在学界最具影响力、也被认为最有解释力的理论，大概要算汉学家费正清先生提出的"冲击－回应"模型论。这一立论预设中国传统社会是一个停滞、凝固、超稳定的结构，只有同构、同质的改朝换代、治乱循环，如果不是西方的资本主义与宪政浪潮以"坚船利炮"开路，冲开古老中国封闭的大门，中国不可能自动挣脱"中世纪"的牢笼，迈上近代化的台阶。也就是说，中国的近代化是出于对西方"冲击"的被动"回应"，"冲击"提供了中国近代转型的唯一驱动力。

这样的假设也符合一百年来中国启蒙主义知识分子对于中国历史、中国传统的想象。他们坚持认为，中国历史是黑暗的历史，中国传统是专制的传统，而儒家正是维持专制的帮凶。然而，这样的想象真的符合中国历史、传统之真相吗？如果我们将近代化理解为一个建立宪政之政治与自治之社会的治理秩序的过程，如果我们相信对自由的向往是人类普遍的本能，那么我们有什么理由认为我们祖先追求的是一种专制下的不自由生活呢？本文将从一个新的视角简要讲述中国历史演进形态，反驳启蒙主义

---

[*] 吴钩：男，1975年生，广东汕尾人。历史研究者。著有《隐权力：中国历史弈局的幕后推力》（昆明：云南人民出版社2010年版）、《隐权力2：中国传统社会的运行游戏》（上海：复旦大学出版社2011年版）、《重新发现宋朝》（北京：九州出版社2014年版），《中国的自由传统》（上海：复旦大学出版社2014年版）。

国史叙述的偏颇，并对费正清先生的"冲击－回应"模型论提出修正。

上篇：皇权专制与儒家反专制的博弈

一、秦制：事无小大皆决于上

如果我们能够站在高空鸟瞰历史演进的图景，将可发现，中国秦后社会隐伏着两条相互交织又此消彼长的线索：一条线索为皇权专制的发展趋势，不妨称之为"专制线索"（由于2000年专制体制由秦朝奠定，这一线索又可称为"秦制线索"）；另一条线索为社会自治的发育程度，我们叫它"自治线索"（因为传统社会的自治主要由儒家士绅推动，这条线索也可以叫作"儒家线索"）。

第一条线索（专制线索）在百年来的历史叙述中已有充分的呈现。一种主流的意见认为，自秦始皇建立大一统的中央集权政制以来，君主专制有一个逐渐增强的趋势：汉代设宰相，"辅翼国家，典领百僚，协和万国"（《汉书·孔光传》），相权极重；地方郡守食禄二千石，品秩相当于公卿，且有自辟僚属之权；隋唐时相权一分为三，中书、门下、尚书各执决策、封驳与执行之权，地方的人事权也收归中央，"州郡无复辟署"（《文献通考·卷三九·选举十二》）；宋代则被视为相权进一步弱化、君主专制更加发达的时代；明代废除宰相制，皇帝亲揽朝政，君主独裁达到历史高峰；清承明制，"乾纲独断，乃本朝家法"（《乾隆朝东华录·卷二八》），专制程度比之明代有过之而无不及。

根据这样一种描述，如果我们以历史时段（为了叙述简便，我们省略了魏晋南北朝、五代十国与元代，下同）为横轴，以君主专制程度为纵轴设立一个观察坐标，则可以画出一条不断攀升

的皇权专制线索（图1）。这种历史叙述认为，中国传统社会的
演进就是一个皇权专制程度越来越高的过程。

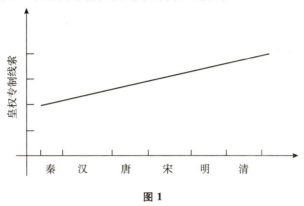

图 1

　　但是，我们不能不指出，这样描绘出来的一条专制线索是不
符合史实的。谭嗣同说"二千年来之政，秦政也，皆大盗也"
（《仁学·二九》），作为一种粗线条的历史描述，大致是如此，
但如果我们将目光拉近，将发现经儒家改造过的"二千年来之
政"，其实已经跟法家创立的"秦政"大不相同了。这一点，下
文将细加分析。现在，让我们从专制线索的起点——秦政制说
起吧。

　　先秦的儒家从来都是反对无条件效忠君主的，从孔子的"以
道事君，不可则止"（《论语·先进》），到孟子的"君有大过则
谏，反复之而不听，则易位"（《孟子·万章下》），都表明儒家
不承认绝对君权的存在。然而，六王毕，四海一，"灭周祀，并
海内，兼诸侯，南面称帝"的秦王朝，却是推行高度集权的法家
之制。法家认为皇帝应当"独制于天下而无所制"（《史记·李
斯列传》），这种"独断""独制""独擅"的权力观，体现在国
家治理架构上，就是"天下之事无小大，皆决于上"，"丞相诸
大臣皆受成事，倚辨于上"（《史记·秦始皇本纪》）。意思是说，

天下事不论大小，都由皇帝一个人说了算，大臣不过是皇权的执行机器而已。秦制又主张所谓的"事皆决于法"，给人一种"法治"（Rule of Law）的错觉，但秦制的"法治"更接近 Rule by Law。"人主为法于上"（《商君书·定分第二十六》），是拥有绝对权威的立法者，臣民则完全服从于君主之法，"下民议之于下"是绝对不允许的。"皆决于法"跟"皆决于上"其实乃是同一回事。

二、汉唐：天下之政不可不归中书

作为专制线索的起点，秦制从一开始就处于君权专制的顶点，很难想象它还有向上突破的空间。事实上，秦朝二世而亡，汉帝国虽然大体上因袭秦制，但高强度的君主独裁已难以为继，汉初几任皇帝都采取"无为而治"的政策，对秦政法"存而不用"，意味着皇权专制强度大幅调低了。专制线索在这里出现向下的走势。到汉武帝时代，董仲舒主张"退而更化"，即在秦制大框架下，部分地恢复儒家限制君权的理想与制度，形成所谓"以霸王道杂之"的政治结构。有人认为这是秦制对儒家的招安、儒家对秦制的妥协，但换一个角度看，这又何尝不是秦制接受了儒家的改造？

秦制的本质为"家天下"，用明末大儒黄宗羲的话来说，即帝王"视天下为莫大之产业，传之子孙，受享无穷"（《明夷待访录·原君》）。显然，这跟儒家所主张的"大道之行也，天下为公，选贤与能"（《礼记·礼运》）的"公天下"理念是背道而驰的。秦后儒家无法改变"家天下"的整体格局——我们不能苛求两千年前的先贤能够发明民主制来治理一个庞大帝国——但儒家通过对秦制的改造，还是在很大程度上限制了原来"独制于天下而无所制"的绝对皇权。这主要体现在三个方面。

（1）在法理上，董仲舒提出"屈民而伸君，屈君而伸天"

（《春秋繁露·卷一》）的构想，在一家一姓的皇权之上设置一个更高位阶、大公无私的"天道"，并将"天道"的阐释权夺回儒家手里。这样，皇帝虽然握有统治天下的主权，但皇权的合法性却归儒家解释。这是儒家对"家天下"性质的有限修正。

今天，经过理性祛魅的人们已经很难想象"天道"这种近乎巫术的政治学说对于皇权的约束力了，但如果我们置身于汉代，就会发现"天道"是受到敬畏的，"天命转移"也确实成了一把悬挂在皇帝头上的达摩克利斯之剑。从汉代君王多次颁布"罪己诏"，到两汉政权均终结于"禅让"，都显示出"天道"在汉代并不是闹着玩的。也正因为儒家掌握着解释皇权合法性的权力，即使在皇权高度膨胀的明代，万历皇帝欲立心爱的皇三子朱常洵为皇储也不能如愿。因为在儒家看来，立储并非皇室私事，而是"国本"。

（2）在国家治理框架上，汉代形成了君主与儒家"共治天下"的政体。"复古更化"之后，"独尊儒术"的国策为儒家进入政府提供了通道，士人政府取代了秦制的"以吏为师"。汉宣帝曾说："与我共治者，唯良二千石乎！"这里的"良二千石"就是指具有儒家道德操守的郡守。这是《汉书》中出现的"共治"一词。更能体现"共治天下"制度安排的，是汉代的宰相之制。汉代宰相地位极尊，"丞相进见，圣主御坐为起，在舆为下"（《汉书·翟方进传》），皇帝要给予宰相极高的礼遇。宰相的权力也非常大，汉成帝以"辅翼国家，典领百僚，协和万国，为职任莫重焉"概括宰相的职权。"丞相所请，（君主）靡有不听。"（《后汉书·陈忠传》）与秦始皇时代"天下之事无小大，皆决于上"的君主独裁相比，显然已经大大改观。

（3）儒学因为得到推广与普及，也培养出一个庞大的体制外士人群体，这便是汉代的处士、议士与太学生。东汉时，"太学生多至三万余人"，民间私学中的士子也是数以万计，这个庞大的士人群体除了少数人得以进入政府，更多的人成为体制外的议士。东汉末，由于"主荒政谬，国命委于阉寺，士子羞与为伍，故匹夫抗愤，处士横议，遂乃激扬名声，互相题拂，品核公卿，裁量执政，婞直之风，于斯行矣"（《后汉书·党锢列传》）。东汉的"处士横议"，是制约君权与政府的重要力量，他们已不同于之前"决然独处"的处士，而是声气相求，结成价值共同体，所以又被视为"党人"。"处士横议"其实也是"共治天下"的另一种表现形式。

应该承认汉代的共治政体并不牢固，比如汉武帝首创内朝系统，架空外朝宰相之权；光武帝也倚重尚书台，导致宰相形同摆设。但这种破坏共治政体的非正常安排，对于皇权而言是一柄双刃剑，人主强势时固然可以收尽权柄，人主弱势时则立即太阿倒持。所以，对于汉代共治政体被破坏的后果，与其说它带来了皇权的高涨，不如说它导致了君主专制的高度不稳定，表现在秦制线索上，就是出现强烈的波动。

到了唐代，君权受到的约束更加制度化，其标志就是"制诏"制度的成熟化。唐制，宰相机构由中书、门下、尚书三省组成，中书省主颁发政令，门下省主复核，如不同意政令，有权"封驳"；尚书省则主执行。诏书若不经中书省起草、门下省审署，则不得称诏敕。由皇帝直接下发的手诏，因为没有宰相机构盖上大红公章——"中书门下之印"，被称为"墨敕""墨制"，是缺乏合法性的，也是可能遭到尚书省抵制的。唐中宗经常"别降墨敕除官"，即不经宰相同意，私自提拔官员，结果吏部员外郎李朝隐拒绝执行任命，"前后执破一千四百余人，怨谤纷然，朝隐一无所顾"（《资治通鉴·卷第二〇九》）。

既然诏书的制定权与否决权在法理上归于中书、门下，那么皇帝理当作为超然的主权象征存在，垂拱而治。这也是儒家的一贯主张，《尚书》说："建官为贤，位事惟能……垂拱而天下治。"孔子也说："昔者，帝舜左禹而右皋陶，不下席而天下治，夫如此，何上之劳乎？"（《孔子家语·卷第一》）这都表达了儒家的"虚君共治"思想。舜的时代是"公天下"时代，现在已经遥不可及，在君王世袭、无可选择的"家天下"时代，只好退而求其次了。那么"君主虚其位，宰相柄其政"便是儒家设想到的"次优"治理结构，既能折中体现儒家的"天下为公"理念，也使"选贤与能"的政治理想有了实现的可能。我们可以用两位唐人的奏疏来做注脚。一为陆贽所言："凡有诏令，合由于中书；如或墨制施行，所司不须承受，盖所以示王者无私之义，为国家不易之规。"（《翰林志》）所谓"示王者无私之义"，隐约含有"天下为公"之意；一为李德裕所言："宰相非其人，当亟废罢，至天下之政，不可不归中书。"（《续资治通鉴·卷九八》）宰相非其人可废罢，即是"选贤与能"之表现。

有论者以为唐代宰相机构被分解为三省六部，正是相权被削弱、君主专制得到强化的佐证。这种论断是不得要领的，成熟的"制诏"制度恰恰显示了唐代皇权专制的空间受到进一步的压缩。由汉而唐，我们认为那条秦制线索尽管时有起伏，但总体上还是向下走的。

三、两宋：天下治乱系宰相

由唐而宋，诸多论者（包括钱穆先生）认为发生了君权高涨、相权低落的制度变迁，理由包括：①相权被进一步分割，形成"中书主民，枢密主兵，三司主财，各不相知"（《宋史·食货志》）的权力分散局面；②宰相上朝失去"坐而论道"的礼遇；③君主掌握着政令的最后决定权。但是，如果因此认为宋代的皇权专制程度变得更加厉害，则恐怕有盲人摸象之嫌。恰恰相反，宋代是"公天下"理念为儒家士大夫再三强调、共治政体发展得最为成熟的一个时代，两宋也是君王受到"法度"严格约束的一个王朝。

先来看南宋御史刘黻说的一句话："天下事当与天下共之，非人主所可得私也。"（《宋史·刘黻传》）在"家天下"时代，这话似乎很是"大逆不道"，但实际上，"天下为公""共治天下"乃是宋代士大夫的共识，连皇帝也不敢公然否认。南宋初，有位名叫方廷实的御史也告诉高宗："天下者，中国之天下，祖宗之天下，群臣、万姓、三军之天下，非陛下之天下。"（《宋史全文·卷二》）南宋宰相杜范也说："是以天下为天下，不以一己为天下，虽万世不易可也。"（《清献集·卷一三》）宋儒是这样要求皇帝的："端拱于上而天下自治，用此道也"（《中兴论》），意思是说，君主最好是虚君，垂拱而天下治。皇帝独揽权纲的情况，在宋儒看来，是不正常的。宋孝宗朝因为出现"事皆上决，执政惟奉旨而行，群下多恐惧顾望"的反常情况，太常丞徐谊上书面谏："若是则人主日圣，人臣日愚，陛下谁与共功名乎！"（《宋史·徐谊列传》）孝宗皇帝也不能反驳他。

正因为"公天下""共治"的政治理念活跃在宋儒的心里，北宋理学家程颐才会理直气壮地告诉皇上："天下重任，唯宰相与经筵，天下治乱系宰相，君德成就责经筵。"（《续资治通鉴·卷三七三》）所谓"天下治乱系宰相"，体现在政体上就是"政事由中书"。具体的施政流程，杜范宰相说得很清楚："凡废置予夺，一切以宰执熟议其可否，而后见之施行。如有未当，给（给事中）、舍（中书舍人）得以缴驳，台（御史）、谏（谏官）得以论奏。"（《清献集·卷一三》）宋儒相信，"权归人主，政出中书，天下未有不治"（《续资治通鉴·卷一六七》）。即优良的国家治理框架，应当是君主象征主权，宰相执掌国政，虚君实相。

宋儒还萌发了明确的士大夫结党意识。在官方政治话语习惯中，"朋党"一直是一个贬义词，跟"朋比为奸"几乎同义，宋代士大夫则开始从正面去解释朋党在政治中的意义。范仲淹、司马光、欧阳修、苏轼等都曾或著文或答皇帝问为朋党正名，宋儒也大大方方用"吾党"称呼同道。这种对朋党的新认识，同样为"共治天下"的自觉所诱发。欧阳修在《朋党论》中说："更相称美推让而不自疑，莫如舜之二十二臣，舜亦不疑而皆用之；然而后世不诮舜为二十二人朋党所欺，而称舜为聪明之圣者。"这背后的国家治理逻辑，就是《皋陶谟》所说的舜"通贤共治，示不独专"、孔子所说的"不下席而天下治"。舜之圣明，即体现在这里。儒家认为，君主的圣明并不是要表现得多么高明，而是恪守谦抑的美德，任贤与能。所以，徐谊才会对"人主日圣，人臣日愚"的情形表示强烈的不满。

这样的"朋党论"与朋党的存在，当然不利于君主独裁，不为专制君主所喜，后世雍正皇帝就特别写了一篇御制《朋党论》，驳斥欧阳修的"异说"，还杀气腾腾地说："设修在今日而为此论，朕必斥之以正其惑世之罪。"

所幸宋代君主都没有太强烈的专制意图，或者说，即使他们有专制之意，也被宋儒抵制住了。虽然，在理论上宋代皇帝保留着最后的决策大权，可以直接颁布圣旨，但在实际的权力运作过程中，宋代已形成皇帝诏书"非经二府者，不得施行"的惯例（《国朝诸臣奏议·卷四七》）。"二府"为政事堂与枢密院，是宰相机构。若"不由凤阁鸾台（宰相机构），盖不谓之诏令"，意思是说，如果皇帝绕过政府直接发号施令，将是不合法的。对这种不合法的"诏书"，臣下有权进行抵制。宋度宗因为"今日内批，明日内批"，老是绕过宰相机构下发"批示"，破坏"权归人主，政出中书"的惯例，御史刘黻便上了一道奏疏，不客气地告诉皇上：政令"必经中书参试，门下封驳，然后付尚书省施行；凡不由三省施行者，名曰'斜封墨敕'，不足效也"（《宋史·刘黻传》）。

宋代官员并不是这么说说而已，而是常常这么做的，比如北宋仁宗朝的宰相杜衍，对皇帝私自发下要提拔某人当某官的诏书，一概不予通过，"每积至十数，则连封而面还之"。皇帝也拿他没办法，只好称赞他"助我多矣"（《欧阳文忠公集·卷三一·杜祁公（衍）墓志铭》）。类似的例子在宋代不胜枚举，我们可以再举二例。

宋仁宗想提拔张贵妃的伯父张尧佐当宣徽使（类似于皇家总管），但在"廷议"（类似于内阁部长会议）时未能通过。过了一段时间，仁宗因为受了张贵妃的枕边风，又想将这项人事动议再提出来。这日临上朝，张贵妃送皇上到殿门，抚着他的背说："官家，今日不要忘了宣徽使！"皇上说："得，得。"果然下了圣旨任命张尧佐为宣徽使。谁知跑出一个包拯来，极力反对，说这个动议不是前阵子已经被否决了吗？皇上您怎么可以推翻前议？"反复数百言，音吐愤激，唾溅帝面。"最后，仁宗只得收回成命。回到内廷，张贵妃过来拜谢。帝举袖拭面，埋怨道："你只管要宣徽使、宣徽使，岂不知包拯是御史中丞乎？"（《曲洧旧闻》）

南宋时，孝宗皇帝是个围棋爱好者，内廷中供养着一名叫赵鄂的国手。有一次，赵鄂自恃得宠，向皇帝跑官要官，孝宗说："降旨不妨，恐外廷不肯放行。"大概孝宗也不忍心拒绝老棋友的请托，又给赵鄂出了个主意："卿与外廷官员有相识否？"赵鄂说："葛中书是臣之恩家，我找他说说看。"便前往拜见葛中书，但葛中书告诉他："你是我家里人，依情分我当周全，但实在有碍祖宗法度，技术官向无奏荐之理。纵降旨来，定当缴了。"赵鄂又跑去向孝宗诉苦："臣去见了葛中书，他坚执不从。"孝宗也不敢私自给他封官，只好安慰这位老棋友："秀才难与他说话，莫要引他。"（《贵耳集》）

按说，张尧佐是贵妃的伯父，皇帝的大舅子；赵鄂终日陪皇帝下棋，与孝宗关系极好，他们要讨个官当还不容易？但由于宋代的法度（如祖宗法）、机制（廷议）、政体（政归中书）能够有效限制君主权力，皇帝想要公器私用还不是那么容易。

除了前述"政归中书"的共治政体与廷议的权力运行机制，对宋代君权构成约束的法度也值得一说。举其要者，可归为三类。

一为"誓约"。据《宋史·曹勋传》及南宋笔记的记述，宋太祖曾立下一份誓约，藏于太庙，要求嗣后皇帝"不得杀士大夫，及上书言事人，子孙有渝此誓者，天必殛之"。我认为这可以理解为宋室开国皇帝与上天的立约，作为祖宗法传之后代，是宋之"大宪章"。宋代帝王也基本都遵守了这一"大宪章"，可用苏轼的一段话为证："历观秦汉以及五代，谏诤而死盖数百人。而自建隆（宋代第一个年号）以来，未尝罪一言者。纵有薄责，旋即超升。许以风闻，而无长官，风采所系，不问尊卑。言及乘舆，则天子改容；事关廊庙，则宰相待罪。"

二为"国是"。这是君主与士大夫集团共同制定的"基本国策"，先秦楚庄王曾有"愿相国与诸侯士大夫共定国是"之语。宋代的"国是"也是秉承这一传统而来，用南宋初宰相李纲的话说，"古语有之云：'愿与诸君共定国是'。夫国是定，然后设施注措以次推行，上有素定之谋，下无趋向之惑，天下事不难举也。"（《三朝北盟会编·卷一〇五》）"国是"一旦定下来，对皇帝、对廷臣都有约束力，皇帝想单独更改"国是"，并不是一件容易的事情。

三为"条贯""条例"，即一般制度。传说宋太祖曾传令制作一熏笼，过了好几天还不见送来，不禁发了火，问到底是怎么回事。左右说："这事要先下尚书省，尚书省下本部，本部下本寺，本寺下本局，覆奏，又得旨。走完这些程序，熏笼才可制造，所以慢了几天。"太祖大怒说："这么麻烦的条贯是谁订出来的？"左右说："可问宰相。"太祖便将宰相赵普叫来质问：
"我在民间时，用数十钱可买一熏笼。今为天子，乃数日不得。
何也？"赵普答道："这条贯不为陛下而设，而是为陛下子孙所
设。这样，后世君主倘若想制造奢侈品，败坏钱物，就有台谏约
束。此条贯深意也。"太祖转怒为喜，说："此条贯极妙！无熏
笼是小事。"（《元城语录》）

　　誓约、国是、条贯，可以说都是限制皇权的立法——至少有
限制皇权的成分。这即使不是绝无仅有的，也是在秦后其他朝代
所难见到的。事实上，宋代历任皇帝，不管贤或不肖，都做不到
像前朝秦始皇、汉武帝、光武帝，后世朱元璋父子、康熙、雍
正、乾隆那样独揽权纲，倒是大体上能"守法度，事无大小，
悉付外廷议"（《续资治通鉴长编·卷一七六》）。即使是在戏
曲、小说中形象不佳的宋高宗，也是"善守法"，"不以特旨废
法，不以私恩废法，不以戚里废法"（《宋会要辑稿·帝系》）。
南宋的第三任皇帝光宗，因为昏庸无能、放纵后妃预政，实在
不像个皇帝的样子，结果就让士大夫集团"罢黜"掉了。所以
我认为，皇权专制线索发展至宋代时，出现了一个明显沉降的
走势。

四、明清：大权一归朝廷

　　历史的河流流淌到明代，皇权专制的演进轨迹出现了一个急
骤的转折点——"政归中书"的共治政体在明代被抛弃，皇权
专制程度达到秦汉以降的高峰。

　　洪武十三年（1380），朱元璋诛杀了权力膨胀的左丞相胡惟
庸，干脆废除宰相制，还下发诏书："今我朝罢丞相……事皆朝
廷（其实就是皇上）总之，所以稳当。以后子孙做皇帝时，并
不许立丞相。臣下敢有奏请设立者，文武群臣即时劾奏，将犯人
凌迟，全家处死。"（《皇明祖训》）宰相的权力被皇帝包揽过来，

事无大小，咸决于上。只是天下政事太多，皇帝精力有限，不得不成立一个机要秘书处来协助皇上。这个秘书处，就是"内阁"。此内阁当然跟现代责任内阁完全是两码事，就是跟以前的宰相制相比，也大不相同。明内阁不是政府的领袖，"不置官属，不得专制诸司。诸司奏事，亦不得相关白"（《明史·职官一》），其职不过是替皇上起草诏书，以及草拟批答奏章的意见稿，时称"票拟"。"票拟"不算正式政令，需要皇帝用朱笔抄正（时称"批红"）之后，才具有法律效力。如此，皇帝既可以减少工作量，又能将权柄牢牢抓在自己手中。

出于监视文武百官的目的，朱元璋及他的子孙又先后设置锦衣卫、东厂、西厂与内厂，为直接听命于皇帝、凌驾于官僚制之上的皇室耳目与爪牙。朱元璋还因为孟子说过"君之视臣为草芥，则臣视君为寇仇"这种藐视绝对君权的话，大发脾气："使此老在今日，宁得免耶！"他下令将孟子牌位逐出文庙，取消其配享资格；又尽删《孟子》中所有"非臣子言"的文字，编成《孟子节文》（《鲒埼亭集·卷三五》）。这固然是秦制对儒学赤裸裸的强暴，又何尝不是反映了儒家与秦制之间的严重冲突。

有意思的是，抢了朱氏江山的清朝开国帝王，却对朱元璋推崇备至——也许独裁者总是心意相通吧。顺治曾问："汉高祖、文帝、光武及唐太宗、宋太祖、明太祖孰优？"一个叫陈名夏的降臣回答说："唐太宗似过之。"顺治告诉他："不然，明太祖立法可垂永久，历代之君皆不及也。"（《清史稿·本纪五》）这也就不难理解清要因袭明制了。

当然清廷对明制又有所改造，在保留内阁的同时，将大学士品秩提至一品，授予内阁"掌钧国政，赞诏命，厘宪典，议大礼"的名义（《清史稿·职官志》），看起来内阁有点宰相机构的模样了。事实上当然不是，乾隆就很不高兴臣工将内阁学士称为

"相国"，特别澄清道："夫宰相之名，自明洪武时已废而不设，其后置大学士，我朝亦相沿不改。然其职仅票拟承旨，非如古所谓'秉钧执政'之宰相也。"（《清高宗实录·卷一一二九》）清代帝王又先后设立南书房与军机处，作为皇帝的机要秘书处，原来属于内阁的权力实际上已转移到军机处。但军机处同样不是宰相机构，而是不配置府衙、也不设正式职官的皇权附庸，清末的御史张瑞荫说得很清楚："军机处虽为政府，其权属于君"（《御史张瑞荫奏军机处关系君权不可裁并折》）。

清代通过对明制的改造，将皇权专制政体推到新的高峰。我们来对比一下。

（1）明代的皇位继承需遵循礼法。朱棣夺了他侄儿的皇位，命方孝孺草拟诏书，孝孺拒不草诏，投笔于地，且哭且骂说："死即死耳，诏不可草。"朱棣认为他当皇帝是"朕家事耳"，但这一"家天下"的论调，明儒是不予承认的（《明史·方孝孺传》）。清代的皇帝发明了"秘密建储制"，实质就是将"国本"当成了皇室的私器，既不受礼法约束，也不容大臣置喙。

（2）明代尽管皇权高度集中，毕竟还保留若干具有约束皇权性质的制度。如六科给事中尚有"科参"之权，即皇帝诏书必下六科，给事中如持反对意见，可以驳回；清代虽设给事中，但对朝廷诏旨，已无权封驳。又如，明代尚有"廷推"之制，即中央高官与地方大僚的人选，由廷议会推。部院属官与府县正佐则由吏部择人任命；清代的用人大权，则全归皇帝，已无所谓"廷推"，六部的权力也大不如明代，"名为吏部，但司掣签之事，并无铨衡之权。名为户部，但司出纳之事，并无统计之权。名为礼部，但司典礼之事，并无礼教之权。名为兵部，但司绿营兵籍、武职升转之事，并无统御之权。"① 权力集中到皇帝一人手中。

---

① 钱穆. 国史大纲（下册）[M]. 修订版. 北京：商务印书馆，1996：835.

在"与士大夫共治天下"的宋代，君主如果独断朝纲，将被视为不可接受的反常，但在清代却是理所当然的。康熙说："今天下大小事务皆朕一人亲理，无可旁贷。若将要务分任于人，则断不可行。"（《康熙朝东华录·卷九一》）乾隆也说："乾纲独断，乃本朝家法。自皇祖（康熙）皇考（雍正）以来，一切用人听言大权从未旁假。"（《乾隆朝东华录·卷二八》）因为看到宋儒程颐有"天下治乱系宰相"之语，乾隆耿耿于怀，特别做了批注："夫用宰相者，非人君其谁乎？使为人君者，但深居高处，自修其德，惟以天下之治乱付之宰相，己不过问，幸而所用若韩（琦）、范（仲淹），犹不免有上殿之相争；设不幸而所用若王（安石）、吕（惠卿），天下岂有不乱者！此不可也。且使为宰相者，居然以天下之治乱为己任，而目无其君，此尤大不可也。"（《清高宗实录·卷一一二九》）联系朱元璋对孟子的咬牙切齿、雍正对欧阳修《朋党论》的御笔批判，可以看出，专制君主与儒家理想之间的内在冲突，有如世仇、宿敌。

清代和明代构成了中国历史上两座皇权专制的高峰，而且一山更比一山高。换言之，秦制线索发展到明清两代，陡然高涨。然而，这只是一个大体的描述，如果将历史的演化观察得更细致一点，这条秦制线索实际上又有些曲折起伏。

大致而言，废除宰相制之后，明代前期的确出现了皇权膨胀，但随着内阁制的成熟，中枢权力运行形成惯例。皇帝"批红"基本上都采纳内阁"票拟"之意见，且按照惯例，"圣意所予夺，亦必下内阁议而后行"（《明史·夏言传》）。内阁实际上获得了类似宰相的权力，只不过缺乏宰执的名分。这时候，皇帝如欲独裁，则会被当成不合成例。当然，明代的皇权拥有绝对强势，皇帝越过内阁径发中旨的情况也不少见，但比之废相初期，皇权专制的强度已大大下降。

被专制皇权压制下去的儒家"公天下"与"共治天下"的

政治理念，也在晚明儒家士子的意识中复苏。东林党领袖顾宪成说："是非者，天下之是非，自当听之天下。"（《顾端文公年谱》）要求朝廷决策应遵从天下公论，这是对绝对皇权的挑战。事实上，东林党人也是作为一支以天下公论对抗专制皇权的政治力量出现在晚明的朝野。东林书院，特别是后起的复社，虽名义上为文社，但已发展出近代政党的若干性质，有组织，有会约或盟词，不讳言自己是朋党，公开活动——活动也不仅仅是讲学，而且"往往訾毁时政，裁量公卿"，以至于"岩廊之上（指朝廷），亦避其讽议"（《石园文集·卷七·送沈公厚南还序》）。它上承汉代处士、议士、太学生的清议传统，下启晚清政治性"学会"的兴起，显示了近代中国政治革新的内在动力。

　　明末儒家对专制皇权的反思也达到了新的高度，顾炎武认为"人君之于天下，不能以独治也"（《日知录·卷六·爱百姓故刑罚中》），与儒家的共治主张一脉相承；明代废相后君主专制所产生的诸多政治恶果，更让另一位明末大儒黄宗羲认识到"为天下之大害，君而已矣"，为限制君权，应当"公其是非于学校"，使"天子亦遂不敢自为是非"（《明夷待访录·原君/学校》），黄氏设想中的"学校"，已具有近代议会的功能；同时代的王夫之甚至提出了"虚君立宪"的构想（严格来说，称其为"构想"并不准确，因为王夫之认为这乃是"三代"已有的古法）："预定奕世之规，置天子于有无之处，以虚静而统天下"，"以法相裁，以义相制……自天子始而天下咸受其裁。君子正而小人安，有王者起，莫能易此"。（《读通鉴论·卷十三、卷三十》）如果说西汉董仲舒试图用来约束君主的"天道"多少有些缥缈，那么船山先生构想的"预定奕世之规"，显然已有了"立宪"的意义。只可惜，明室已倾覆，明儒的君宪思想没有获得指引建立一个君宪政体的机会。以异族入主中原的八旗部族，所恢复的是专制程度比朱明王朝有过之而无不及的政制，糅合了秦制传统与草原主奴体制。

　　整个清代前、中叶，在专制皇权的高压下，儒家出现了明显的犬儒化趋势，"思想家淡出，学问家凸显"，明辩义理之道消退，训诂考据之学盛行，用清代学者王鸣盛自辩的话来说，即所谓"求道者不必空执义理以求之也，但当正文字，辨音读，释训诂，通传注，则义理自见，而道在其中矣"（《十七史商榷》）。"义理自见、道在其中"云云，只是犬儒者的自慰而已，"康乾盛世"下的儒家，哪里敢阐发约束绝对君权的义理？

五、晚清：君主立宪呼之欲出

　　不过，到了晚清之世，随着政治高压的减弱、民间力量的增长以及西方宪政学说之东渐，晚清儒家对反专制的义理阐述又进入了新的境界。我们来看看谭嗣同在《仁学》中的说法："生民之初，本无所谓君臣，则皆民也。民不能相治，亦不暇治，于是共举一民为君。夫曰共举之，则非君择民，而民择君也……夫曰共举之，则且必可共废之。"这是谭嗣同在运用儒家的语言与知识阐发"权力让渡""君由民选"的道理。我们很难区别清楚谭嗣同的这句话，有几分是受到西学的影响，又有几分来自传统儒学的熏陶。显然，这里既有对"天之生民，非为君也；天之立君，以为民也"（《荀子·大略》）之先秦儒家思想的继承，也有西学东渐背景下对儒学传统中宪政因素的新发现。

　　在晚清的思想界，有一个现象是值得注意的：当儒家有机会了解到西方民主宪政政治的运作之后，并不认为那是化外蛮夷的落后之制、不可思议的异己之物；恰恰相反，他们对于西宪有一种"众里寻他千百度，蓦然回首，那人却在灯火阑珊处"的亲切之感，他们从西宪中发现了儒家追求的"三代之治"的熟悉身影。他们相信，先儒的政治理想跟西方宪政实践是共通的，如薛福成说："唐虞以前，皆民主也……匹夫有德者，民皆可戴之为君，则为诸侯矣。诸侯之尤有德者，则诸侯咸尊之为天子。此皆今之民主规模也。"秦制的建立却导致"天下为公"变成了"天下为私"，"秦汉以后，则全乎为君主矣"①。儒家理想"无可奈何花落去"，但西宪让儒家看到了"似曾相识燕归来"的景象：西宪"推举之法，几于天下为公，驳驳乎得三代之遗意焉"（《瀛寰志略·卷九》）。这句话是徐继畬说的。徐曾将英国的下议院翻译为"乡绅房"，这个译法很有意思，它赋予"议院"这个陌生的概念一种中国人熟悉的意象，也体现了儒家知识谱系与西方宪政学说之间的"曲径通幽"之处。

从学术的角度来看，薛福成、徐继畬等人对于西宪的儒家式解读可能谈不上严谨，至少比清代前期的训诂之学要"轻率"得多。然而，晚清儒家对儒学与西宪的融通性解释，作为一种既存的历史现象本身，即可证明后世启蒙话语认为的儒家传统与现代宪政格格不入的观点，是不尊重晚清儒学演进之历史事实的。

清廷统治者对西宪的接纳，在时间上远远落后于晚清儒家的觉悟，等到庚子国变后，清廷才半推半就地展开政治层面的革新。不过，在儒家立宪派士绅的推动下，朝廷承认"庶政公诸舆论"（1906年清廷《预备仿行宪政》上谕），立宪列入新政日程表，国会与责任内阁的诞生指日可待，地方自治的训练次第展开，作为议会准备机构的咨议局（地方）与资政院（中央）相继设立……一个与皇权专制大不相同的君主立宪政体呼之欲出了。只可惜，由于新政推行时机的延误，越来越焦灼的变革诉求已对清王朝失去耐心。君宪未成，革命已起。最后，这个打算立宪的王朝连同帝制终结于辛亥年年底。不过这不影响我的一个判断：2000年秦制线索在走到即将被埋葬的时候，其专制程度居然是处于帝制时代的历史最低点。

---

① 薛福成. 薛福成日记［M］. 长春：吉林文史出版社，2004：712.

　　现在，还是以历史时段为横轴，以专制程度为纵轴，画出一条更贴近史实的皇权专制线索（图2）。

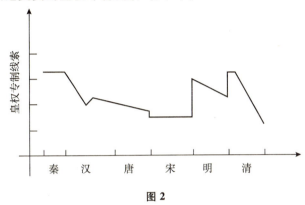

图 2

　　儒家反专制的理念与统治者扩张权力的本能，分别从相反的两个方向拉动专制线索，两股力量此消彼长，使得这条专制线索的走势呈现此起彼伏之态——法家建构了高度发达的皇权专制，但秦亡后，秦制的专制权力不得不有所收缩，以董仲舒"复古更化"为标志，从此之后，统治者的政统被置入儒家的道统之下，国家的治理权也由儒家士大夫分享。总的来说，从汉至清，当皇权愿意接受儒家政治哲学的塑造时，比如宋代，王朝的专制程度就会降低；而当儒学无力左右皇权的运作时，比如明清前期，王朝的专制程度则会加剧。

　　正因为秦后的皇权发展，并不是完全按照法家设计在"独制于天下而无所制"的专制高位上进行，而是在儒家的改造下调低了专制的强度，中国历史演进的另一条线索——表示社会力量成长史的自治线索才获得了伸展的空间。

下篇：国家管制与儒家社会自治的较量

一、秦制下的制民之术

在严格的秦制之下，是不允许存在什么"社会力量"的，当然也就更谈不上有什么"自治"了。法家设计的专制权力体系，涵盖了在国家治理层面的君王"独制于天下而无所制"，以及在社会治理层面的"制民"之术，即商鞅所言"昔之能制天下者，必先制其民者也；能胜强敌者，必先胜其民者也"①。

秦制（法家）的"制民"之术，概括之主要有三。

（一）消灭、削弱社会的自生力量与自发组织

（1）穷民、愚民、弱民。商鞅认为："民有私荣，则贱列卑官，富则轻赏"，"贫则重赏"。意思是说，臣民有了财产，就会不在乎国家的赏赐，不那么听国家的话；商鞅又说："民愚则易治也""民弱国强，国强民弱，故有道之国，务在弱民"。总而言之，要防止臣民获得抵御国家权力的力量。

（2）压制"五民"。五民为《诗》《书》谈说之士（儒生）、处士（隐逸）、勇士、技艺之士（手工业者）与商贾之士。这五类人是秦制社会的异己分子与不安定因素，如果受到器重，就会导致臣民"轻其君""非其上""轻其禁""议其上"，挑战国家权威，所以他们必须被列为重点打击的对象。后来的韩非子也将儒家、游士、游侠、依附贵族私门之人及商人归纳为国家必除之而后快的"五蠹"，因为五蠹之民不容易控制。

（3）排斥良民，任用奸人。商鞅说："以良民治，必乱至

---

① 见《商君书·划策第十八》，本节所引文字，除另有注释外，均引自《商君书》。

削；以奸民治，必治至强"。这不是有些不可理喻？原来商鞅敏锐地观察到，"用善则民亲其亲，任奸则民亲其制"。意思是说，如果任用良民，则社会将产生和睦之家庭，成为妨碍国家权力进入的小堡垒；而任用奸民，民间的亲缘纽带就会被消解掉，人们会觉得爹亲娘亲，不如秦制亲。

（4）限制贵族势力。商鞅规定："宗室非有军功论，不得为属籍"，贵族无军功不授爵；又"集小乡邑聚为县，置令、丞"，贵族丧失了对地方之控制权。后世论者多认为这是进步，体现了某种平等的精神。其实，贵族恰恰是当时制约王权的最重要力量，贵族势力的弱化与消失，等于推倒了通往皇权专制路上的最大一块挡路石。

（5）瓦解宗法组织。秦国强制推行分户析居的政策：臣民"不得族居"；"民有二男以上不分异者倍其赋"；"父子兄弟同室共息者为禁"。国家只允许小型家庭存在，其目的是摧毁周制下的宗法与家族，使社会高度原子化，个人直接暴露于国家权力控制网络之中。灭六国后，又"徙天下豪富于咸阳十二万户"（《史记·秦始皇本纪》），将六国残余贵族与富商置于皇权的近距离监视之下。

（二）给臣民设定单一、划一的社会生活程序

"入令民以属农，出令民以计战"，凡不利于农战的社会生活尽可能删除掉。

（1）"声服无通于百县"。即禁止奇装异服与靡靡之音在各个郡县流行，这样农民就不会受到诱惑，从而一心一意为国家种田。

（2）"废逆旅"。即取缔私营旅店业，这样"奸伪、躁心、私交、疑农之民不行，逆旅之民无所于衣食，则必农"。即老老实实待在土地上为国家生产，不制造麻烦。

（3）"无得取庸"。即臣民不准雇用佣工，这样懒惰之人就无法偷懒，佣工也将找不到混饭的地方，于是他们就会去务农。

（4）"贵酒肉之价""重关市之赋""使商无得籴，农无得粜"。即提高酒肉的价钱，对商业课重税，取消粮食交易市场，这样商人就会对前途失去信心，农人就不敢经商。

（5）"壹山泽"。国家垄断矿产、铸铁、煮盐等工业，这样不仅可以断了游手好闲之民除了务农之外的谋生路，而且国家也能坐收山泽之税。

（三）强化国家对社会的控制，国家权力无孔不入

（1）废礼治，立"法治"，令"天下之吏民，无不知法者"。有论者以为这是从人治到法治的进步，这未免有自作多情之嫌。法家的"法治"，其目的是维护君主的绝对权威，将全体吏民纳入法网的控制之中；其实质是以严密的成文法取代"三代"以来的判例法与礼俗（习惯法）之治。如果说判例法与习惯法天然地有利于形成独立于王权的司法体系，法家推动的国家立法则摧毁了司法独立的可能性。

（2）编户齐民。"四境之内，丈夫女子皆有名于上，生者著，死者削"，即全体臣民必须登记户口，生了孩子或死了人，都必须向官府报告。

（3）什伍连坐。"伍"指五家，"什"为五十家，什内"相牧司（举发）连坐"，人人有告奸之义务，"不告奸者腰斩，告奸者与斩敌首同赏，匿奸者与降敌同罚"。

（4）"舍人无验者坐之"。人民不得已外出住店，必须持官方开具的介绍信，否则客人与店家一起治罪。这里顺便一提，商鞅后人被秦国通缉，逃亡至关下，欲投宿，店家不知他是商君，说："商君之法，舍人无验者坐之。"商君喟然长叹："嗟乎，为法之敝一至此哉！"（《史记·商君列传》）这就是成语"作法自毙"的来历。

（5）设里亭制。郡县之下置乡，乡下置亭（警察系统的末端）、置社（意识形态系统的末端）、置里（行政系统的末端），"乡有三老、有秩、啬夫、游徼。三老掌教化。啬夫职听讼，收赋税。游徼徼循禁贼盗……皆秦制也。"（《汉书·百官公卿表上》）这是一个可怕的社会控制系统：国家权力的神经末梢伸入社会最底层——"里"。"里"是五十户家庭的编制单位，跟什伍制的"什"重合。换言之，在国家行政末端——"里"的下面，又以什伍连坐、编户齐民将每一个家庭、每一个人都置于国家法网的监视与控制之下。即使是个别脱离了户籍地控制网络的旅人，也将受到"投宿实名制"的监管。这种国家权力无孔不入的体制，我们不妨称之为"类极权"体制。

毋庸讳言，"类极权"体制的国家动员力是非常惊人的，秦人如同国家的生产机器与战争机器，在权力命令的驱使下，荡平六国；在统一海内之后，秦王朝不过 2 000 万人口，却能役用 40 万人筑长城，50 万人戍五岭，70 万人建皇陵，70 万人修阿房宫。不少论者认为古代专制统治技术不发达，所以才形成秦后社会"皇权不下县"的格局，但秦国在法家主持下建立起来"类极权"体制，却向我们展示了不可思议的统治技术：不是"不发达"，而是高度发达。

二、汉代对社会的修复

显而易见，秦制"类极权"体制，与自"三代"以来社会自发的、内在的礼俗秩序为敌，与国民的日常生活为敌，与人性中善的本能（人有四端）为敌，与人对结群（群之可聚也，相与利之也）、对伦理（亲其亲）、对自由（帝力于我何有哉）的需求为敌，它注定是无法长久维持的。果然，秦坑未冷山东乱，不可一世的秦帝国在陈胜、吴广揭幕的民变及六国残余贵族的反抗之下迅速覆灭。

汉初，朝廷推行与民休养生息的"黄老之治"，国家放弃对社会的干预，社会力量也借此获得了发育与成长的空间，标志之一就是商人阶层迅速崛起。尽管汉高祖曾执行过"令贾人不得衣丝乘车，重租税以困辱之"的抑商政策（《史记·平准书》），但到了孝惠帝与吕后主政时代，"复弛商贾之律"（《史记·平准书》），国家对商业松绑，文帝又"弛山泽之禁"（《史记·货殖列传》），开放山林川泽，准许民间自由开矿、煮盐。

说到这里，我们应当重温一遍司马迁的自由经济思想。他说："物贱之征贵，贵之征贱，各劝其业，乐其事，若水之趋下，日夜无休时，不召而自来，不求而民出之。"（《史记·货殖列传》）即市场自会形成优良的交易秩序，不必劳驾政府去引导、规划。因此，司马迁认为，对于市场，最高明的政府应当放任自流，其次是加以引导，其次是教诲之，再其次是运用权力进行整顿，最坏的政府则是与民争利（"故善者因之，其次利导之，其次教诲之，其次整齐之，最下者与之争"）（《史记·货殖列传》）。太史公之识可比亚当·斯密，他的《货殖列传》有《国富论》之精神。

汉初实行的经济政策大体上便是"善者因之"，民间自发形成的市场经济开始显示活力，一批具有商业天才的平民通过"积贮倍息"或者"坐列贩卖"先富起来。《史记》说"汉兴七十余年之间"，"网疏而民富"。"网疏"就是国家放松了管制，"民富"则可视为社会复活的体现。一些巨商大贾甚至"因其富厚，交通王侯，力过吏势，以利相倾，千里游敖"，为当时的朝廷所警惕。

站在专制皇权的立场，一个强大的商人阶层的存在，当然不利于国家权力对民间社会的掌控，但我们从限制皇权的角度看，自由经济产生的"交通王侯，力过吏势"的巨商大贾，有利于在社会中催生出一个能够抗衡皇权及其代理人集团的阶级。然而，就如秦制线索的发展受到儒家的约束，社会力量的成长也受到国家权力的压制。西汉最有独裁倾向的汉武帝一改"放权让利"之政，采取"国进民退"之策，在法家桑弘羊的主持下，将天下盐铁收归国有官营，恢复法家的"壹山泽"路线，又推行算缗、均输、平准之法（"算缗"是针对商人课以高税率的财产税；"均输"是由官府经营长途运贩业；"平准"则由官府充任商品批发商，据说初衷是为了"平抑物价"）。总而言之，汉初的自由放任经济被"整齐之"乃至"与之争"的国家统制经济替代了。

经济统制的结果，不仅是民间商业凋零，百姓苦不堪言，物价也得不到平抑，"未见准之平也"，而且商人纷纷破产，"商贾中家以上大抵破"（《汉书·食货志》）——一个孕育中的资产阶级被国家权力扼杀掉了。

儒家虽然对唯利是图的商人没有好印象，但从来反对国家与民争利。汉武帝登基之初，问策天下贤良。董仲舒上"天人三策"，言"官员已有国家支付薪俸，不可再经营产业、与民争利。朝廷应明令禁止官员经商，士大夫应当严格遵守之。这样，利可均布，而民可家足"（《汉书·董仲舒传》）。汉武帝的盐铁诸政是国与民争利，比官与民争利更恶劣，所以遭到以"贤良文学"为代表的儒家激烈反对。武帝去世后，"贤良文学"曾跟当权派展开一次盐铁大辩论，董仲舒晚年也上疏要求朝廷将"盐铁皆归于民"（《汉书·食货志》）。

从太史公的《货殖列传》，到董仲舒与"贤良文学"的盐铁论，再到北宋时司马光等保守派对王安石变法的批评，我们可以发现儒家反对与民争利之经济主张跟古典自由经济思想之间的暗合之处。

儒家当然也反对国家权力对社会自治空间的完全占领，儒家重伦理、宗法、宗族，乃至赞同"为父绝君，不为君绝父"①，天然地具有认同小共同体自治的倾向。而小共同体的存在，恰恰是社会得以形成的先决条件，无会社，便不可能有社会；有会社，方有可能生成社会。以血缘和宗法联结起来的宗族组织，无疑是古典时代最为重要的社会治理共同体，也是社会自治的发育基点。秦代为防止出现挑战国家权力的大族，强制分家析户，并以国法摧毁伦理（如鼓励亲人之间相互"告奸"）、取代宗法。汉兴之后，虽然朝廷屡有打击豪富之举，但经过董仲舒的复古更化，儒学获得"独尊"地位，士人集团渐渐崛起，宗族组织也因而得到重新建构。到了东汉、魏晋时期，士人宗族更是发展成可以跟君王一争短长、跟国家分庭抗礼的士族门阀，甚至出现"百室合户，千丁共籍"的宗主督护制。

　　汉代士人对宗族的修复与再造，实际上开启了荒芜一片的秦后社会的重建进程，在宗族组织的蛋壳内，社会的部分自治功能得到发育。汉代的民间自我救济机制就是在宗族组织中产生的，一部叫作《四民月令》的东汉农事家历记载了汉时宗族内部互助的情况：三月青黄不接之际，宗族领袖当"赈赡穷乏，务施九族，自亲者始"；九月天气渐凉，要"存问九族孤寡老病不能自存者，分厚彻重，以救其寒"；十月，五谷入仓，"同宗有贫窭久丧不堪葬者，则纠合宗人，共与举之"；此外，还令族人"缮五兵，习战射，以防寒冻穷厄之寇"，负起保卫乡里之责。宗族所提供的救济，不仅限于本族成员，也惠及地方社会，东汉时，不少豪族"家富好施，赈赴穷急"，因而"乡族皆归焉"（《后汉书·冯绲传》）。而在南北朝兵荒马乱之世，假设没有强宗大族结成自治的坞堡，地方社会必将随政权的颠覆而倾覆。整个魏晋南北朝时期，"城头变幻大王旗"，国家很脆弱，但社会还是坚实的。

----

　　①　郭店楚简《六德》篇。

现在的论者多将门阀世家视为阶级对立与社会动乱的渊薮，但我更想强调贵族化大宗族作为皇权抗衡力量的意义。中国秦后社会虽然呈现出"小政府"的格局，但始终未形成"大社会"。传统"小政府"的"小"，只是意味着政府规模不大、政府提供的服务非常有限，但国家的力量是一直处于强势的，可谓"一权独大"。其原因就在于，在士族消亡之后，传统社会再没有产生出足以抗衡国家的力量与组织。其后果，就是社会无法在阻隔了国家权力侵犯的防线内发展出健全的自治组织与自治机制。

不过，一个形成于汉代、所谓"皇权不下县"的社会自治空间还是保存了下来，在两千年的时间里，这个自治空间虽时有伸缩，却未曾消失过。

"皇权不下县"意味着国家权力在县以下的领域有所撤退（不是完全撤离），不同于国家对社会一竿子插到底（郡县—乡—亭—里—什伍连坐）的秦政制。汉代儒学的复兴，推动了国家权力的撤退，不仅体现在儒家对宗族组织的重新构建上，而且以董仲舒"春秋决狱"为起点，儒家促使先秦的礼治在秦后得到部分恢复，礼俗作为习惯法的效力受到承认，成为与国家立法——刑律并存的规则体系。对于民众而言，地方的、民间的、自发的、传统久远的礼俗显然具有更大的影响力，在礼俗调节下，人们的合作、交易、纠纷仲裁均可形成合理的制度、规则，而不需要国法出面干预。可以说，礼俗构成了一道有效隔离皇权渗透的屏障，有了这道屏障，社会的自治才成为可能。

三、宋代：士绅组织社会自治

当历史演进到唐宋之际，中国社会出现了一个大转型：唐代世家大族犹在，门阀社会的余绪尚存。唐太宗时，大臣高士廉等奉命修《氏族志》，将山东崔氏列为士族第一等，李世民对此大为不满，要求按"不须论数世以前，止取今日官爵高下作等级"

的原则重新修谱。第二次修订的结果是：皇族李姓为士族第一等，外戚为第二等，崔氏降为第三等（《旧唐书·高士廉》）。这次修谱传递出两个信息：一方面，当时的门第观念仍很强大，世家大族的社会地位还是很高；另一方面，世家大族数世积累的权威已无法抗衡皇权意志，"尚姓"让位于"尚官"。

唐代士族势力的衰退，除了因为皇权压制之外，科举制的冲击也是重要因素。科举当然有利于告别门阀等级，促成一个相对平等的社会。但如果以历史的眼光来看，门阀的消失、社会等级的抹平更有利于皇权的独大。即使是对传统社会之平等化颇多赞许的钱穆也承认，唐以后的社会，由于"政治上没有了贵族门第，单有一个王室，绵延一二百年不断，而政府中官吏，上自宰相，下至庶僚，大都由平地特起，孤立无援；相形之下，益显君尊臣卑之象"；"各州郡、各地方因无故家大族之存在，亦益显官尊民卑之象"[①]。

不过唐代的社会发育还是比汉代有了更大的进步，一个表现是唐代社会出现了比较丰富的民间结社。如各类宗教性质的"社邑"在唐代非常流行，不少行业也成立了具有一定自治功能的社团，几个情投意合的唐代女子出于"遇危则相扶，难则相救"之目的，还可以结成"女人社"。唐高宗曾下诏禁绝私社，但民间社会对于结社的需求是压制不住的，到了唐玄宗时代，政府不得不承认私社的存在。

唐后社会，经过五代残酷的厮杀，门阀世族零落殆尽，从宋代开始，中国进入没有世家大族的平民化社会。大规模的科举取士虽然消弭了抗衡皇权的士族势力，却也缔造了一个庞大的儒家士绅阶层，他们取代之前的贵族门第，成了引导唐后社会"自治线索"向前演进的主要力量。

---

　　① 钱穆. 国史大纲（下册）［M］. 修订本. 北京：商务印书馆，1996：793.

　　针对五代战乱过后宗族组织的衰败、宗法关系的松散、宗族伦理的弱化，包括张载、程颐、朱熹等大理学家在内的宋儒，都提出了再造宗族制度的构想。因为，对于主要依靠宗法伦理联结起来的传统社会来说，宗族之不存即意味着社会的溃散。范仲淹以个人官俸所得，购置良田十多顷，作为族内公益基金（义田），义田每年收取的租米用于赡养族人、供养族学（义学），又设立管理范氏宗族公益基金的机构（义庄），制定规矩十三条（族规），成为宋代儒家重建宗族的典范。

　　宋儒重新构建的"宗族范式"延续至明清，虽然不似前朝的士族门阀在政治上具有强大的影响力，却在维持民间社会的自治方面发挥了前代所不及的作用。概括而言，宋式宗族（包括明清的宗族）的社会功能主要体现在：以族谱和祠堂为族人提供基于血缘与伦理的共同体认同；以义田与族学为族人提供公共救济与福利；以族规与族内权威发展出一个相对独立于国家的民间自治架构，"族人虽异居，同在一村中，世推一人为长，有事取决，则坐于听事。有竹算亦世相授矣，族长欲挞有罪者，则用之。岁时会拜，同族咸在"（《燕翼贻谋录·卷五》）。宗族通过提供认同、福利与秩序，使族人免于直接暴露在国家权力的热焰之下，也使社会自我构建出优良的治理秩序成为可能。所以，顾炎武说："故宗法立而刑清。天下之宗子各治其族，以辅人君之治，罔攸兼于庶狱，而民自不犯于有司。风俗之醇，科条之简，有自来矣。"（《日知录·卷六》）

　　宋儒更了不起之处，是他们还创立了两类超越了血缘限制、比宗族更具开放性的民间自治组织——乡约与社仓。

　　历史上第一个乡约由北宋理学家张载的弟子吕大钧设立于其家乡陕西蓝田，故又称"吕氏乡约"或"蓝田乡约"。吕大钧开创的乡约制度后经南宋理学家朱熹整理，更趋完善，又由朱熹的弟子在一些地方付诸实践，收到"一乡行之，一乡化焉"的效果。

　　宋儒推行乡约之初衷，是为了"成吾里仁之美"，将生活在同一片土地上的乡党们组织起来，大家"德业相劝、过失相规、礼俗相交、患难相恤"，以此"化民成俗"，形成自治的公序良俗。吕大钧创立了一套堪称优良的乡约制度：地方士绅牵头组织乡约，乡人自愿加入或退出，众人推举一位德高望重、正直公道之人担任"约正"，为乡约最高领袖，执掌约中赏罚、决断之权；乡约的日常管理则由"直月"负责，"直月"是轮值的，"不以高下，依长少输次为之"，一人一月，一月一换。乡约每月一小聚，每季一大聚，这是对"乡饮"古礼的恢复，"乡饮"是一种议事机制、一个自治平台，"乡饮"之时，约正会将约众近期的善行或恶行记录在册，并据此进行赏罚，约中众人有事，也可以在"乡饮"上提出，大家协商，找出解决方案（《吕氏乡约》）。

　　因此，吕氏乡约就是一个建立在自愿联合基础上，有着教化、救济与公共治理功能的村社自治共同体。乡约既是自由的（自愿出入），又是民主的（公选领袖），也是平等的（约众不分地位高下，以年齿为序充任"直月"）。

　　值得一提的是，吕氏乡约在推行之初，曾遇到不少麻烦，不但乡里有些流言蜚语，连吕大钧在朝廷当大官的大哥吕大防也不赞成搞什么乡约。反对吕大钧设乡约的亲友说，你一个在野的士绅组织结社，容易被人误会为结党，引来朝廷猜疑。况且治理地方社会本是官府的事情，你又何必掺和呢？吕大防还建议弟弟：不如将乡约改为"家仪"，这样就可以规避政治风险了。

　　那么，吕大钧是如何回应这些反对声音的呢？吕大钧说，儒家君子读圣贤书，自当造福乡里，何必要做上了官才来行善事？如果什么事都由官府指示了才可以做，则"君子何必博学"？因此，他不同意将乡约改为"家仪"：改为"家仪"固然可以降低风险，但"于义不合"。显然，在吕大钧心中，士君子追求之

"义"，已经超越个人的"修身"与家族内部的"齐家"，而担当起教化乡里、美化风俗之责。用儒家的话来说，是为"仁里"，换成今日的说法，就是致力于社会自治。

吕氏乡约是古代社会最具自治精神的基层治理建制，代表了自治传统在儒家引导下演化出来的新高度，萧公权先生对此有很高的评价："吕氏乡约于君政官治之外别立乡人自治之团体，尤为空前之创制……此种组织不仅秦汉以来所未有，即明初'粮长''老人'制度之精神亦与之大异。盖宋明乡官、地保之职务不过辅官以治民，其选任由于政府，其组织出于命令，与乡约之自动自选自治者显不同科也。"① 然而，在后面，我们还将会看到专制的国家权力对乡约组织的渗透与控制，导致乡约自治内核发生蜕变，然后变质的乡约制度又在清末儒家重建下拾回自治精神。这也是传统社会中秦制线索与自治线索相互缠斗的表现。

宋儒创设的社仓则类似于今日社会贤达主持的农村小额扶贫贷款，所不同者社仓借贷的是米，而农村小额扶贫贷款借贷的是钱。南宋初，士绅魏掞之率先在福建招贤里创建社仓。稍后，魏掞之的好友朱熹也在福建五夫里设立社仓，并订立了一套完备的社仓结保制度：社仓由士绅组织并管理，官方不得插手其中，不过社仓的贷本先由地方官府垫付，"富家情愿出米作本者，亦从其便"；每年的五月份，社仓放贷，每石米收取息米二斗，借米的人户则在收成后的冬季纳还本息；等收到的息米达到本米的十倍之数时，社仓则将贷本还给地方官府或出本的富户，这么做当然是为了保持社仓完全独立自主的地位；此后社仓只用息米维持借贷敛散，不再收息，只是每石米收取三升耗米，以弥补仓米的损耗，这样既可以维持社仓的长久运作，也显示了社仓的公益性

① 萧公权. 中国政治思想史 [M]. 北京：新星出版社，2010：354.

质；人户是否参加结保也采取自愿原则，"如人户不愿请贷，亦不得妄有抑勒"（《社仓事目》）。

宋儒之所以创设社仓，是因为他们意识到官方的救济系统（如常平仓）不尽可靠。因此，民间社会应该建立自我救济体系，使乡人在遇到凶岁饥荒时，不必全然依赖不尽可靠的官方救济。

将朱子社仓跟王安石的"青苗法"比较一下，就可以发现社仓的可贵之处。首先，从立意上看，王安石设"青苗法"，与其说是为"济民困"，不如说是为"富国用"，因它要收取高达20%的年息。社仓虽然在开始时也收息，但息米一旦达到足以清偿贷本及维持自主运转的目的之后，即免息放贷，而"青苗法"不但没有免息之期，而且在执行过程中，年息被提高到40%。其次，从操作上看，"青苗法"由官府推行，用朱熹的话来说，"其职之也，以官吏而不以乡人士君子"（《婺州金华县社仓记》）。官吏不仅品行不如士君子，且手握权柄，而权力是可以用来压榨民脂的。因此，官吏在放贷时常常强行摊派，将"青苗法"搞成了典型的"害民之法"。朱子社仓则显然具有非政府组织（NGO）的性质，其运作独立于官方权力系统之外，地方官员只在放贷及还贷时应邀前往监督，对社仓的运作并不能干预。朱熹相信，只要"官司不得抑勒，则（社仓）亦不至骚扰"（《辛丑延和奏札四》）。

然而，在朝廷采纳朱熹之议，下诏推广社仓之后，随着国家权力的介入越来越深，社仓这一非政府组织也慢慢变质，最后居然成了"领以县官，主以案吏"的官办机构（《鲁斋集·卷七·社仓利害书），并且跟"青苗法"一样暴露出"害民"的弊病："非蠹于官吏，则蠹于豪家"（《跋浙西提举司社仓规》）。需要指出的是，"蠹于官吏"的危害无疑更甚于"蠹于豪家"，因为官吏掌握着"豪家"所没有的国家权力。时人俞文豹描述了南宋晚期社仓"蠹于官吏"的情形：一方面官府强制征收仓米，另一方面又将仓米挪作他用，即使遇到荒年，也"未尝给散"（《吹剑录外集》）。所以，朱熹的再传弟子们在反省与改革社仓之弊时，都提出要恢复朱子遗意，将社仓还给民间，由地方士绅耆老"公共措置"。

乡约、社仓只是宋代丰富多彩的社会结社之一。宋代的社会发育程度远超之前的任何朝代，以书院为代表的私学、以义约为代表的民间慈善、以义役为代表的经济合作组织、以弓箭社为代表的民间自卫武装，等等，均发端或兴盛于两宋。这应归功于宋代士绅阶层的崛起以及新儒学（理学）的传播。在理学影响下，宋代儒学发展出"士君子之生斯世，达则仁天下之民，未达则仁其乡里"的新境界（《雪坡集·卷三六·武宁田氏希贤庄记》），促使一部分士绅从面向庙堂转身面向民间，以"仁里"的儒家方式构建社会。

在传统社会，政府无意也无力供应足够的公共服务，甚至习惯于趁火打劫。比如老百姓若进了衙门打官司，几乎免不了要受胥吏差役盘剥。那么至少从这个意义而言，正是有了宋儒再造的宗族组织、创建的乡约与社仓，有了这些自发性组织构建的自治秩序，民间社会才可能摆脱对国家权力的依赖，才可能享有"帝力于我何有哉"的自由。部分深受近代启蒙话语影响的学人不承认中国传统社会存在"自由"，但如果我们将"自由"界定为"强制减少到最低程度"的状态，我们就会发现，先秦民谣《击壤歌》所描述的"日出而作，日入而息，凿井而饮，耕田而食，帝力于我何有哉"，正是自由状态的最佳注脚。"帝力"，即是对人构成最大强制的国家权力，而社会自发形成的自治组织与礼俗秩序，则形成了阻隔国家权力之强制的屏障。

四、明清：绅与商的力量

传统社会的演进，不仅由儒家自由力量所推动，也受法家专制力量所拉扯。当历史演进到明初时，由于专制力量的高涨，社会自治一度出现大倒退。恨不得杀了孟子的朱元璋在强化皇权独裁的同时，也加强了国家权力对社会的管控。这是法家"制民"路线的回流（朱元璋所重用的李善长，即是"习法家言"之辈）。"制民"的举措包括但不限于以下四项。

（1）打击社会豪富。豪富一旦被定下"通财"或者"党与"之罪，即"不问实与不实，必死而覆其家"。时人这样描述豪富被整肃的严重程度："浙东西巨室故家，多以罪倾其宗""大家富民多以逾制失道亡其宗""皇明受命，政令一新，富民豪族，划削殆尽"（《采苓子郑处士墓碣》《匏翁家藏集·卷五八·莫处士传》）。这些"倾其宗""亡其宗""划削殆尽"的字眼，触目惊心。

（2）实行严密的社会控制。"人民邻里互相知丁"，对各户丁口与从业情况，"县府州务必周知"；"市村绝不许有逸夫"；农民的活动范围限在一里之间，必须"朝出暮入，作息之道互知"，任何人离乡百里，"即验文引"（文引是官方出具的介绍信）；商人外出经商，邻里务必周知其归期，若两载不归，邻里要向官方报告（《御制大诰》《御制大诰续编》）。而官方的耳目也遍布城乡，明末史学家谈迁描述过"国初严驭"的情形："夜无群饮，村无宵行，凡饮会口语细故辄流戍。"他的家乡就有六千多人因"口语细故"被充军，以致生活在明末的谈迁回想起来也很后怕，"言之至今心悸也"。

（3）限制士绅阶层的影响力。士绅为地方社会之知识精英，常常扮演着"公共知识分子"的角色，朱元璋视士绅言事为挑战社会稳定的破坏性因素，特别颁布禁例于天下学校："军民一切利病，并不许生员（秀才）建言"（《大明会典·卷七八·学校》）。这一禁止在野士子议政的政策，后来为清初的统治者所继承。清廷还严禁士子结社："生员不许纠党多人、立盟结社、把持官府、武断乡曲，所作文字不许妄行刊刻，违者听提调官治罪。"（《钦定大清会典事例·卷二八九·礼部·学校》）江南的士绅更是被朝廷列入重点打击的黑名单，在经过几轮摧抑之后，江南士风出现了严重的奴化："迩来士大夫日贱，官长日尊，于是曲意承奉，备极卑污，甚至生子遣女，厚礼献媚，立碑造祠，仆仆跪拜，此辈风气愈盛，视为当然，彼此效尤，恬不为怪。"（《三冈识略·卷一〇》"三吴风俗十六则"条）

（4）皇权直接插手民间教化。朱元璋亲自编制《大诰》"圣谕六言"，诏令天下官民之家，结合乡饮酒礼，宣讲"圣谕六言"，诵读《大诰》。后来讲读"圣谕六言"成了明代乡约有别于宋代乡约的一大特色，这是国家对乡约的利用：一方面推动了乡约在明代的兴盛，催生一大批官办乡约；另一方面则导致乡约逐渐丧失自治的本色，沦为国家的教化工具。

清廷入关后，相中明代的官办乡约形式，也宣布推行乡约制，借以宣讲顺治的"圣训六谕"、康熙的"上谕十六条"、雍正的"圣谕广训"，同时也利用乡约组织协助官府征收赋税、稽查盗贼，乡约长也由州县官委任。也就是说，乡约在清代出现了职役化，完全丧失了原来的自治性质，成为国家权力伸入乡村的神经末梢。

然而，就如我们在论述秦代"制民之术"时所发现的：严密的社会控制难以持久，社会的自生力量与自组织意向也无法永远压制住，只要外在的权力管制松弛下来，它们就会苏醒，迅速展现自治的热情与智慧。明代中后叶士绅群体的政治自觉，恰好体现了这一点。

前面我们说道，朱元璋曾严令生员不得议政，但这条禁令在士子一再"以身试法"的撞击下，很快就被突破了。清人陆文衡记述说："生员言事，卧碑有禁。而吴下士子好持公论，见官府有贪残不法者，即集众倡言，为孚号扬庭（即公论官府是非）之举，上台亦往往采纳其言。此前明故事也。"（《啬庵随笔·卷三》）在地方士绅的"公论"压力下，官府不得不"采纳其言"，这应该跟晚明士子势力的增长有极大关系，他们能够透过遍布南北的书院、讲学会、文社，结成组织化的社会力量，足以给官方造成强大的压力。而以民间书院（讲学会）自下而上地对政治施加影响力，乃是明儒开辟的问政新路径。由于明代君主跟儒家士大夫之间对立严重，一部分士大夫放弃了"得君行道"的宋儒式理想，掉头向下，面向民间，展开社会改造，包括开书院、设讲会、兴乡约、建宗族。晚明的民间书院十分发达，士子借讲学议政蔚然成风，这当然与明儒从庙堂到民间的转向不无关系。黄宗羲设想将学校改造成议会性质的议事机构，可不是凭空幻想。

在明末的沛县，甚至已经形成了"邑（州县）有大事，士子皆得与议"的惯例。凡县里有大利大病，"得与荐绅、先达、里父老商榷持衡，邑大夫（县官）雅宠礼之"①。为了表述方便，我将这个惯例称为"邑议制"。前文曾提及，徐继畬将英国下议院译为"乡绅房"，不妨来想象一下，"邑有大事，士子皆得与议"，不正是县"乡绅房"开会的情形吗？那些跟地方官"商榷持衡"的"荐绅、先达、里父老"，不正好有些像县议员的角色吗？

沛县的"邑议制"，其实有着内在于传统的制度渊源，可以追溯到汉初置立的"县三老"之制——"举民年五十以上，有修行，能帅众为善，置以为三老，乡一人。择乡三老一人为县三

---

① 陈宝良. 中国的社与会［M］. 增订本. 北京：中国人民大学出版社，2011：50.

老，与县令丞尉以事相教"（《汉书·高帝纪》）。这里的"三老"，并非国家行政体系内的官吏，而是来自民间的民意代表，但拥有参与治理地方社会的权力。县三老有点类似于县参议长。按钱穆的看法，"中国本有地方自治组织，其首领称三老"①。不过，三老制到隋唐时便已废置不用，这是国家权力试图强化社会控制的体现。

"邑议制"当然不是三老制的复原，但它何尝不是三老制所代表之地方自治精神的复活？将"邑议制"放入自治线索的演进背景来看，它的意义就凸显出来了。汉后中国形成了一个所谓"皇权不下县"的治理结构，它有两层含义：①县下面的基层存在一个自治空间，但这个自治空间局限于县域之下，自治只能表现为乡族小共同体（宗族或者乡约）的治理；②州县的治理则为皇权所笼罩，实行"流官制"。地方官为朝廷统一委派，这自然是出于中央集权之需，却对地方自治的发展构成巨大的障碍，虽然地方士绅对于县政也具有某种私人性的"隐权力"，却没有形成公共性的参议制度。现在"邑议制"的出现，则意味着一个更大范围的、制度性的县域自治空间已经拓展出来。我们可以设想，再借助西学的治理技艺，它完全有可能发展成为自治的地方议会政治。

事实上，时至晚清风起云涌之世，绅权大增，学社纷立，在西学的激荡下，已经从士人结社的组织形式中催生出地方议会的雏形，如戊戌变法期间谭嗣同在湖南发起的南学会。据梁启超介绍，南学会"实兼学会与地方议会之规模焉。地方有事，公议而行，此议会之意也；每七日大集众而讲学，演说万国大势及政学原理，此学会之意也"（《谭嗣同传》）。不用说，清初不许士子"纠党多人立盟结社"的禁令早已成了烟云。

① 钱穆. 中国历代政治得失 [M]. 北京：生活·读书·新知三联书店，2001：91.

如果厕身晚清——那个古今之变最为剧烈的时代，我们将会看到士绅群体在推动地方自治、社会自治乃至国家立宪上所展现出来的高超智慧——既立足于传统，又借鉴了西方社会治理的技艺，显示出经由传统获得创新的无限可能性。这里且列举两例晚清士绅对乡约的复兴及对宗族的改造。

咸丰年间，太平军兴，朝廷的控制力下挫，不得不借重地方士绅维持秩序，自此开始，民间自治的绅办乡约又得以复兴。清末民初，定县翟城村在乡绅米春明、米迪刚父子带领下组织的村自治，成绩尤其令人瞩目。时人以为翟城村自治模仿自日本的村町（大概是因为米迪刚曾留学日本的缘故），但翟城村人认为这些"皆属不知内情之谈"。实际上，翟城村自治的经验来自传统，包括吕氏乡约的精神，"多系按照乡土人情、风俗习惯，因革损益，量为兴作"①。从吕氏乡约到翟城村自治，我们应当看到一条虽一度中断过、但终归连接上的内生脉络。

宗族这一被认为有着专制色彩的古老组织，在清末士绅的改造下，变成训练民主自治的典范。如宣统二年订立的湖南上湘龚氏族规即明确提出："窃我国预备立宪，必人人有自治之能力，而后有国民之资格。而欲求自治方法，莫如从家族入手。一家治，一族治，斯国无有不治矣。"最能体现宗族民主自治精神的，大概要算上海曹氏宗族的"谯国族会"。据《谯国族会简章》，曹氏族会由议长、副议长各一人，评议员十人，契券保管员、会计、庶务、文牍各一人，征租二人组成，上述人等均经投票公举产生，任期一年，可连举连任。举行族会时，须"议员半数以上到会，方得开议。到会议员有过半数同意方得取决"；"议员意见或两歧时，以多数取决；两数相等，则取决于议长"；"主席（议长）有汇集到会议员意见分付表决之权，惟不得参加己意；

---

① 牛铭实. 中国历代乡约［M］. 北京：中国社会出版社，2005：78.

如有发表，须请副议长主席，而退就议员位，方得发言"。这样的"谯国族会"，已经具备相当完善的议会品质。

在推动晚清自治进程的合力中，还有一支很重要的力量来自绅商群体。商人在明代初叶曾受到歧视与限制，不过宣德朝之后，"法网渐疏"，又"役轻费省"，国家对民间经济的干预甚少，商业因而获得了长足的发展。商人群体迅速壮大起来，著名的徽州商帮就是在这个时期开始崛起的。而商帮与行会，特别是会馆与公所等商人组织的出现，显示出商人群体在缺乏国家法律保护的历史情景下构建自治秩序的能力。诚如清末的日本人所察："清国自古以农立国，崇本抑末之说，深中于人心。官之于商，刻削之而已，困辱之而已民，凡商情之向背，商力之盈亏，置若罔闻，不有会馆公所所以维持之、保护之，欲求商业之发达，岂不难哉？"[1]

在日本人如此描述的时候，中国的商人群体已经完成了一个深刻的变化，即士绅与商人合流，从而结成一个新的群体——绅商。绅与商的融合早在明代中后叶已经出现了，不过"绅商"一词到了晚清才被频繁地提起。这可能是因为明代时的绅商融合是分散的，尚未形成独立而有政治自觉的社会势力，而晚清的绅商就不一样了。概括地说，晚清绅商在历史舞台的集体登场，不仅表明原来的四民观念与社会结构被打破，更意味着接受了士绅理想的商人群体，从"孳孳求利"的理性经济人转型为自觉的社会新秩序构建者。晚清绅商中，显赫者如"状元实业家"张謇，固然是立宪运动与地方自治的领袖；平凡者也多以"商董""店董"的身份，成为主持市镇治理的主要力量。

我们来看一个例子：晚清的上海县曾有一个官方的南市马路

---

[1] 陈宝良. 中国的社与会[M]. 增订本. 北京：中国人民大学出版社，2011：238.

工程局来管辖市政建设，但一直组织不力，成绩也乏善可陈。光绪三十一年（1905），清廷推行新政，上海得风气之先，郭怀珠、李钟珏等绅商借机向上海道台提出"自动整顿地方，以立自治之基础"的申请，得到道台的支持。道台批复说："拟将南市工程局撤销，所有马路电灯，以及城厢内外警察一切事宜，均归地方绅商公举董事承办。"接下来，郭怀珠等组织投票，公举出总董、帮董、议董，组成"城厢内外总工程局"①，后又改名为"城厢内外自治公所"，是上海华界的地方自治总机关。工程局（自治公所）的董事们多为来自上海各个同业公所的商界领袖。

绅商领导下的会馆、公所、行会、商会，不仅是行业内部自治的机构，而且广泛介入城市的公共治理，包括组织市政建设、与地方官府协商税额、训练消防队、管理福利机构、筹集救济金，等等。

再来看另一个例子：清末的营口牛庄口岸便是一个由工商行会进行自治的市镇，据清末《海关十年报告》的调查，牛庄口岸的行会职权可以分为两类："其一，类似国外市镇的市参议会，要维持街道、公路、沟渠、水库（池塘）的秩序，掌管公共土地，保护商人，经办或协助开办慈善事业等；其二，类似握有大权的商会会员，如草拟和执行管理银号、钱庄、汇兑和集市的规章"②。

清廷以"部族专制"立国，但到晚清时，因为绅权觉醒，国门洞开，传统的士绅精神与西来的政治学说将社会的自治线索推到一个前所未有的新高度。想来也是因为民间的自组织与自治能力发育得相当成熟，在辛亥年的政治崩塌中，社会还能保持大体的平稳，革命只局限于政权更迭。

---

① 彭泽益. 中国工商行会史料集（上册）[M]. 北京：中华书局，1995：189－190.

② 彭泽益. 中国工商行会史料集（下册）[M]. 北京：中华书局，1995：622.

结　语

到此，我们可以根据上面的描述梳理出一条秦后社会自治的演进线索（图 3）。

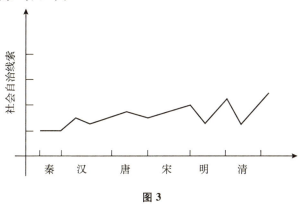

图 3

如果将这条自治线索与前面我们画出的皇权专制线索放在一起，我们将会发现它们之间正好构成了此消彼长的关系：当专制线索高扬时，自治线索就下挫；当专制线索低落时，自治线索就升高。这显示出传统社会的自治边界跟皇权的伸缩息息相关，社会自治的壁垒还不够坚固。但尽管如此，一个主要由儒家士绅拓展出来的社会自治空间是一直存在的，而且从总的趋势看，这个自治空间是逐渐扩展的，到清末民初时已蔚为大观。

通过对蕴含在秦后历史中的专制线索与自治线索的整理，我希望可以修正一些朋友对于中国历史的成见与偏见。

第一种偏见表现为将传统社会想象成除了专制还是专制的黑暗世界。但是，根据前面的叙述，中国的历史演进并不是单向度的专制进化史，而是由若干组方向相反的力量在推动：君王的"家天下"本能与儒家的"公天下"理想；皇权的自我扩张与儒家对皇权的限制；法家的严刑峻法与儒家的礼俗之治；国家权力的社会控制与儒家士君子的社会构建……甚至不妨说，我们的历史就是一个反专制的力量试图驯服专制的艰难进程。

第二种偏见由第一种偏见而来，即认为儒家是所谓几千年"封建专制"（这是一个莫名其妙的说法）的帮凶。实际上，如前所述，恰恰是儒家构成了对皇权专制与国家统制最有力的制约。如果说，法家基于人性恶的预设，理所当然地认为人需要严厉之管制，因而建立一个具有强控制力的政府是必要的；那么，这样的统治形态则是儒家所反对的，儒家从人性善出发，相信人有"仁"（仁者，相亲偶也）[1] 的天性与合群的本能，由此自发地结成共同体，并演进出合群、合宜的自我治理秩序。这即是我们所描述的自治线索。儒家也以"公天下"与"仁政"的理念，局部改造了法家建造的专制线索。所以，我们固然不能说专制被儒家完全驯服了，甚至应承认儒家也对秦制做出了妥协，但儒家依然是反专制的力量。那种认为儒家是专制帮凶的俗见，无疑属于厚诬。

第三种偏见又由第一种与第二种偏见而来：许多受启蒙话语影响的人断定，中国社会在近代的宪政转型中被儒家主导的传统严重拖了后腿，只有彻底告别儒家传统，宪政转型方能获得成功。他们视儒家传统为现代宪政的对立面，但这与事实不符。我们仔细观察晚清政治，可以梳理出三段自发演化的宪政脉络。

　　一、宋儒为朋党正名→明末士大夫"明目张胆"结党→清末政治性学社如雨后春笋→政党政治。

---

[1]　仁，郑玄注："人也。读如相人偶之人，以人意相存问之言。"段玉裁注："人耦（偶），犹言尔我亲密之辞。独则无耦，耦则相亲，故其字从人二。"孔颖达注："仁，谓仁爱，相亲偶也。"

二、儒家"虚君"思想→明末王船山先生提出"虚君立宪"→清末"立宪"确立为新政目标→虚君宪政。

三、儒家的清议传统→明末黄梨洲先生设想"学校议政"→清末设立资政院与咨议局→议会政治。

同样的，从晚清蔚为大观的社会自治，我们也可以整理出三条内在于传统的演进脉络：

一、儒家的"仁里"理想→宋明士绅建造宗族、乡约、社仓→清末的乡约复兴→社会（乡村）自治。

二、明代的绅商融合→绅商构建之公馆、公所与商会→由工商行业自治扩展开的清末市镇自治→社会（城市）自治。

三、"处士横议"之传统→明末的"邑议制"→清末南学会等地方议会雏形→地方（省域或县域）自治。

设想一下，假如这些从传统中生长出来的脉络继续发育下去，会不会生成一个包含了政党政治、立宪、议会与社会自治、地方自治等要素的宪政架构呢？在清末民初，这个宪政架构其实已经呼之欲出了。换言之，近代中国的宪政转型具有内生于传统的驱动力。从这个视角出发，我们会发现费正清先生的"冲击－回应"模型未必能精准地解释近代中国的宪政转型。来自西方的"冲击"当然存在，而且确实对当时的儒家士君子产生强大刺激，就如明王朝由专制而覆灭的命运也曾给明末士君子造成震撼性的"冲击"，从而引发三大儒对于皇权专制的深切反思。但晚清社会向着宪政与自治的方向艰难演进，则不仅由于外在的"冲击"，更是基于儒家自由传统的积累与扩展。西学固然带来了"冲击"，乃至提供了宪政的镜像，但儒家本身也有构建宪政秩序的动力、蓝图与经验，晚清至民初的宪政转型既是开放的，也是内生的。外来的"冲击"只是加速了中国的近代转型，并不是唯一的动力源。"冲击－回应"模型假设中国传统社会是一个停滞、缺乏内在驱动力的封闭型"死局"，将外来的西方"冲击"当成近代社会变革的唯一动力源，这显然是失之偏颇的。

当然我们也知道，晚清民初的宪政转型最终受挫了，但这并不是因为儒家传统阻碍了宪政，恰恰相反，而是传统的宪政积累遭到毁灭性破坏，内生、演化的宪政进程被外来强加的"彻底革命"风暴摧毁掉的缘故。

行文至此，我希望这篇小文能对人们理解宪政秩序的构建提供一点启示。因为传统是自发演进的，由时间积累而成的，因而，传统必定是合乎人之常情常理、适合人之日常生活的，也因而，传统必定是保有自由的，只是"百姓日用而不知"（《周易·系辞上》）。而合宜、优良的宪政秩序，必定建立在尊重与遵循这样的传统之基础上，而不是与传统为敌。用董仲舒的话说："若夫大纲、人伦、道理、政治、教化、习俗、文义，尽如故，亦何改哉？故王者有改制之名，无易道之实。"（《春秋繁露·卷一》）"道"就在由"大纲、人伦、道理、政治、教化、习俗、文义"组成的传统之中。构建宪政的治理秩序，就是为了回归、彰显"道"。

那么对于像秦制那样以强大霸道的国家权力毁灭礼俗传统的反宪政秩序，又该如何"改制"呢？董仲舒说："窃譬之：琴瑟不调，甚者必解而更张之，乃可鼓也；为政而不行，甚者必变而更化之，乃可理也。"故而，董仲舒主张对秦制必须"扫除其迹而悉去之"，这样才可以做到"教化已明，习俗已成，子孙循之"（《汉书·武帝纪·天人三篇》）。严格来说，董仲舒的"复古更化"并未能促使秦政制完全改弦更张，不过还算成功地恢复了"教化"与"习俗"，亦即恢复了礼俗传统与自发秩序。如此，后世的自治线索才得以展开。

儒家传统的源流、内涵及其真精神

胡治洪[*]

儒家传统如何发生、发展、顿挫与延续？儒家传统包含哪些内容？儒家传统一以贯之且具有普遍价值的真精神是什么？从宏观角度对这些问题加以阐述，有助于总体把握儒家传统的历史面相、精神实质、现实意义及其未来走向。

一、儒家传统的源流

借用钱穆先生和蒙文通先生的比喻，儒家传统犹如源远流长的大河①，发源于华夏初民在漫长历史岁月中基于特定自然环境而逐渐形成的聚族而居的生活方式以及由这种自然环境和生活方式所型塑的"亲亲、仁民、爱物"的心理结构，滥觞于传说时代伏羲、神农、黄帝、颛顼、帝喾正德而王、观象制器、利用厚

---

   * 胡治洪：男，1954 年生于湖北省武汉市，祖籍江西省奉新县。现为武汉大学中国传统文化研究中心教授、博士生导师，兼任武汉大学国学院教授、武汉大学孔子与儒学研究中心研究员、《儒家文化研究》辑刊副主编、中华孔子学会理事、湖北省周易学会理事。主要著作有《全球语境中的儒家论说：杜维明新儒学思想研究》（北京：生活·读书·新知三联书店 2004 年版），《大家精要：唐君毅》（昆明：云南教育出版社 2008 年版），《儒哲新思》（北京：中华书局 2009 年版），《现代思想衡虑下的启蒙理念》（武汉：武汉大学出版社 2011 年版）。

   ① 钱穆. 中国学术通义 [M]. 台北：学生书局，1973：136；蒙文通. 儒学五论 [M]. 桂林：广西师范大学出版社，2007：3.

生、抚养万民的圣王统系，流衍于尧、舜、禹、汤、文、武、周公续续相承的从"克明峻德"到"协和万邦"的修身行仁实践，磅礴于孔子以"述而不作"的方式对于前代圣王德性精神的阐扬及其对于作为宇宙、社会以及人本身之普遍本质的仁体的发明乃至对于儒家学派的创立。显而易见，儒家传统在根本上不同于诸子之学，不是"多得一察焉以自好"的"百家众技"，而是对著录于经典、概括以"先王之道"的华夏初民生活习俗、社会规范和传统观念的全面继承与理论提升。《庄子·天下》所谓"配神明，醇天地，育万物，和天下，泽及百姓，明于本数，系于末度，六通四辟，小大精粗，其运无乎不在……其在于《诗》《书》《礼》《乐》者，邹鲁之士、缙绅先生多能明之"，就是对儒家传统全面继承先王之道亦即华夏初民生活方式和心理特质的客观陈述。① 熊十力先生也说："至于儒学源远而流分，本为中国学术之正宗，为晚周诸子百家之所自出②，道至广大，无所不包通，费隐一源，本末完具。"③ 正因此，儒家传统与中华民族的文化心理积淀具有深刻的同构性，在春秋战国以迄西汉前期数百年间诸子争立的格局中，儒家最终定于一尊，成为此后两千余年包络并贯穿于中华民族社会生活和观念形态之方方面面的整全系统，绝非仅仅由于某些帝王和大臣的主观意志，而更主要的是民族心理的体现。所以，熊十力先生说："夫儒学之为正统也，不自汉定一尊而始然。儒学以孔子为宗师，孔子哲学之根本大

---

① 《史记·儒林列传》载："陈涉起匹夫，驱瓦合适戍，旬月以王楚，不满半岁竟灭亡，其事至微浅，然而缙绅先生之徒负孔子礼器往委质为臣者，何也？以秦焚其业，积怨而发愤于陈王也。"即以"缙绅先生"专指孔子后学，"邹鲁之士"当然更是明指孔孟学派。

② 儒学积上古及三代圣明之经验，而完成于孔子。其源甚远，故为正宗。诸子百家之学，无不从儒学推演而出，故云流分。

③ 熊十力. 读经示要［G］//熊十力. 熊十力全集（第三卷）. 武汉：湖北教育出版社，2001：801－802.

典，首推《易传》，而《易》则远绍羲皇。《诗》《书》执礼，皆所雅言，《论语》识之。《春秋》因鲁史而立义，孟子称之。《中庸》云仲尼祖述尧、舜，宪章文、武。孟子言孔子集尧、舜以来之大成。此皆实录。古代圣帝明王立身行己之至德要道，与其平治天下之大经大法，孔子皆融会贯穿之，以造成伟大之学派。孔子自言'好古敏求'，又曰'述而不作'，曰'温故知新'。盖其所承接者既远且大，其所吸取者既厚且深。故其手定六经，悉因旧籍，而寓以一己之新意，名述而实创。是故儒学渊源，本远自历代圣明，而儒学完成，则又确始于孔子。但孔子既远承历代圣帝明王之精神遗产，则亦可于儒学而甄明中华民族之特性。何以故？以儒学思想为中夏累世圣明无间传来，非偶然发生故。由此可见儒学在中国思想界，元居正统地位，不自汉始。……儒学不绝实由民族特性之所存，自然不绝也。"①

泊乎近代，随着西力东侵、西器东传、西制东扩以及西学东渐，愈演愈烈的国内西化思潮一波接一波猛烈冲击儒家传统，这种"三千年未有之大变局"致使儒家传统在变器、变制、变道的步步进逼之下日渐萎缩。从"五四"到"文革"以至20世纪80年代"新启蒙"，儒家传统反复遭受批判、横扫甚至践踏，成为负面的象征和罪恶的渊薮，在社会政治领域被禁锢，与现实生活相隔绝，这既是儒家传统的深重灾难，也是中华民族的巨大损失！不过，儒家传统并没有消亡，这不仅由于现代新儒家等文化保守主义者通过会通中西、返本开新、创造转化等方式对于儒家传统进行疏导、护持和弘扬，更因为"实由民族特性之所存"的儒家传统原本就流淌在中华族裔的心灵深处。民族成员对于儒家传统或许处于习焉不察的状态，甚至在理性层面对之加以排拒

---

① 熊十力. 读经示要［G］//熊十力. 熊十力全集（第三卷）. 武汉：湖北教育出版社，2001：747－748.

或批判，但其视听言动、智意情思却总因不同程度受到儒家传统的熏陶，从而或多或少表现出儒家做派，由此成为儒家传统绵延不绝的生命载体，而这也正是儒家传统蕴具顽强生机的不竭资源。

近年来，随着国力日益增强，民族成员中惊羡或震慑于西方文明的心态逐渐淡化，对于本有文化的自觉性和自信心不断高扬。而如何在经济利益、社会地位、人际关系、价值观念诸方面发生变动的社会转型时期安顿国民的身心性命；如何启沃人们的同情心和敬畏感以遏制人性的冷漠甚至冷酷；如何重振礼义廉耻以防止社会的无序和市场化；如何建立生态伦理以制约人们对于自然资源的无度攫取以及对于环境的任意破坏；如何养成官员自律意识以从根本上防治腐败；如何抵制影响社会安定和国家安全的国内外各种危险思想的渗透或扩张；如何加强关乎国家安全的民族认同感和凝聚力；如何妥善解决关乎中华民族核心利益的民族宗教问题和两岸关系问题；如何为三千多万海外华人营造一个具有最大包容性的精神家园；如何在国际竞争中提升文化软实力；如何既因应全球化潮流以实现国家的富强民主，同时又保持一个具有 5000 年灿烂文明的伟大民族的根源性而不被暂居强势的西方文明所同化，等等，所有这些都使社会各界各层愈来愈多有识之士将目光投向传统，尤其是儒家传统，从儒学以"仁"为核心的道德本体论、道德主体论、道德社会政治论和道德宇宙论中寻求当今社会问题的化解之道。另外，近代西方启蒙理念及其引发的现代化浪潮由于对天道、自然、社会、人生造成严重伤害，愈益暴露难以为继的颓势，儒家"亲亲、仁民、爱物"的包容性人文精神更加显示出合理性。这也在客观上增强了中华民族的文化自信心和主体性，对于儒家传统的"了解之同情"和"温情与敬意"与日俱增。儒家传统这条古老的文化之河基本上渡过了最为艰难的枯竭期，相伴着中华民族的复兴而正在流入春水荡漾的新天地。

正是由于作为中华民族文化灵魂的儒家传统，乃以生生不息的中华民族作为生命载体，因此，这条穿越了5000年时空的文化长河无论遭遇何种艰难险阻，都必将可大可久，与伟大的中华民族一道永远延续下去，一如孟子所说"源泉混混，不舍昼夜，盈科而后进，放乎四海，有本者如是"！(《孟子·离娄下》)

二、儒家传统的内涵

儒家传统是一个不断衍生、非常庞大复杂的历史文化系统，特别是从西汉以迄清末的两千余年间，儒家传统更演变为一个无所不包的功能性结构。尽管在不同时代这一结构的功能作用或有强弱差异，尽管法、道、玄、佛等思想体系往往与儒家传统相颉颃，尽管历史上还先后出现过或存在琐罗亚斯德教（祆教）、摩尼教（明教）、伊斯兰教（天方教）、基督教（景教、也里可温教）、犹太教（一赐乐业教、挑筋教）、藏传佛教（喇嘛教）、萨满教以及其他形形色色的民间宗教，但在西汉至清末这一历史时段中，儒家传统却无可争议地始终居于主导地位，包容、整合、融汇其他有生命力的传统，成为中华民族至高的行为规范和价值标准，对中华民族发生了其他任何一种曾在中国范围内形成或传播的宗教文明都无法比拟的统合作用。

在这种历史定势下，儒家传统也就承担或连带了几乎所有的社会责任，举凡个人的生老病死、长养教化、出处行藏、思虑云为，社群的收族归宗、择业分途、交往规范、评价准则，政治的科层架构、礼制法度、选官任职、考铨黜陟，乃至敬天地、礼山川、祀宗庙、祭圣贤、通性命、定正朔、御禽兽、取草木等，几乎无不为儒家传统所囊括，或无不与儒家传统相关涉。这无疑是儒家传统的巨大成就，但也使之积淀或黏附了不少污垢，确有必要加以荡涤。但从主流来看，儒家传统的社会功能通过以王道仁政为指向的广义的制度安排，在更多时候实现了人伦社会的和谐有序以及自然宇宙的生生不息。① 这种制度安排所蕴含的可大可久的德慧，能够为当今建设和谐社会和友好环境提供弥足珍贵的智思资源。

　　作为历史上一种整全性的功能结构，儒家传统曾经长期与政治权力有着紧密的耦合关系。从西汉以迄清末，在一般情况下，通过察举、征辟、中正或科举等途径，儒生便可解褐入仕，参与中央或地方的政治事务，由此形成儒家政治传统。在这一传统中，儒家按其作为可以分为两类。①秉持儒家圣王理想和大臣风骨、以辅世长民为旨归、强调上下之间互尽义务并且特别强调在上者率先示范、敢于不计功名利禄或身家性命而对当世统治者或权贵势力予以批评和抗议的儒家，即以道德转化政治的儒家。如：秦末往归陈胜反抗暴政并因而死难的孔甲；汉初直斥窦太后

---

　　①　在最近一次学术会议上，有学者对笔者这一观点提出质疑，指出许多王朝末期都出现"白骨露于野，千里无鸡鸣"的惨状，意图以此证明儒家传统社会功能的无效性或负面性。笔者的回应是：其一，王朝末期的惨状相对于治平时期的雍熙局面总是比较短暂的，而治平局面主要由儒家造成，此其不能否认儒家传统社会功能的论据之一；其二，王朝末期的惨状恰恰是由于执政者没有采纳儒家的制度安排，拒绝施行王道仁政所致。例如，晚周时期梁王"庖有肥肉，厩有肥马，民有饥色，野有饿莩"（《孟子·梁惠王上》），诸侯"争地以战，杀人盈野；争城以战，杀人盈城"（《孟子·离娄上》）。这些惨状正是由于没有采纳儒家仁政主张所致，怎么可以将其归咎于儒家传统的社会功能呢？谭嗣同有见于此，故曰："尝叹周公之法而在也，谁敢正目视中国，而蒙此普天之羞辱，至率九州含生之类以殉之也哉！盖至是始识周公立法之善，而孔子孟子皇皇周流，思以匹夫挽救周公之法之将废，终不见用，犹垂空文以教后世，万一有能复之者，所以贻万世以安，不忍人类日趋消亡，遂有今日之奇祸也。其事至难，其心至苦，斯其计虑亦至深远矣。当时既皆不悟，至秦果尽废周公之法，是周公之法在秦时已荡然无存，况秦以来二千余年，日朘月削，以迄今日，虽汉唐之法尚远不逮，岂复有周公之法一毫哉？然则今日所用，不但非儒术而已，直积乱二千余年暴秦之弊法，且几于无法！"（谭浏阳全集·报贝元微书［M］．台北：文海出版社，1962：477－478）

而被罚入圈刺豕的辕固；汉武帝朝以"天人三策"制约君权的董仲舒；昭宣之世根据经义请求皇帝退位并至死不悔的眭孟、盖宽饶；唐顺宗朝因挑战宦官和藩镇势力而被贬死的二王刘柳（王伾、王叔文、刘禹锡、柳宗元）；唐宪宗朝因谏迎佛骨而谪居瘴江的韩愈；南宋孝、光、宁三朝数以封事或面奏指斥君心之非而最终被打入"伪籍"、在"党禁"的喧嚣和阴冷中长逝的朱熹；明武宗朝几番与近习斗争而历蹈险境的王守仁；明清之际直斥"为天下之大害者君而已矣"并高倡"天下为主君为客"的民主原则的黄宗羲；提出君主苟不能"保类""卫群"则"可禅可继可革"的政治主张的王夫之；清初发为"自秦以来凡为帝王者皆贼"的惊世之论的唐甄；乃至东汉党锢、晚唐清流、明末东林；等等。② 为着身家或小集团利益而与专制政体沆瀣一气、剥取儒家资源而阉割其真精神以诠释专制政体合法性的儒家，即"政治化儒家"。如西汉承平以后制定朝仪的叔孙通、称意任职的儿宽、曲学阿世的公孙弘以及东汉治经干禄的桓荣等。这两类儒家往往势若冰炭，历史上那些不乏惨烈性的所谓"忠奸"斗争，有的就发生在这两类儒家之间，故不应笼统看待儒家政治传统。谭嗣同对此深具察识："诗礼非以发冢，而发冢者习之；仁义非以窃国，而窃国者并窃之；异端之惑人心，何尝不自记于圣贤；利口之覆邦家，何尝不自诡于忠言。"① 由于"政治化儒家"更易于得势而常常浮在历史的表层，而以道德转化政治的儒家往往因受打压而被历史所遮蔽，因此，儒家政治传统更多地予今人以负面印象。"五四"以来的反儒，如果限定于"政治化儒家"这一对象，那是具有积极意义的。问题是对于儒家政治传统负面成分的批判却泛滥为全盘否定儒家传统，这就不能不说是非常严重的偏差。实际上，如上所述，在儒家政治传统中蕴含着"以

---

① 谭浏阳全集·治言 [M]．台北：文海出版社，1962：426－427.

各种方式反抗专制，缓和专制，在专制中注入若干开明因素，在专制下如何多保持一线民族生机的圣贤之心、隐逸之节，伟大史学家、文学家面对人民的呜咽呻吟，及志士仁人忠臣义士在专制中所流的血和泪"，① 这些乃是不可抹杀而应大力阐扬的，是当今中国民主政治建设中尤为重要的培育民主意识的本有传统资源。

从大小传统各别的角度来看，儒家传统也呈现出非常复杂的面相。精英层面的儒家大传统，承续着圣王经典和孔子文教，次第形成晚周由曾子、子思、孟子、荀子等分别发明的原始儒学，汉代的今古文经学、谶纬之学以及董仲舒的天人感应论，魏晋的玄言经学，南北朝的南学、北学，隋唐辟佛老而又兼取释道的儒学以及韩愈的道统论，宋明以周敦颐、张载、程颢、程颐、朱熹、陆九渊、王守仁为宗主的道学、气学、理学、心学，乃至清代的理学、实学、朴学和今古文经学，此其荦荦大端。而大众层面的儒家小传统，则通过乳母或奶娘的濡染熏陶，三家村塾师的破块启蒙以及宗族长老、候缺或致仕士大夫的教训和示范，既与儒家大传统发生千丝万缕的联系，又将精英形态的儒学通俗化为儿歌、蒙学、家训、族规、宗法、谱牒、塾诫、乡约、行制、善书乃至大众口耳相传的俚曲韵语、戏文故事、常言俗话，成为"百姓日用而不知"的言行规范。这两种儒家传统都渊源或绅绎于中华民族的历史社会生活，又对民族心理和民族精神的构成与保持产生了巨大而深远的作用，是民族认同感和凝聚力最主要的来源。

①　徐复观. 良知的迷惘［G］//徐复观. 儒家政治思想与民主自由人权. 台北：八十年代出版社，1979：182.

三、儒家传统的真精神

　　在儒家传统这个不断衍生、非常庞大复杂的历史文化系统中，一以贯之且具有普遍价值的真精神究竟是什么呢？

　　儒家传统的真精神，不只是诸如安土重迁、重农抑商、宗亲差等、服制隆杀、君国一体、尊王攘夷之类与农业经济、宗法社会、封建或专制政体相适应的特殊观念和具体制度，虽然这些观念和制度对于保持并促进历史社会的稳定、繁荣和发展曾经发挥过不同程度的作用，但却需要随时更化；也不只是精英传统中的训诂、图谶、玄谈、象数、功利、考据等学术，虽然这些学术对于诠解经典、索隐探赜、发明义理、启发哲思、敦励实行、辨伪求真不无积极意义，但毕竟是引申附会的；同样不只是作用于大众的教化，虽然这种教化也表达了儒家道理，但却是比较间接曲折的；甚至不只是以道德转化政治的儒家的行政实践，虽然这种实践基于儒家传统真精神，但却因现实的制约而不可能将其完全呈现；当然更不是"政治化儒家"的从政规则，"政治化儒家"的从政规则即使并非一无是处，但在根本上却是违背儒家传统真精神的。

　　儒家传统的真精神，乃是圣王经典所垂示而由孔子发明并为历代真儒所阐扬的天人之仁。这种真精神根源于生生之仁的乾元本体或有物有则的懿德之天①，通过"天命之谓性"的超越而以内

---

　　①　《易·乾·象》："大哉乾元，万物资始，乃统天。云行雨施，品物流形。大明终始，六位时成，时乘六龙以御天。乾道变化，各正性命，保合大和，乃利贞。"孔颖达疏曰："性者天生之质，若刚柔迟速之别；命者人所禀受，若贵贱寿夭之属是也。"（十三经注疏（上册）[M]．北京：中华书局，1980：14）可见万物实包括人类。《诗·大雅·烝民》："天生烝民，有物有则。民之秉彝，好是懿德。"

在方式灌注于宇宙万物而特显于作为"天地之心"的人类，① 又由
"尽心知性知天"的内在超越工夫进路成就天人合德的道德主体，②
复由道德主体通过修齐治平之道和参赞化育之道，③ 将仁德推扩
至人伦社会和天地万物，实现仁德浃洽的太平世界和生机蓬勃的
和谐宇宙。表达儒家传统真精神的、以仁德为核心的道德本体
论、超越内在 – 内在超越论、道德主体论、道德社会论和道德宇
宙论，体现了儒家圣哲卓绝的德慧，以其对于天道、人生、社
会、自然之各方面、各层次、各阶段全面关照、综合衡虑与动态
调适的包容性人文精神，区别于印度、波斯、两河、希伯来、希
腊诸轴心文明以及后起的伊斯兰文明，乃是儒家圣哲对于人类文
明的独特贡献。儒家传统的真精神并不因时空变迁而失去其意
义，并不因其产生于农耕时代便不适合于现代都市生活；④ 只要
人类还成其为人类，就终将离不开这种仁爱精神。可就当今世界
来说，儒家传统的真精神对于挽救启蒙运动以及现代化进程所导
致的天道坠亡、人心卑劣、社会混乱、生态破毁的末世危局，具
有巨大而深刻的现实作用。正是有见于儒家真精神的普遍价值，

――――――――――

　　① 《中庸》："天命之谓性"。《礼记·礼运》："故人者，天地之心也，五行之端
也。"

　　② 《孟子·尽心上》："尽其心者，知其性也。知其性，则知天矣。"

　　③ 《大学》："物格而后知至，知至而后意诚，意诚而后心正，心正而后身修，
身修而后家齐，家齐而后国治，国治而后天下平。"《中庸》："唯天下至诚，为能尽
其性；能尽其性，则能尽人之性；能尽人之性，则能尽物之性；能尽物之性，则可以
赞天地之化育；可以赞天地之化育，则可以与天地参矣。"

　　④ 从比较文明的角度看，印度教、波斯教、犹太教、基督教、希腊哲学以及伊
斯兰教几乎都产生于农耕或游牧时代，但至今对生活于现代都市的信仰者或服膺者仍
然具有维系精神、范导言行、调节关系的功能。因此，只要不抱偏见，就不应该以儒
家传统产生于农耕时代而否定其现实作用。一种伟大的精神传统是超越时空而不受其
产生的特定时代和地域限制的，所以熊十力先生说："上哲证真之言，无时空之限，
学者宜知。"（十力语要初续［G］//熊十力. 熊十力全集（第五卷）. 武汉：湖北教
育出版社，2001：5）

熊十力先生指出："圣人言治，必根于仁。易言之，即仁是治之体也。本仁以立治体，则宏天地万物一体之量，可以节物竞之私，游互助之宇；塞利害之门，建中和之极。行之一群而群固，行之一国而国治，行之天下而天下大同。若不由此，将顺其欲，因缘利害，同利共害，则合力以争其所欲得，与所欲去。利害之反乎此者，其自护亦如是。纵此起彼伏，伪定一时，而人生不自识性真，则私欲之端，千条万绪，无由自克。终非从事社会改造者，可以获得合理生活。然则，化民以仁，使之反识自性，兴其物我同体，自然恻怛不容已之几，而后有真治可言。人类前途之希望，实在乎是。"① 大哲洞识，旨哉斯言！

---

① 熊十力. 读经示要［G］//熊十力. 熊十力全集（第三卷）. 武汉：湖北教育出版社，2001：581.

丙编：儒耶对话

今天应该如何开展"儒耶对话"

侯小兵[*]

上　篇

中华文明与西方文明应该如何对话？近年来，大陆一些民间论坛一直在探讨该问题，并将其简称为"儒耶对话"，作为长期话题进行研究。近日，由于一个剧本，"儒耶对话"话题一时成为热点。

事情缘起于中国社科院学者石衡潭博士在网络上公布其撰写的《孔子与道》的剧本，把耶稣塑造成孔子所追慕的王者，而孔子则是一个无缘见到真正的王者、真正的道，最后遗憾而死的慕道者。这引起不少大陆传统文化研究者的不满。

这些传统文化研究者们认为，将孔子描绘成基督教的慕道友，是对作为中国文化代表的孔子的严重歪曲，是对中国固有文化、信仰的公开挑衅。

而石衡潭博士及其支持者则坚称这是对《论语》及孔子的合理解读，是其对中西文化会通所做的一种努力。两个群体的激烈辩论，吸引了很多海内外学人的关注和参与。

这次事件表面看是因对孔子形象的不同理解引发，但反映出

---

[*]　侯小兵：男，1984 年生，山西人，中国人民大学法学硕士，现为企业法律顾问。

的问题则是中国文化如何面对外来文化的挑战。就历史比较而言，基督教的挑战不同于历史上的佛教。

首先，一神教信仰强烈的排他性，相较于佛教与中国固有的文化信仰更缺乏融合性；其次，佛教从来没有明确提出过全面入主中国信仰领域的主张，而基督教自利玛窦等人赴华传教起，就以"中华归主"为终极目标；再次，佛教的挑战主要集中在思想信仰领域，而基督教则挟"西学东渐"之强势，以整体文明的姿态对中国文化形成了全方位的挑战。正是这种种差异，决定了如今的"儒耶对话"相较于历史上的"儒佛对话"具有更多的复杂性。

在利玛窦等人所处的明代，因为中国尚处于文明的强势期，所以利玛窦等人的传教活动虽然提出了这个问题，但在当时及其后的清王朝统治时期，仍然处于隐伏状态。近现代时期，"东西文化"之争成为主导，"儒耶对话"也只是这个主导之下的一支"潜流"。改革开放以来，基督教迅猛传播，对以儒家思想为主干的中国传统文化信仰造成了空前压力，"儒耶对话"遂变隐为显，成为一个具有相当社会基础，至少在中国思想界引起强烈兴趣的话题。

对于大多数人来说，他们理解的"儒耶对话"可能仅仅是学者们之间展开的讨论；对于很多学者来说，他们恐怕也认为这个问题只是学术上的一个课题而已。但无论是历史上的儒佛之争，还是当今的事实，都表明两种文化信仰的相遇与交锋都不可能只是学者书斋里单纯的学问交流，而是会在社会的各个方面展开。所以，"儒耶对话"的形式，绝不应当也不会仅局限于学术领域，而会在社会生活的各个方面以不同的形式呈现。

那么，在"儒耶对话"的背景下，中国文化该何去何从？这个问题的答案就在问题本身之中。

要回应基督教的挑战，最直接也是最根本的途径就是恢复和增强本国既有的文化传统，也就是以儒家思想为骨干的文化传统。

实际上，在一百多年的"欧风美雨"侵蚀后，中国的文化传统已然在坚韧地复苏，近年来持续不退的"国学热"和民间大批有强烈文化自觉与认同的"儒生"及其他传统文化的同情者的出现证明了这一点。

但要应对包括基督教在内的整个西方文明的挑战，重新树立中国文化传统的主体性，重新取得"以中国解释中国"的能力，显然还远远不够。在文明竞争的时代下，中国文化仍然任重而道远。

下　篇

对于《孔子与道》这个剧本引起的轩然大波，石衡潭博士很诧异。可是，基于他对信仰与文化关系的认识（基督教是信仰，儒家是文化而非信仰），我们倒是对他的诧异一点也不奇怪。基于一神教立场，他当然理解不了儒家思想及孔子为何可以成为中国人的信仰，因此，他也就不能从中国文化的立场正确认识孔子的地位，不能意识到他将孔子描绘成慕道友是对其贬低而非尊敬。

石博士说"这是依据论语和圣经经文所做的一种形象化的诠释"，不知石博士将孔子描绘为慕道友，暗示耶稣为孔子追慕的圣王，依据的是何种版本的《论语》？况且，儒家的经学与基督教的神学是两个完全不同的解释系统，通过这种简单的代换方式，只能制造混乱和对立，而无益于建设性对话的展开。以儒家的立场，我亦可说《圣经》充满夫子所不屑的"怪力乱神"，不知石博士又做何感想？当然，没有人不"允许对经典的新解释"，我们只是奉劝石博士这样的诠释目前只适合在基督徒内部开展，拿到公共场合来，就莫怪感觉信仰受到"挑衅"的人要愤怒和抗议了。圣经论语对读班开展的时间也很久了，有哪位"儒生"阻挠过石博士对经典的新解释？然而此剧本一出立即引起强烈反应，问题在哪里，岂不是一目了然？

至于信仰与文化的关系，石博士认为"信仰从来超越于文化"，信仰是普世的。对这一点，我既赞同又不赞同。从信仰本身看，它的确是超越于文化，可以为不同文化的人所信奉；但从人类社会的历史看，至今尚未有一种被所有人接受的信仰。儒家不是，基督教也不是。信仰本身的超越性并不能抹杀信仰传播的历史性。对于传统的中国人来说，文化和信仰是同一的，所以孔子才可以既是中国文化的代表，又是中国人信仰的核心组成，故儒家有"文教"一词。对外来文化和信仰，中国文化从来是兼收并蓄的开放态度，对基督教自然也不会排斥。但中国文化又强调"华夷之辨"，即历代圣贤传承不绝的文化（信仰）才是中国之所以为中国的本质，对他种文化、信仰的吸收丰富了中国文化，这种本质从未改变。徐光启、李之藻等人虽接受基督教信仰，但其仍奠帛献爵跪拜孔子，不知推崇他们的石博士知否？

石博士又感慨今日的儒家拒斥基督教。在石博士看来，儒家力图保持中国文化固有信仰的行为是拒斥。那么，难道容忍孔子拜倒在耶稣脚下，欢迎"中华归主"才是包容？不同文化、信仰的融合从来就不是一幅充满"和谐"的图画，在中国文化消化佛教的过程中，"排斥佛老"始终都是儒家士大夫的基本态度。当然，这种"排斥"并非不允许其存在，而是要严守自己的根不使之窜乱，只有这样才能具备与他种文化、信仰进行对话并消化对方的能力。正是这样的"排斥"，才使中国文化在吸收佛教的过程中不至于改变自己的本质。

如果今天的儒家不能做到这一点，连孔子被描绘成基督教的信仰者都不出来"拒斥"，那才真正是中国文化的"罪人"。

　　中国文化当然要发展，也必然要吸收、融合包括基督教在内的其他文化。但是，在这个吸收、融合的过程中，中国文化的本质是否能够保持不变？如果能够保持，融合的结果就是基督教的中国化；如果不能够保持，中国就会变成基督教化的中国。中国，从来就不是纯粹地域意义上的名词，文化意义才是它最根本的内容。如果其根本内容由历代圣贤传承的文化（信仰）换作了基督教的信仰和文化，它还能被称为中国吗？"儒耶对话"的结果到底是基督教的中国化，还是中国的基督教化，这才是我们关注的问题关键所在。

附录：

"儒耶对话"不是东西文化之争

石衡潭

　　《孔子与道》是"北京圣经论语对读班"内部演出的一个短剧，以检验学习效果，提高学习兴趣。为方便学员交流与排演，我们发到了博客上，不料却引起轩然大波。不少号称儒生和儒家者在网上对我们展开了批评，其中个别人言辞激烈，远超出了正常批评范畴。

　　关于剧中展现的孔子与耶稣基督关系，我们认为这是依据论语和圣经经文所做的一种形象化的诠释，提供了一种经典诠释的新思路。大家可以有不同看法，但似乎不应该将之一棍子打死。在21世纪的新时代，至少应允许对经典的新解释。至于侯小兵之文将其上升为东西文化之争，我们认为完全是对信仰与文化关系的一种误解。信仰从来超越于文化，当然，信仰也可进入文化，但从来不等同于文化。基督教信仰更是如此。两千多年来，基督教信仰进入了犹太文化、希腊罗马文化、亚洲文化、非洲文化，成功地更新之，使之愈加辉煌，而不是让其凋落。其与中国文化的关系亦如此。

自利玛窦等人将基督教信仰引入中国以来，中国文化之中出现了《天主实义》《二十五言》《畸人十篇》《三山论学》《万物真原》《铎书》《自西徂东》《张远两友相论》《中国文化精神》《学仁》等，也出现了除利氏外的艾儒略、庞迪我、徐光启、杨廷筠、李之藻、王征、韩霖、林乐知、花之安、米怜、吴雷川、赵紫宸、吴经熊、方豪等。这都是有目共睹的。它说明信仰与文化并非必然冲突，而是可以和谐相融的。中国文化本身也并非铁板一块，一成不变。从其滥觞到今天汇成巨川大河，可说是因其不捐细流而又千回百转，一直在奔腾变化。佛教东汉年间来自印度，进入中国后形成了中国式佛教——禅宗，也刺激儒家产生了宋明理学，到如今佛教甚至都被中国人视为本土文化了。

作为中国文化主流的儒家既然能够接受与容纳佛教，那么，今天又何必拒斥基督教？安知佛教在中国的今天不是基督教在中国的未来呢？我们既然安于佛教在今天中国的表现，又何必害怕基督教在中国的未来？基督教进入中国后，它所产生的文化难道不是中国基督教文化而是西方基督教文化不成？

中国文化要发展，儒家也要发展，每个时代有不同的发展要求、发展任务。一千多年前，中国文化所要面对的是佛教；一千多年后，它所要迎接的就是基督教了。无论是从历史，还是从现实，我们都应该相信，智慧的中国人能够通过不同文化的碰撞交流，创造出新的、更加灿烂的中国文化。中国社会出现的诸多问题，也只有运用多种资源和多种方式才能得到有效解决。

中国人失去自信了吗？没有，从来没有；以后也没有。

儒家应该如何参与"儒耶对话"

刘 伟*

自从亨廷顿抛出"文明冲突论"之后，尤其是"9·11事件"给全世界民众带来了心理震撼以来，要求不同文明之间展开对话的呼声越来越高。姑且不论不同文明之间的对话能否展开，仅就学界勾画的"儒耶对话"的脸谱而言，好像二者之间已经达成了某种默契，这给大家造成一种错觉：只要把儒家的"仁"与基督教的"爱"化为世人的行动，一切文明冲突就会烟消云散，整个世界将迎来太平盛世。

为了驱散"儒耶对话"的重重迷雾，促进民族文化的不断发展，我们必须弄清楚三个重要的问题：①基督教"中华归主"的基本策略是什么？②为什么说在核心层面上儒耶无法实现兼容？③处在新时期"儒耶对话"的关口，儒家应该怎么做？只有把这三个问题搞清楚了，儒家才能谨慎有效地与基督教展开对话，从而更好地敞开胸怀，拥抱更多的新鲜事物。

一

基督教主张的是一元神信仰，既有温情脉脉的福音宣传，又有刀剑炮火的野蛮杀戮。历史上，基督教发动了多次宗教战争，

---

* 刘伟：男，1982 年生，河南灵宝人。苏州大学中国哲学博士。现居合肥。

不仅针对异教徒，而且还有此起彼伏的教派争斗。无论是争夺属地还是属灵，都能看到基督教的影子。

　　作为中国传统文化的主干，儒家思想是阻碍基督教实现"中华归主"的宿敌。这不仅缘于儒者心灵深处根深蒂固的"夷夏之辨"的信条，更与礼仪之邦的生活样式密切相关。基督教脱胎于犹太古教，用"道成肉身"的说法吸引民众，试图在创造主和救世主之间搭建桥梁，让更多的人理解从律法时代到福音时代的转变是神的恩典，并以耶稣受难流血的宗教故事作为说教内容，以此作为洗脱众人之罪的突破口。儒家思想重视祖先崇拜，其中暗含将人逐渐神化的巨大力量。与祖先崇拜交织在一起的是庞大的关系网络，任何一个社会成员都背负着家族的包袱，即便这个人踏入陌生环境，也会以宗法观念思考朋友关系，用亲疏远近的思维方式处理许多实际问题。同样是讲兄弟关系，儒家文化圈的民众会以长幼之序来解释它，而基督教侧重于共同信仰对群体的支配。虽然基督教在汉语世界赢得了许多信徒，但是它也面临着教义的日益偏离。儒家文化圈的基督教信徒会将宗法观念移植到教会之中，对基督教的普世主义构成极大的消弭作用。

　　从利玛窦、汤若望、傅圣泽等传教士到今天汉语世界的神学家，基督教从未放弃过对儒家思想的重塑。萦绕在他们心头的是这样一种观念：只有从经典义理层面彻底消融儒家思想，基督教才能完成取而代之的工作。利玛窦采取的"合儒"与"补儒"的手段为后来的基督教教徒展开"儒耶对话"奠定了基础。大致说来，"合儒"是将基督教信仰中的一些关键词汇比附于儒家经典文本之中，让许多儒生误以为基督教与儒家是贯通的，从而避免"名不正言不顺"的危险；"补儒"是在前者的基础上修改儒家义理，尤其要清除宋明理学的影响力，用"复古更化"的战术全力打败儒家在意识形态领域的统治力量。正如某位学者分析的那样，"利玛窦竭力否定儒学的宗教性，目的就是要抹杀它与天主教之间的不可调和性，进而得出儒学仅仅是一个学术派别的结论。在这样的情况下，天主教就完全可以像对其他科学那样，吸收儒学中对自己有利的成分，按照儒生的思维方式布道，为天主教在中国传布福音打下良好的基础"。①

基督教有两大招式必须引起我们的高度重视，一是将孔子装扮为迎接耶稣之"道"的先行者，突出"道成肉身"的至高无上；二是用基督教的神学思想重组儒家经典文本中的话语内容，打乱儒家系统的稳定性。方豪在《论中西文化传统》一文中对儒家学说在中国传统文化中享有的正宗地位展开剖析，指出："此一传统思想之内容，包含弥广：教育学也，政治学也，社会学也，伦理学也，文学也，哲学也，胥散见其中，而无明晰之体系。顾其所谓终能成为我国文化中心者，其故有二：一曰孔子之地位，一曰儒家系统之确定。"②

二

那些迷信基督教能够为儒学复兴带来契机的先生们总想在信仰、教理和组织等方面模仿基督教，天真地以为这种类似于复制的方法能够打开一片全新的局面，这一全新局面或可堪称继宋明理学之后的另一辉煌成就。多么幼稚的想法啊！这些先生似乎忘记了，宋明理学在关键问题上非但没有与佛老妥协，反而寸土不让，全面抨击佛老对儒家社会秩序的危害。尽管出现了后世学者所谓"三教合一"的现象，但儒家依旧是儒家，佛老依然是佛老。三者互有借鉴，却泾渭分明。只有民间会道门势力才有意揉

---

①　林金水. 泰西儒士利玛窦［M］. 北京：国际文化出版公司，2000：129.

②　张西平，卓新平. 本色之探——20 世纪中国基督教文化学术论集［G］. 北京：中国广播电视出版社，1999：187.

碎三家学说，加入各种腐朽的成分，借以造谣惑众，在社会矛盾尖锐的时候掀起暴乱。这种变相的"三教合一"，其实是特定时期的政治、经济和社会关系在观念领域的扭曲反映。

至于"儒耶对话"究竟能够在什么样的层次展开，这是我们今天应该严肃对待的理论问题。从文化的源头和发展势头来讲，儒家思想与基督教是异质的，而非同质的。异质的文化之间可以有对话和交流，但无法完成同化。有些学者孜孜以求的不同文化之间的和睦共处，其实是一种美好的愿望。大致说来，不同文化的背后隐藏着不尽一致的利益诉求，要想实现文化层面的和睦共处，就必须先处理好利益冲突。世界上根本不存在脱离了实际利益而单独存在的文化融合。任何以文化决定论的姿态探讨所谓"儒耶对话"的相关问题，都是有意无意地回避两种文化背后的利益冲突。

再者，对比各自的文化机制与核心内容，儒耶之间很难实现兼容。目前，论述"儒耶对话"的可能性，已经不是什么难题。我们不能避重就轻，总是将目光停留在这样一种初级阶段，而是要进一步追问"可能性"之后的路向是什么？同时还要保持清醒的头脑，弄清楚"儒耶对话"的主体究竟是谁，即"从哪里来，到哪里去"的问题。因此，我们必须弄清儒耶之间难以调和的内容所在。

（一）基督教"信仰"无法赢得儒家的赞同

基督教"信仰"激发信徒的热忱，将这些形态各异的情感转化为宗教命题：人对上帝的"回答"，人对上帝的"信赖"和"忠贞"。这种解读"信仰"的方式类似于倒错：先在个体的心灵世界造成非彼即此的分裂，而后假托一种统摄自然界、人类社会以及未知领域的莫可名状的力量来消弭这种分裂。这种强大的统摄力其实是人类内心恐惧的写照。人类的生命十分有限，即便有改造外部世界和内心世界的能力，但比起洪荒变化和不可抗拒的因素，这些活动显得非常渺小。可以说，恐惧是基督教"信仰"的心灵机制。

当人遭遇不幸或挫折的时候，会需要精神慰藉，于是很容易接受这种说教而成为信徒。随着心理暗示的不断强化，信徒就会变得信心坚定。一个信徒像一点火种，他会逐步点燃其他人。就这样，信徒的数量越来越多，基督教的传播也就越来越广泛。直到它遇到了排斥"怪力乱神"的儒家。

（二）儒家不需要耶稣做"中保"

基督教的一大特色就是在人与神之间设定一个"中保"。这个"中保"其实就是通常所说的保人。基督教教徒有意区别于它的母体——犹太教，认为耶和华曾经选择了以色列人，与他们订立了约定，后来以色列人违背了神的约定，引起了神的震怒。耶稣是神的儿子，被钉死在十字架上，流出了自己的血，洗净了世人的罪，后来复活，显示了"神爱世人"的信条。这样的"中保"构成了基督教"信仰"的基本内容。

自基督教诞生以来，关于耶稣与神之间关系的讨论一直困扰着它。不同的基督教派别各抒己见，莫衷一是。至今依然无法得到统一。在这里，我们先不去讨论耶稣的神性和人性等问题，免得陷入无休止的基督教历史争论。我们重新回顾海因利希·奥特讲的两个老问题：一是我们能否将耶稣视为上帝与人类在历史上的唯一交点？二是难道上帝不会降临在其他宗教之中吗？这两个问题是基督教难以骤然决断的。

基督教将耶稣视为上帝的儿子，耶稣被人钉死在十字架上。这一事件富有象征意义：从上帝来看，是人杀死了自己的儿子，或者说是自己为了洗清人的罪恶，特意让自己的儿子降世。当然，这只是猜测。从人来看，耶稣到底是先知还是神的儿子，这很难说清楚，必须认真论证。作为拿撒勒人的耶稣，已经被钉死了。作为神的耶稣，则是永生的。神与人之间的关系，在耶稣这一现象上显得难以理解。如果耶稣是上帝与全人类的交点，那么他就不能仅限于拿撒勒人这一特殊身份，其他民族也应该认同和接受他。实际情况并非如此。远在基督教出现以前，东方的儒家、婆罗门教、佛教等文化早已灿烂辉煌。基督教成立以后，经历了漫长的历史，才逐渐转变为帝国宗教。

从宗教的演变历程来看，当耶和华从部落的神明上升为普世主义的唯一主宰后，更大的麻烦就来了。海因利希·奥特讲到："上帝既是全世界和全人类的主宰，他就必然——我们必须这样认定——以任何一种方式与（所有时代和文化的）所有人相遇。如果想一下我们那些没有皈依基督教的兄弟姐妹们，如果我们当真把他们作为人对待，同时又不忘记我们所信奉的上帝，那么，我们必得承认，他们的命运和福祉也是上帝所关注的。"① 基督教中的索隐派就在做这种论证工作。他们殚精竭虑，从其他民族的文化典籍和历史遗迹中寻找上帝的影子，力图说服大家：上帝早已存在于你们先祖的生活之中，只不过后世的不肖子孙忘记了他。所以，你们现在要恢复古老的信仰！

不过，由第二个问题也能开出另外一条道路。既然上帝已经在其他宗教中降临过，那就说明基督教不是唯一形态，其他宗教也没有必要以基督教为标准来改变自己的样态。基督教也就无权对异教徒指手画脚，甚至大肆杀伐了。

儒家则将着力点放在现实生活中，悬置有关上帝的争论，否定彼岸世界的存在，而以一种脚踏实地的态度处理日常的人际关系。既没有背负犹太人与耶和华订立的旧约，也没必要认为自己

---

① ［瑞士］海因利希·奥特. 上帝［M］. 朱雁冰，冯亚琳，译. 沈阳：辽宁教育出版社，1997：63－64.

有罪，无论律法时代，还是福音时代，对于儒家来讲都是无效的。基督教是基督教，儒家是儒家。耶稣讲的伦理准则，有很大一部分是无法赢得儒家认同的。儒家讲的"仁"与基督教讲的"爱"有本质的区别。儒家要求"爱有差等，施由亲始"，从个人的自爱、爱亲人延伸到整个人类社会和自然界，这与基督教的训导"爱父母过于爱我的，不配做我的门徒；爱儿女过于爱我的，不配做我的门徒；不背十字架跟从我的，也不配做我的门徒"截然不同。在儒家的视野中，"礼有三本：天地者，生之本也；先祖者，类之本也；君师者，治之本也。无天地，恶生？无先祖，恶出？无君师，恶治？三者偏亡，焉无安人"（《荀子·礼论》），师道有其职责范围，不能替代天地、君主与亲人。基督教则继承了"创造主"的观念，又将耶稣视为上帝的儿子、弥赛亚、大卫的子孙，层层叠加。儒家勾画的"贤希圣，圣希天"的阶梯，为普通社会成员提升境界指明了道路。基督教将人的世界分裂为人与神的紧张冲突，然后虚构一座桥梁，请耶稣来做保人，进而让人与神和好。这种人神关系与儒家的礼乐精神也大相径庭。

（三）儒家不会赞同所谓"两城说"

　　基督教对政治充满了兴趣，并在很长的历史时期内控制着西方世界的权力，形成了别具一格的政治学说。这与基督教创始之初的价值取向有着密切的关系。尽管"福音书"不能当作信史来看，但是其中已经包含了基督教的政治诉求。耶稣在恺撒与神之间做出区分，主张"恺撒的物当归恺撒，神的物当归神"，这在很大程度上显示了基督教力图与王权分庭抗礼的内在要求。当然，这只是基督教处于劣势地位时的选择。当基督教实力强大以后，就要进一步掌控王权，使得自己成为至高无上的统治者。正如伏尔泰所说的那样："圣·托马斯老老实实承认基督教徒之所以没有废黜皇帝，是因为他们做不到。他们的想法是全世界都应当信奉基督教。所以他们必然是敌视全世界，直到世人都改信基督教。"①

　　我们回溯奥古斯丁所设定的"属地之城"与"属天之城"的对立关系：前者是由所谓"属地之爱"创造的，也就是人出于自爱，而延伸到对上帝的轻视；后者是由所谓"属天之爱"创造的，也就是人出于爱上帝，而延伸到对自己的鄙弃。儒家则强调"天地之性，人为贵"，人与天地并称为"三才"，既不妄自菲薄，也不狂妄自大，在天人之间构成一种生生不息的演进关系。

　　近些年来，政治神学比较有影响力。以默茨的"实践－批判"的神学观念为例，它似乎要重新考察教会与世界之间的具体关系，将原先被泛化使用的宇宙（Cosmos）限制在特定的范围，同时反对将世界片面地理解为"存在的（Existential）实在或个人的实在"，反对设定的存在（Existence）与个人这对关系，而是从"社会的实在"（Social Reality）这一敏锐的视角来理解世界。用他自己的话来讲就是，"这种政治神学要求按照世界的历史生成（Historical Becoming）来看待世界。在这种脉络下，'教会'不是这种社会实在之外或之上的实在，而是这种社会实在之中的一种制度。'教会'的存在是对社会实在的一种批判，负有批判与解放社会的使命。"② 默茨强调的这种神学转向其实是对世俗化的回应。世俗化的一大结果就是伦理与政治的分开。原先那个作为统治精神的最高的善，被社会成员抛弃。政治变成一项纯粹的技术。从马基雅维里到尼采，从政治革命到社会革

---

　　① ［法］伏尔泰. 哲学辞典 ［M］. 王燕生，译. 北京：商务印书馆，1997：715.

　　② 刘小枫. 当代政治神学文选 ［G］. 长春：吉林人民出版社，2002：96.

命，这一波又一波的冲击使得教会无法立足于社会生活的核心位置。教会的边缘化在一定程度上证明了人的全面胜利，人却为这一场全面胜利付出了沉重的代价。价值重估的工作没有如期完成，价值失落却接踵而至。精神空虚与心情烦躁困扰了好几代人。原来的说教已经无法干涉人的内部世界，更无法改善人类社会的实际状况。基督教内部又一次出现了革新的声音。政治神学因而走俏。

当基督教在新的历史阶段构建政治神学时，儒家却将眼光重新放到了古老的王道。儒家用"群"来解释"君"，突出了社会秩序的重要性。"君"不是孤立的个体，而是一个庞大的官僚机构的象征。官僚机构不能失去价值的引导，否则将会变成纯粹的机器。儒家总是要求用"仁"充实官僚机构，将"养民"与"教民"视为政治活动的重要内容。"养民"是确保社会正义的最低限度的要求，"教民"则是提升社会成员的综合素质。那些负责"教民"的官僚必须是仁人君子，否则难当重任。胡安国曾经简明扼要地阐述了儒家的王道学说，以"元"作为涵摄自然界与人类社会的最高范畴，并结合春秋 242 年的史事展开论述，在动态演进中寻求人类社会的治理原则。即所谓"'大哉乾元，万物资始'，天之用也；'至哉坤元，万物滋生'，地之用也；成位乎其中，则与天地参。故体元者人主之职，而调元者宰相之事。元即仁也，仁人之心也。"① 一切政治问题与社会变迁都是人的事件，上帝被彻底悬置起来，成为语言世界中的符号。儒家不必生硬地划分出"属地之城"与"属天之城"，因为真正的国度应该是属人的。人在享有"日新又新"的变化与发展。

---

① 胡安国. 春秋胡氏传 [M]. 杭州：浙江古籍出版社，2010：2.

三

当前出现的"儒耶对话"是一种非常复杂的文化现象。之所以用复杂一词来形容它，是因为近百年来基督教与儒家都发生了很大的变化。当我们认真研究基督教的实际情况时，就会发现"本色化"对于基督教的成长有着极大的促进作用。如果基督教还是固守原有的"洋教"形态，不去深入了解中国基督教教徒的心理结构、生活习惯和社会结构，那将难以维持。与此同时，儒家也突破了帝制时代的封闭心态，开始以开放的思维面对西方文化，尤其是先进的科学技术和轻快的日常生活。尽管二者发生了一定程度的交融，但是同中之异依然存在，而且是长期存在。在这里，我们回顾一下基督教内部三种不同类型的"儒耶对话"。

第一种类型是方豪的"适应"学说。它是对前面提到的利玛窦所谓"合儒""补儒"学说的全面概括。方豪在《明末清初天主教适应儒家学说之研究》一文中对所谓"适应"进行了解释，指出：一个宗教，要从发源地传播到其他地区去，如果它不仅希望在新地区吸收愚夫愚妇，并且也希望获得新地区知识分子的信仰，以便在新地区生根，然后发荣滋长，那么，它必须先吸收当地的文化，迎合当地人的思想、风俗、习惯。第一步，也是最重要的一步，是借重当地人最敬仰的一位或几位先哲的言论，以证实新传入的教义和他们先辈的遗训、固有的文化是可以融会贯通的，是可以接受的，甚至于还可以发扬光大他们原有的文化遗产，那就更受新传教区人民的欢迎了。①

第二种类型是以天父托梦作为由头，瓦解儒家思想的社会基

---

① 方豪. 方豪六十自定稿 [M]. 台湾：学生书局，1969：203.

础。基督教经典里记载了许多耶和华托梦给世人的故事。这一类的故事在中国民间信仰和迷信中可以找到知音。当年，洪秀全等人借用基督教名义，反抗清廷，闹得天翻地覆，起初靠的就是这一招儿。洪秀全做过一个梦，梦见"天父"让他去捉拿孔子，并将孔子奚落了一番，"有迹象表明，天庭惩孔的故事在太平天国广泛地流传开来，甚至加油添醋地成为街头巷尾的谈柄，例如有说天父罚孔丘种菜园。孔夫子在世一贯轻视体力劳动，如今他却也被强迫'劳动改造'，成了一介'菜农'。"① 太平天国运动是近代伟大的农民起义，撼动了清朝的半壁江山，但也有其局限性。它一方面斥责孔孟，另一方面却又不得不搬出封建的纲常名教来维护自己的统治。最后，被曾国藩等人以儒家文化的名义绞杀了。可是，洪秀全这种假托"天父"名义，编排儒家文化的做法，却后继有人。

第三种类型是用普世主义的价值观念重塑儒家思想。当亨廷顿抛出"文明冲突论"以后，各方反映不尽一致。有的赞同这一理论的前半截，认为当前的"文明冲突"不可避免；也有人认为各大文明之间的和谐相处是大势所趋。有的赞同这一理论的后半截，认为应该展开对话，重新树立基督教的文化霸权地位。近年来，最为活跃的也最能扰动部分知识分子芳心的便是所谓构建普世伦理的尝试。这是基督教试图弥合自身分裂、掌控全世界信仰生活的又一次冒险。它把方豪总结的"适应"学说放大处理，用在处理基督教与更多文明的关系上。一些儒学研究者看到普世伦理的话语中有"己所不欲，勿施于人"的句子时，便欢喜雀跃，以为儒家重光的日子就要来了，于是乎大唱赞歌，甘愿做普世伦理的吹鼓手，喧腾得不亦乐乎。这再一次展示了儒学研

---

① 董丛林. 龙与上帝：基督教与中国传统文化 [M]. 北京：生活·读书·新知三联书店，1992：169.

究者与儒家的本质区别。儒学研究者并没有信守儒家的礼乐精神，而是将其视为研究对象。面对基督教讲述儒学的名词术语时，这些儒学研究者就按耐不住好为人师的冲动，也去发表自己的高见。

目前，儒家的紧急任务不是构建所谓普世化的理论学说，而是脚踏实地，立足于本民族的富强文明，做好守土有责的工作。那些受到基督教普世主义影响的儒学研究者似乎过于天真，企图以叫嚷的方式应对强有力的基督教势力。结果，"儒耶对话"是进行了，只不过它的方式是口头上的呼唤与文字上的铺陈，并没有任何实践层面的开拓。

结　语

"儒耶对话"，对儒家来说是一个促成自身转换的历史机遇。儒家应该做些什么？如果儒家没有明朗的、应对挑战的态度，如果儒家没有认真发掘自己的文化传统和思想资源，没有激发自身所有却未能昭示于众的、能够彻底抵制基督教步步紧逼的智慧力量，那么儒家将失去这个历史机遇。只有不脱离自己生活的社会环境，并真正引导社会成员前进，儒家才能完成其促进各项事业发展的任务。

丁编：当代儒家

守先待后，创造转化

——郭齐勇*教授学术访谈录

郭齐勇　张锦枝

一、亲亲相隐与《〈儒家伦理新批判〉之批判》

张锦枝（以下简称"张"）：郭老师，您好！2002年前后，刘清平先生发表数文批评儒家血亲伦理是导致徇情枉法和任人唯亲等腐败现象的温床，认为儒家以家庭私德凌驾于社会公德之上，是社会缺乏公德的深层文化根源。您首先回应，认为亲人之间检举告发有违伦常，损伤维系家庭和社群伦理的最基本纽带，强调天理人情的儒家伦理不脱离具体性和历史性，但具有永恒的价值。尔后，您与杨泽波、龚建平、丁为祥先生等与刘清平、穆南珂、黄裕生先生等展开了论战。2004年，您收录双方论战的文章以及不在此间发表但与此论题相关的海内外学者的论文，汇

　＊　郭齐勇，男，1947年生，湖北武汉人。现任武汉大学国学院院长、教授、博士生导师。曾任武汉大学人文学院院长、哲学院院长，国际中国哲学会（ISCP）会长。兼任武汉大学孔子与儒学研究中心主任，中国传统文化研究中心副主任，国务院学位委员会哲学学科评议组成员，教育部高等学校哲学教学指导委员会副主任，国际中国哲学会副执行长兼中国地区负责人，国际儒联（ICA）理事暨学术委员，中国哲学史学会副会长，中华孔子学会副会长。主要著作有：《中国哲学史》《中国哲学智慧的探索》《熊十力思想研究》《郭齐勇自选集》《儒学与儒学史新论》《文化学概论》《诸子学志》等。曾获国家级教学名师称号。

编成《儒家伦理争鸣集——以"亲亲互隐"为中心》论文集。①
此间哲学界、法学界陆续有相关讨论。2006 年，邓晓芒先生就
此问题重新探讨，胡治洪、丁为祥、龚建平、陈乔见、林桂榛先
生等继续回应，双方就如何评价"亲亲相隐"及儒家伦理、《游
叙弗伦篇》解读、中西方容隐制度及对中国传统文化的评价等问
题继续展开讨论。2010 年，邓晓芒先生收录辩论文章及其对牟
宗三的批评论文，出版《儒家伦理新批判》。2011 年，您收录回
应文章及他人的相关文章，编成论文集《〈儒家伦理新批判〉之
批判》。

2011 年 8 月，中国人大网《刑事诉讼法修正案（草案）》正
式将"亲亲相隐"纳入议案，予以公布。修正案第六十八条
规定：

> 增加一条，作为第一百八十七条："经人民法院依法通
> 知，证人应当出庭作证。证人没有正当理由不按人民法院通
> 知出庭作证的，人民法院可以强制其到庭，但是被告人的配
> 偶、父母、子女除外……"

修正案对于为何增加此条给予的说明是："考虑到强制配偶、
父母、子女在法庭上对被告人进行指证，不利于家庭关系的维
系，因此，规定被告人的配偶、父母、子女除外。"我相信您得
知此事后，一定会感到很欣慰，请您就此谈谈想法吧。

郭齐勇（以下简称"郭"）：多年以来，我不断著文呼吁修
改现行刑法、刑事诉讼法、民法、民事诉讼法、行政诉讼法、刑
事诉讼规则等鼓励亲人相互告发的相关条款。这些条款中，阶级

---

① 胡治洪. 近年来儒家伦理论战述评——腐败之源还是德性之端 [J]. 文史
哲，2005（6）.

斗争为纲的痕迹很重，修改这些条文是为了保障公民的人权、亲情权、容隐权、缄默权、隐私权。2007 年，我的同事与朋友、全国人大代表彭富春教授向全国人大常委会办公厅提交了《关于尽快恢复亲属容隐制的建议》。这个建议是我起草的，彭代表同意后，修改并提交上去了。该建议随即被转送到全国人大常委会法制工作委员会和最高人民检察院。2007 年 12 月，这两个单位给彭代表复函表示感谢，肯定关于修改刑法、刑事诉讼法等相关条文，建立亲亲相隐制度的建议，并说他们将在修改有关法律的过程中认真加以研究。这是彭富春教授与我共同的努力。其实，法律界有不少专家与实际工作者早就有，而且不断有修改的呼声。目前刑诉法修正草案中有关恢复传统亲亲相隐法律制度中的合理因素的内容还是很少的，是初步的与有限的，但这是一个开始。不管这次能不能获得通过，都算是起步了。我国公、检、法的有些实际部门与单位，习惯了过去的一些做法，过多关注办案效率，而忽略了保障公民亲属容隐权的重要性。相信未来我国修法，亲属容隐的范围与程度将更为扩大、更为彻底、更有实际意义。这一点，要向台湾地区学习，台湾一直沿袭清末以降修法的成果，在民初《六法全书》的基础上，将亲属容隐制原则落到实处，维护亲情，不鼓励告奸。这是儒家法律的传统，与法家法律的传统是背道而驰的。一方面，台湾地区把亲亲相隐的观念与法律制度及实践一直坚持下来了；另一方面，台湾地区前领导人陈水扁因贪腐而锒铛入狱，由于其家属涉案，其家族腐败案也进入了司法程序；可见以上两者并不矛盾。有人认为，亲亲相隐就是绝对的腐败，实行容隐制不利于反腐。其实这是把两件事混淆起来了，不了解儒家亲亲伦理的意义。

张：有人认为讲情感固然重要，但目前中国恰恰是人情太多，公共理性和法治建设不健全，因而理性和法治是首先要强调的，您觉得这种说法是否合理？

郭：儒家的理念是："缘人情而制礼、法""王道本乎人情"。① 先儒说过，人情与情面不同，大抵人情是公，情面是私。② 现在有些人所说的人情大概指的就是私情或情面。其实，人情是人的真情实感，是人的真实处境及其相应的情感，它也是人性的一种体现。就拿过去我们所说的五伦来看，其实提倡五伦之情在现在仍然有意义。当然，"人情"和"五伦"也不完全是情感的东西，它们都是人的基本处境，是存在论的概念，有此处境或社会人伦关系，才有相应的情感。五伦之情，看似是私，其实是公德之基，绝不能废，所谓"老吾老以及人之老，幼吾幼以及人之幼"。至于裙带关系等不顾天下公义谋求一己之私的行为，则是私情、情面，可以看成是任何社会文化中都有的现象，需要制度上的规范。就儒家本意而论，它是反对的。特将之加于儒家的头上，似乎儒家伦理导致或专门鼓励人们的自私心理，乃至鼓励贪腐，显然不合事实。我们不能因为社会上存在讲情面导致的腐败问题，就连带取消人情。在防范腐败的同时，还是要保护人情，这是可以和公共理性、法治建设达成一致的。否则，公共理性、法治建设也无从谈起，没有真情实感的公共理性和法治建设会迅速被工具化或者虚无化，社会冷漠离心，看似公正，其实是没有人性的。有关情理与法理的问题，近几年我谈得很多，合情合理才是好法，良法绝不悖人情。

张：有人认为现代西方法律规定的容隐条款仅仅是一个权利条款，而中国古代容隐制度乃至中国旧法本质上是一种践踏人权

---

① 司马迁说："缘人情而制礼。"（《史记·卷二十三·礼书第一》）桓宽说："法者，缘人情而制。"（《盐铁论·卷第十·刑德第五十五》）程颢说："王道如砥，本乎人情。"（《二程文集·卷二·论王霸之辨》）

② 刘宗周说："大抵情面与人情不同，人情本乎天而致人，有时拂天下之公议以就一己而不为私，如周公、孔子之过，吾党之直是也。情面去其心而从面，有时忍一己之私以就天下而不为公，如起杀妻、牙食子之类是也。"（《学言》）

的恶法。您怎样看待这一说法？

郭：这种说法太过于妄自菲薄。权利和义务总是相互包含的。中国古代的容隐制度既体现义务，也保护人权。由于历史的限制，在前现代各文明中，都没有今天意义上的人权、公正的概念。但在我国历史上，受儒家思想影响，容隐制度中权利和义务的公平实现逐步得到改善。自汉代以来，法律上逐渐不再强迫亲人互证其罪，允许亲属有权容隐拒证，虽然对尊亲属与卑亲属的容隐由不平等到基本平等，有一个过程，但这里就含有权利意识，且对任何家庭与人都如此，这是法的公平性与普遍性的体现。"亲亲相隐"和容隐制与人权并不违背，而恰恰包含着尊重和维护人权的因素。家庭权、亲属权、容隐权、拒证权、缄默权都属于人权，这些权利意识是慢慢觉醒的，但恰好是儒家最早重视这些权利意识的萌芽，一贯反抗皇权、官府与法家对这些权利的剥夺，反抗连坐制与鼓励告奸。亲属权、容隐权、拒证权、缄默权、家庭权、特免权，对谁都适用，不存在施受哪一方的问题。公正是给相等处境中的人以相同的待遇，无论是谁犯法，只要情况基本相同，他就有权要求相同的对待。

"文革"期间，我看到太多父子相残、夫妻反目、兄弟互斗、学生对师长的蹂躏等惨剧，那一幕幕的残酷镜头至今还在我的脑海中时时浮现。那是一个人人自危的时代，也是整个社会政治、伦理和家庭出现大危机的时候。尊重隐私是人类文明生活的一个必要条件。基本的家庭伦理破裂，不可能有文明的社会生活。私领域中最为亲密的关系，如家庭之父子、兄弟、夫妇等亲情，继而朋友、师生等情谊如都遭到破坏，彼此落井下石，揭发出卖，那么社会还有何人权可言？所以说，亲属容隐既是权利，也是义务。权利和义务是具体的，历史的。

在现实生活中，我们应该全面思考人的存在，人不只是法律的存在，家国天下的安定不只是依靠法律便能成功，情理、人性的维系，应该是维护社会和谐的基础。事实上，法律乃社会建构之无奈，不得已而为之。就现在热议的婚姻法司法解释而言，一个和谐的家庭不需要用这种司法解释去保护，只有当婚姻双方失去信任的时候，才用得着它。其他法律制度亦是如此，都是建立在防范不信任的基础上的，而且法律对于化解这种不信任的能力是十分有限的。法律是社会现实的体现，同时也说明这个社会在各个方面都需要信任的保障。家庭既是社会的细胞，又是个人成长的摇篮，更应该得到这种保障。所以，在社会出现重重问题的时候，一方面我们应该完善法律实现对应的奖惩，维护社会仅存的有限信任，但我们不要夸大法律在社会中所起的作用。另一方面，也是更重要的一方面，养育人的内在心性，化解各种不信任产生的根源，建构社会的诚信机制，保护最基本的社会细胞，这才是深层次的社会建构。而后者正是与良法的精神相一致的，是法律精神的来源。如果没有后者，法律再完善，社会的发展也会走向瓶颈；或者法律根本不可能完善，因为法律已经失去了方向。

张：我注意到在您主编的《儒家伦理争鸣集》和《〈儒家伦理新批判〉之批判》之间在具体的问题探讨上焦点有所转移，请问这两部论文集一以贯之的理论关怀是什么？新旧论集有什么不同？您如何评价这场讨论？

郭：关于《论语》中"父子互隐"的文本，有学者说这是孔子在鼓励偷盗，继而又说孔孟儒学鼓励腐败或者说就是腐败的根源，这些解读太过离谱。于是，我不得已而参与了论战。我在《〈儒家伦理新批判〉之批判》一书的序言中说明了两本论文集其实都收录了第三方与此有关的理论文章，而且篇幅不少。新旧两论集共同的理论关怀有二：一是厘清对亲亲相隐的误解。首先要正确理解儒家经典的背景，体贴文义，比如"直""隐""爱有差等"的含义，"仁"与"孝弟"的关系等；二是全面辩证地认识儒家道德哲学与伦理学，做创造转化，包括以仁为核心的儒学对于公德、私德的界定，亲亲相隐与人权学说的沟通，人情与法理的关系等。比如说"爱有差等，还是爱无差等"的问题，似乎"爱有差等"就不是"普爱"，而只有"爱无差等"才是"普爱"。这种理解是非常表面的、肤浅的。近十年来，我有一些论著都讨论过这个问题①，"爱有差等"恰好是从现实出发的，可以证成爱的普遍性。

很多问题，实际上《儒家伦理争鸣集》已经解决了。不过有人视而不见，挑起论战，我与同道都是被动回应的，我们的文章与书都是后出的。后一论集展示了："双方争鸣的主要的、大一点的问题是：究竟应当如何评价'亲亲相隐''亲情''孝道'乃至儒家伦理，其至如何进行中西容隐制，乃至中西文化之比较，如何评价中国传统文化？双方争鸣的一个小一点的问题是：苏格拉底支持'子告父'吗？"② 关于后一个小一点的问题，邓晓芒先生当初以为只要说明了苏格拉底支持"子告父"，就足以颠覆这场讨论，他所谓"以四两拨千斤"，并以耸人听闻的方式在大标题上说我等是"对柏拉图《游叙弗伦篇》的一个惊人的误解"，又说我等仅靠道听途说，是所谓"典型的误读经典的例子"，由此推断我们对所有经典的阅读都不严谨，都有问题。气势汹汹，咄咄逼人，大有一副真理尽在我的态势，这就有些"变味"了。邓先生研究《游叙弗伦篇》的结论是："在这里，我们丝毫也不能看出苏格拉底对儿子控告父亲的罪行这一做法有任何'非难'之意，而是完全相反，对这件事本身是赞同甚至鼓励

① 郭齐勇. 儒家伦理争鸣集——以"亲亲互隐"为中心 [M]. 武汉：湖北教育出版社，2004；郭齐勇. 中国儒学之精神 [M]. 上海：复旦大学出版社，2009；郭齐勇. 儒墨两家之"孝""丧"与"爱"的区别和争论 [J]. 武汉：哲学研究，2010（1）.

② 郭齐勇.《儒家伦理新批判》之批判 [M]. 武汉：武汉大学出版社，2011：11.

的，他明确表示那些'拥有极高智慧的人'会认为这样做是
'对的'。""苏格拉底并没有'非难'游叙弗伦告发父亲杀人，
而是赞成他告发，但要他对告发的理由加以更深的思考。"① 其
实，苏格拉底使用的是反讽的方式，所谓"拥有极高智慧的人"
是揶揄。苏格拉底真的支持子告父吗？我们读出的意思与邓先生
相反：苏格拉底很重视家庭伦理，并没有把家庭伦理与法律对立
起来，绝不赞同儿子控告父亲的行为。我们认为，恰好是邓晓芒
先生误读了柏拉图。关于苏格拉底是否支持子告父，读者可以自
行判断，也可以请教中西方古希腊哲学的专家。

　　关于中国古代援引儒家亲亲相隐的理念进入法律系统，对亲
属权、容隐权予以伸张与保护，并在历史上起过良性作用的问
题，我们认为，不能把中国传统社会看成是铁板一块、漆黑一团
的专制社会。恰恰相反，朝廷权力不是无边的，相对而言，地方
权、宗族权、家族权、家庭亲属权的空间较大。传统社会的宗统
与君统之间，神权与皇权之间，皇权与族权之间，道、学、政之
间等，虽有联系、合一的一面，更有区分及相互制约的一面，是
有张力的。朝廷权力有限，地方自治权，宗族、家族自治权，士
绅在民间社会的作用，相应比较大，宗族、家族对个体自由有限
制、束缚的一面，也有保护的一面。传统中国民间自治的成分很
大，现代国家的个人自由的程度未必有传统社会高。我们不能从
单线进化论的立场看待非常复杂的社会历史问题。邓先生把"亲
亲相隐"看成是儒家主张腐败的铁证，要儒家对现实的贪腐负责
任，不仅在理论上犯了范畴错置的谬误，而且在实践上也有害，
减却了当今体制与贪污犯的责任，账都算到儒家、传统文化身上
了，由古人代今人受过。

　　如何评论与评价这场争论？不是我们双方参与者王婆卖瓜，

---

① 邓晓芒. 儒家伦理新批判［M］. 重庆：重庆大学出版社，2010：6、8.

自我吹嘘，可以定下调子的，需俟日后经过一段时间的沉淀，由客观的学者做出公正的评价。当然，我们至少可以看到一点，通过争论，邓先生已放弃了他一开始介入时的某些看法与观点，例如2010年他有限度地承认孝道是美德等。我们乐见邓先生这些微妙的变化，这些变化也是争论促成的。但很可惜，变化不算太大，至今他对亲亲相隐的本义都未能弄清楚，往往是把传统文化一锅煮，凡传统文化都不好，都要打倒，这就缺乏分析了。

张： 从这一问题引申，您认为德治和法治的关系应该是怎样的？

郭： 今天所谓德治、法治与古代有着很大区别。政治、法律的主体是人民而不是人主。也就是说，社会主义法治保障的是每一位公民的自由与权利，包括公民权、政治权力、经济权力、社会权力、文化权利等。社会的管理者与老百姓在法律面前是平等的。而在传统社会，治世者与被治者是不平等的。传统中华法系是伦理法，法制与道德观念、伦理价值相融合，如古代法律不允许以强凌弱，不允许不孝等。而现代政治、法律、伦理、道德是分化的，不是混一的。虽然我们承认法律的本土资源非常丰富，可以做现代转化，今天我们也把诚信等道德价值渗入经济法中，也仍然与传统伦理法有很大不同。此外，在社会主义法治条件下，"德主刑辅"的观念似乎应该倒过来，德治是法治的补充，整个社会架构和社会秩序是以法治为基础的。这是就治国的普遍、规范、效能与公平而言。德治不再像过去那样凌驾于法治之上，而是贯彻在法治之中。

但儒家德治理想说，清明的、良好的政治是靠贤人、有德行修养的人来维系、贯彻的，应当举贤任能，依靠他们去治理百姓，提升百姓，唤起良知，"淳风俗，正人心"。现在依然有它的价值。在古代，治理社会有两种方略，一是"德"，二是"刑"。所谓"德主刑辅"，就是道德精神是法制的根本理念，同时把道德教化放在强力控制之上。这比法家主张的仅仅靠刑赏二柄，靠利益去驱动百姓，显然有更多的人文内涵。德性是有力量的，这种力量的根本在于生命内在的精神感召。"为仁由己"，道德是内在性的。道德自由是最高的自由，因为那是自己给自己下命令。一个人遇事当行还是不当行，当止还是不当止，根本上取决于内在自我的命令，但外在地看，却能够有客观的效应，那就是"外王"。因此，社会主义法治离不开道德社群、道德氛围，更离不开道德自我的树立。无论是从制度的层面看，还是从文化与社会风俗的层面看，离开德治的法治，其实是对德治的一种退步，只会加深社会内部的信任危机。从这个意义上来说，德治和法治是相辅相成的。

此外，古代德治重视以德治官、治吏，今天依然可以作为德治的首要任务。官治、吏治不清是历朝历代忌讳的大问题，它会造成社会不公、大面积的价值失范，甚至引发动乱。今天的治官、治吏当然必须且主要靠法治、靠制度保障，但以德治国，让干部阶层的行政实践充满人文关怀，首先要求他们道德自律。传统社会的行政任贤制、教育精英制虽有不少弊病，但仍有其合理因素，其重视礼乐文化，主张以礼律身，以乐乐心。礼乐文化的重心不在惩人于事后，而在防患于未然。建议对国民，首先是干部，推行最低限度伦理的学习与实践。在物质主义、功利主义、享乐主义泛滥的今天，尤其应如此。儒家的人格理想和人之所以为人之道还有巨大的生命力，很多价值可以继续在市场经济、民主政治的现代生活中发挥积极作用。社会生态、人文环境是每个人在其中生存和发展的条件，特别是孩子们成长的环境。如果不重视这个方面的治理，仁义等五常生存的空气稀薄，人的心灵或精神会简化为经济人和法律人，人与人之间没有关爱，也是社会治理上的失败。

二、儒学与当代社会

张：您对于儒学的发展有一个分期，认为先秦是儒学的创立期，汉唐是儒学的扩大期，宋、元、明、清是重建和再扩大期，清末鸦片战争至今是儒学的蛰伏期，也是进一步重建和扩大的准备期，儒学将迎来现代的大发展时期。[①] 在这一准备时期，我们应该从哪些方面做准备？

郭：第一，澄清与批判"五四"以来，20 世纪 50 年代初期以来，特别是"文革"以来一些对儒学似是而非的看法，拨乱反正，正本清源。长期以来，中国文化，特别是其中的儒学，被妖魔化、矮化了。第二，教育与社会推广。从基础教育，从民间教育抓起，从娃娃抓起，培养学生，培养一代代青年，把四书的教育放到中学去，让全体中学生都学习四书。到企业去，到社区去，用儒学与中国文化协助构建企业伦理、职业伦理，提振民间文化。把"仁爱"的理念与"仁、义、礼、智、信"五常等核心价值在民间再植灵根，恢复中国人对儒学与中国文化的自信与认同。第三，发展对话，尤其是儒学与现代化，与马克思主义、自由主义、生态环保主义、女性主义，与基督教、伊斯兰教等宗教的对话，相互批评与沟通。调动儒学思想资源，用于当代公民社会的道德建设。第四，发展儒家学术研究，从各方面深入研究，特别要重振经与经学。五经、十三经是中国文化的根底，需要培养青年学子学习、研究。钱穆先生讲，五经是中国政治、教育之本。儒家奉五经、十三经为中国和儒家最重要的经典，是因为其中有中国人的信仰系统，有中国精神文明（包含制度文明）最重要的内容。经学、儒学不是死的，不是博物馆与图书馆，而

① 郭齐勇. 中国儒学之精神 ［M］. 上海：复旦大学出版社，2009：27.

是活的，有不少内容具有普遍的、永恒的价值，有很多内容可以创造转化为现代世界与中国的精神食粮，或作为参鉴。例如，孔子的"仁爱"思想，《礼记》中的"临财毋苟得，临难毋苟免""户开亦开，户阖亦阖；有后入者，阖而勿遂"等。《礼记》中前一句的价值很高，大家都很清楚，后一句只是普通的进出门、开关门的规范或习惯，看看有无别人跟着进出，不要猛地开关门，待人以礼貌，从细节中体现出对他人的尊重。所以萧公权先生说，以上数句都包含了普世价值，适用于古今中外。

张：在中国大陆，您是较早研究新儒家的代表人物之一，从早期研究熊十力先生，到后来的马一浮、张君劢、梁漱溟、钱穆、徐复观、唐君毅、牟宗三等先生，您都有着自己的解读。他们的思想中存在不少差异，但您都视之为新儒家，您觉得他们思想的共同特点和价值是什么？当代新儒家的发展有什么新的动向，与现在大陆儒学研究的主要区别是什么？

郭：最近的100年中，新儒家大体上有三代学人：第一代有梁漱溟、熊十力、马一浮、张君劢、方东美、钱穆、冯友兰、贺麟等人；第二代有唐君毅、牟宗三、徐复观等人；第三代有杜维明、刘述先、余英时、成中英、蔡仁厚等人。我们从广义上讲，钱穆、余英时师徒也属新儒家。"五四"以来，儒家、新儒家受到很多误解、误会。其实，这三代新儒家对儒学贡献都很大，他们重新确立了中华文化的精神方向。

这三代新儒家可以说有着共同的问题意识，大体上有五个方面：第一，跳出传统文化与现代化二元对峙的模式来反省现代性，重新思考东亚精神文明与东亚现代化的关系问题。当代新儒家提出了现代性中的传统、现代性的多元倾向和从民族资源中开发出自己的现代性的问题。现代化不等于西方化，现代性不等于西方性，全球的现代化不是一个同质的过程。不同地域的文明都蕴藏着现代的普遍价值，可以进行创造性的转化。在东亚国家和

地区现代化的过程中，各个地域民族的文化大传统和小传统已经
并会继续发挥巨大作用，在一定程度上丰富了现代化的新模式。
第二，是文明对话和文化中国的概念，以第三代的杜维明先生阐
释得最多。不过早在第一代，新文化运动末期，跨文化的比较和
对话的工作就已经开始了，像梁漱溟先生的《东西文化及其哲
学》，第二代的唐君毅重视黑格尔，牟宗三重视康德，都有将西
学融入自己的哲学理解和创构中。第三代更强调开放性。文明冲
突在历史和现实中屡见不鲜，但文明对话才更重要。这种对话和
沟通何以是可能的？首先是民族文化的自觉自识，当非西方文明
失去了本己性，文明对话是不可能的。第三，是儒家价值与全球
伦理、环境伦理、生命伦理。世界伦理问题的解决需要调动世界
各宗教、文化、伦理的资源。1993 年，孔汉斯起草的《世界伦
理宣言》把孔子的"己所不欲，勿施于人"放到重要地位，孔
子的这一思想有助于国家间、宗教间、民族间、社群间、个体间
的相互尊重，彼此理解和沟通。在此背景下，刘述先以宋儒"理
一分殊"的观念来解决一元与多元的问题，有着重要的价值和意
义。第四，是儒学与现代民主政治，与自由主义的关系问题。贡
献最突出的是梁漱溟、张君劢和徐复观。大体上，他们对于西方
近世以来所提倡的自由、民主、法治和人权的价值都积极肯定，
在政治诉求方面，他们并不保守。政治化的儒学我们不必一概否
定，儒家与自由主义在独立的批评能力和精神方面，自由、理
性、正义、友爱、宽容、人格独立与尊严方面，民主政治所需要
的公共空间、道德社群方面，消极自由层面的分权、制衡、监督
机制和积极自由层面的道德主体性方面都有沟通的可能性。第
五，是儒学的宗教性和超越性。这主要是新儒家的第二、第三代
学人的创识。他们从精神信念、存在体验的方面肯定儒学具有宗
教性。最典型的是他们提出"超越内在"说，受到不少批评，
认为超越和内在不可共存。新儒家所谓的超越性是在本体－境界

论层面而非认识论层面讲神性和宗教性，体现了现实性与理想性、有限性与无限性之间的张力。在儒家看来，"宇宙心灵"和"个体心灵"可以浑化为一，所谓"天"是具有神性意义的天和义理的天，是价值之源。此外，儒学的草根性、儒学与生活世界的关系等问题，也在新儒家关注的视域之中。

当代新儒家正在分化、重组的过程中，有新儒学和新儒家之辨，知识和价值的二分，有后牟宗三、后新儒学的崛起，海峡两岸的儒家学者在互动中彼此靠拢、位移的事也多有发生。林安梧提出"儒学革命论"，强调重视气论，重视客观面，回到船山学，多少受到大陆学者的影响。大陆研究者也发生分化，不乏由同情的理解到对新儒学之价值更加认同者。不过，大陆学者更加重视包括儒释道在内的多种精神资源的开发以及对于时代课题、制度建构、民间社会、日常生活和世界现实多重问题的回应。

张：您要人们重视"五四"以来被忽视的文化守成主义的传统，提出"文化保守主义是文化启蒙中不可或缺的一环"，您所谓的守成是指什么？文化守成主义是如何应对现代化浪潮的？

郭：在这一方面，芝加哥大学艾恺教授有很好的研究。守成，即珍视自家的精神文化资源，潜沉下来体验我们的祖宗留下来的文化遗产，真正以平等心与古代思想家做心灵的沟通，了解中国文化尤其是经史子集之学中蕴藏的原意，其间有可供现代人滋养心灵的源头活水。传统经典给予人们的人文陶养和安身立命的终极信念，仍然是无可替代的。同时，在承传、守成之中，我们的传统自身也有着求变趋新的要求。因而，这种守成是开放的守成，而不是排外的守成。文化守成，既要守先，又要待后，"守先待后"的"待"，赵岐、焦循解释为"持"，即扶持后学的意思，不是消极等待，而是积极培养新人。

我们为什么要守成？一方面，因为我们有着深厚的文化底蕴，古代许多社会的、人生的、政治和法律的理念和实践，乃至宇宙自然观念，至今还有着重要的借鉴意义；另一方面，西方的现代性问题重重，我们是不能直接拿过来就用的。所以我的恩师萧萐父先生的思想中就有两个层面：走出中国中世纪和走出西方现代性。走出西方现代性就是反思西方近代的启蒙，批判理性过度膨胀所带来的生态灾难与人之生命的迷惘，批判历史的虚无主义与道德价值的相对主义，强调民族文化的自我认同，借助传统资源推动当代中国伦理共识的重建。

在文化结构已经发生变化的背景下，应对现代化的挑战，中国古代的许多价值理念是可以调动起来回应现代的。近现代中国文化史给我们的教训是：现代化与西方化、传统政治架构与文化价值理念、传统制度文明及社会文化习俗中的局限性与可继承性、传统精神文明中的时代限制与永恒价值、时代性与民族性，本来都是可以分析开来的；但是我们在紧迫的环境下，与传统文化全面彻底决裂，尽弃故我，几乎丧失了精神的终极关怀与中国自身制度文明、精神文明中的瑰宝。

儒学的重建，我反对破碎化，用传统儒学中的一些支离破碎的要素来参与现代社会生活。中国传统文化中大体上有一个基本的精神，主要是儒家做人的精神，在滋润着社会人生。底线伦理当中恰恰有一些养育中国人的根本性的东西。"子曰：'言忠信，行笃敬，虽蛮貊之邦，行矣。言不忠信，行不笃敬，虽州里，行乎哉？'"（《论语·卫灵公》）所以我觉得，我们不要只言片语、支离破碎地复兴，但也肯定不是全盘整体回归过去，想要恢复一个原生态或者原教旨的东西，那已经是不可能的了。中西文化的相互渗透已经是无法改变的事实，我们只能在现代化的过程中提供一些曾经养育过中国人和中国社会的良性的精神价值资源，尊重其系统，并努力对它做创造性的扬弃和转化。

张：我们知道，您对于"现代性"的界定比较倾向于古今的方面，而认为不能把中西之别都讲成古今之异。您觉得儒学可以给发轫于西方的所谓"现代文明"的缺失提供哪些资源？

郭：当前的科技革命、电子网络等各方面的发展，问题很多，涉及处理各种关系的生命伦理、环境伦理、家庭伦理、社群伦理、网络伦理、空间伦理等，甚至是全球伦理都亟待建设。唐君毅先生曾经说，现代人所面临的荒谬处境是"上不在天，下不在田；外不在人，内不在己"。中华人文精神，特别是儒家的人文精神，可以救治现代人的危机。它强调用物以"利用厚生"，但不会导致一种对自然的宰制、控御、破坏；它强调人文建构，批评迷信，但不消解对于"天"的敬畏和人所具有的宗教精神、终极的信念与信仰。儒家并不脱离生活世界、日用伦常，相反，恰恰是在庸常的俗世生活中追寻精神的超越。外王事功，社会政事、科技发展，恰恰是人之精神生命的开展。因此，中华人文精神完全可以与西学、与现代文明相配合，它不反对宗教，不反对自然，也不反对科技，它可以弥补宗教、科技的偏弊，与自然相和谐，从而求得人文与宗教、与科技、与自然调适上遂地健康发展。

儒学为经济全球化可能提供如下的精神资源和人文智慧：礼乐文明的再创，文化空间的开拓与社会文化资本的积累和人的情商的培育；儒家核心价值观念"仁、义、礼、智、信""己欲立而立人，己欲达而达人""己所不欲，勿施于人""敬业乐群"等对于建构现代全球伦理、社群伦理、家庭伦理、职业伦理和新的人与人之关系具有积极的意义；"人与天地万物一体""民胞物与"等理念有助于建构新的生态环境伦理和可持续发展的战略规划；天命、天道、神圣、敬畏感与人的终极信念，"极高明而道中庸"所透显的圣凡关系与现代性问题密切相关。中华人文精神提倡的仁、义、礼、智、信、忠、孝、诚、恕等价值，在剔除其历史附着的负面效应与历史局限之后，完全可以提炼、转化其合理因素，渗透到今天的社会生活中去，进而作为价值指导，治疗现代社会的病症，恢复人的尊严，重建人的意义世界，重建人与"天、地、人、物、我"的良性互动关系。传统伦理经过时代的转化、洗汰与我们自觉地批判继承，可以与现代化的新的伦理价值——个性自由、人格独立、人权意识等——整合起来。儒家核心价值观念与现代人权、平等、尊严、理性、道义，都不乏可以沟通之处。

张：作为亲亲相隐问题的延伸，近几年来您似乎比较关注儒家政治哲学的方面，尤其是公平正义论，发表了一系列的文章。① 请谈一谈您的想法？

郭：首先我们承认中国传统政治和现代政治之间的差别是本质的，在个体人是否享有政治自由和独立的政治权利方面确实有欠缺，这种欠缺主要是时代性的。但同时，我们不应该忽视中国传统文化资源与西方的政治资源可以对接的地方，我们传统所有而现代西方所无的优秀政治文化的观念、智慧、方略、制度架构、机制和民间土壤等，也应该得到充分的肯定和创造性的转化。

我通过研究孔子、孟子、《周礼》与《礼记》若干篇目中的政治思想，发现这些资料中都蕴含着"实质正义"的内容。孔子肯定、尊重老百姓的生存权与合理的私利，强调民生问题；不一概反对私利，但反对以权谋私；主张从民间"举贤才"与"有教无类"，开放教育与政治，肯定民众的受教育权与参与政治的权利；强调责任伦理、信用品性、廉洁奉公，作为对为政

---

① 郭齐勇. 儒家的公平正义论 [N]. 光明日报, 2006 - 02 - 28；郭齐勇. 孟子与儒家的正义论 [G] //儒林（第三辑）. 济南：山东大学出版社, 2006；郭齐勇. 先秦儒家论公私与正义 [G] //郭齐勇. 儒家文化研究第二辑（儒家政法思想与现代经学研究专号）. 北京：生活·读书·新知三联书店, 2008；郭齐勇. 先秦儒学关于社会正义的诉求 [N]. 解放日报, 2009 - 01 - 11；郭齐勇.《周礼·地官司徒》《礼记·王制》中有关社会公正的论述 [G] //蔡方鹿. 经学与中国哲学. 上海：华东师范大学出版社, 2009；郭齐勇. 再论儒家的政治哲学及其正义论 [J]. 孔子研究, 2010（6）.

者、士大夫在公共事务中的道德要求；有关君臣权责的相互要求，含有政治分工与制约的萌芽；提倡中正平和的治政理念等。孟子的政治哲学涉及生存权、财产权的"制民恒产"，论及土地、赋税、商业政策之平等观；有养老、救济弱者、赈灾与社会保障的制度设计；讲求教育公平，平民参与政治的制度安排及作为村社公共生活的庠序乡校；尊重民意、察举，官守、言责与官员自律，防止公权力滥用的思想及革命论等。《周礼·地官司徒》《礼记·王制》中有关社会公正的论述，涉及的内容很广，包括：荒政，对灾民的赈济及其制度化；养老恤孤扶弱的制度安排；颁职事及居处、土地、赋税、商业之制度与政策；选贤与能的主张与制度诉求；以德教为主，强调刑罚的慎重与刑罚的程序化，隐私与私人领域的保护问题等。

　　传统社会的治理还有很重要的一支力量来自民间社会。靠血缘性的自然团体及其扩大化的社会各团体形成民间力量，在平衡政权力量的同时，能起到政权力量所起不到的多重作用（如抑制豪强，协调贫富，保障小民权益，教化民众，化民成俗，安顿社会人心等），又起到慈善机构的作用（扶助、救济贫弱，支持农家、平民子弟接受教育、走上仕途等），乃至对抗专制政府的恶法与法家以国家权力破坏亲情及私人领域的若干做法。儒家强调知识分子在社会政治中的指导作用，甚至提出士大夫与皇帝共治天下的主张。除为直接参政而抗争之外，儒家有其言责，批判与主动建言，为广开言路而抗争。传统社会中儒家的政治参与和批评，绝非摆设，亦非无关痛痒。中国古代的士人、儒生、君子与古希腊到近现代的西方知识分子之间有深刻的一致性，甚至在政治参与、相对文明的政治制度的设计与政治实践方面，中国传统知识分子比西方知识分子有过之而无不及。儒家知识人是民间百姓的代表，他们的政治理念、制度设计、实践精神、道德勇气等方面的遗产，至今对我们建构以人民为主体的政治文明有很大的参考意义，是中国政治民主化的重要资源。

儒家主张的政治是"道德的政治"，这常常引起人们的诟病，但我们认为，人们恰好应当追求道德的政治而摒斥、批判不道德的政治。儒家的政治理念最强调的就是其应然，即正当性，其中我们不难分析出不脱离一定时空条件下的实质正义，儒家为此而不断为人民去争取与追求。儒家强调对人，特别是对人民的尊重。其天下大同、天下为公的社会理想与社会正义观、公私义利观，儒家的仁爱、民本、民富、平正、养老、恤孤、济赈、民贵君轻、兼善天下、和而不同、食货、仁政及德治主张、入世情怀、参与精神等，在今天还有极高的价值，是中国当下政改与民主政治建设的重要精神资源。

张：当代儒学呈多元发展趋势，有多种面向，如政治儒学、制度儒学、生活儒学、民间儒学、重建儒教等，您怎样看待自己儒学研究的特色？

郭：您这个问题提得很好！所谓政治儒学、制度儒学、心性儒学、社会日常生活或民俗中的儒学（或大众的草根儒学）等，分头发展，不仅是研究面向或重心，也渐成了不同人或不同文化共同体的诉求或标榜，甚至思潮。但儒学的核心价值是整体，有系统，内圣心性修养与外王政治事功是打通的，天与人是打通的，圣与凡、制度与观念都是打通的。我们可以有偏重，但不能伤害整一、大全。我自己谈不上深入研究，我学习儒学，还是为了经世致用。我们如何调动诸子百家、儒释道中的宇宙观念、制度与观念文明，乃至思维与行为方式的资源，来古为今用呢？古人的智慧往往超过了今人。多年以来，我参与了儒学的宗教意涵的问题、儒家的公私观与正义论问题、儒学的现代意义、儒学与基督教对话等问题的讨论，也关注儒学的生态伦理问题以及儒学与马克思主义中国化的问题，就以上问题我都发表过文章。

就政治哲学而言，从亚里士多德的两种平等观、罗尔斯的两条正义原则来看，儒家在分配上的"应得"和"配得"，以及机会公平、对"最不利者"的关爱及其制度建构方面，均可以与之相呼应。此即儒家正义论最有特色的内涵，乃实质的正义。儒家对政治权力的源头、合法性、权力分配与制衡等，有其系统论说、制度与实践。儒家重视社会力量的培植、社会自治、士绅阶层参政及言路开放。儒家的"道德的政治"就是要坚守政治的应然与正当性。中国传统文化，特别是儒家学说中的政治正当性，即认为政治权力之根源在天、天命、天道，其根据、本位在人民、老百姓、农工商，其基础是广阔的民间社会空间、民间力量及其自治，其指导、参与、监督与言责则在士人。由此可得出：人民是政治的主体，士大夫是政治的主体。道德仁义系统、仁政学说及以上四方面为中心的儒家政治哲学在今天还有极高的价值。特别是君相制、三省六部制、谏议制等一系列制度中有很多珍宝，我们还未认识。把中国传统政治一言以蔽之曰"专制"，这是有问题的。中国传统的政治文明中（包含理念、制度、实践、民俗诸层面）的许多遗产，值得人们认真地去思考与创造性转化。

　　张：您曾经多次自我批评，说您自己以前的思想倾向主要是反传统的，坦承自己曾参加过评法批儒、评《水浒》等，到20世纪80年代初思想还比较左。您是怎么转过来的，又如何面对思想的反思呢？

　　郭：每个人都会受到时代、认识等很多方面的限制。以我自己的经历来说，我们这代人，少年、青年时期接受的教育，生活的氛围，都是彻底与传统文化决裂的、革命大批判的那一套。改革开放以后，我逐步有了自我反省与反思，特别是读了现当代新儒家的书之后。其实我对现当代新儒家的著作与思想有相当的批评，但我认为，梁漱溟、熊十力、钱穆等先生开启了对现代性、全盘西化的反思、批判的新方向，开启了同情地理解、理性地批导传统文化，继承中华文化精华以克治当代弊病的精神方向。中华文化、儒释道思想中有很多珍宝，而我们过去的大批判大多是有问题的，是非理性的、没有恰切的分析的，往往是胡子眉毛一把抓，糟蹋圣贤，厚诬古人。当然，我们那个时代的人，到现在，有反思那个时代的，也有不反思那个时代的，甚至继承大批判遗风而变本加厉的。我认为，应当看到自身的限制，批判传统社会文化思想，首先要了解它，要实事求是。像"文革"大批判那样，在历史文化、思想与人物面前，居高临下，自以为是，盛气凌人，任意地编排、宰割，以所谓逻辑为外衣来表达自己的"联想"，对批判对象只能是隔膜的，其批判也是不相应的、主观主义的。反思，首先是自我反思。批判，首先是自我批判。如若不然，就不可能有丝毫长进，那就只能是原地踏步，孤芳自赏。

三、国学教育及其推广

张：很多认识您的人都知道，您不仅从事儒学研究，更以儒学为自己的生活方式，是一位里里外外地道的儒者。同时，您又提倡国学，国学不仅是儒学，又涵括释、道等多方面，您是怎样看待国学与儒学的关系的？

郭：道家、道教，中国化的佛教，都是国学的重要内容，儒学也是。① 儒学的范围也很大，但相对于国学来说当然要小得多，我们不能把这两者等同起来。但另一方面，儒学又是国学的重要组成部分。传统中国社会的历史文化是流动与变化着的，儒家文化传统也是流动与变化着、并与其他文化传统相交织的。但2500 年来，儒学渗透到全社会上下，适应、调节着社会经济的

---

① 关于儒、释、道与中国哲学，请参阅郭齐勇. 中国哲学智慧的探索 [M]. 北京：中华书局，2008；郭齐勇. 中国哲学史 [M]. 北京：高等教育出版社，2006.

发展并指引人们的生活，落实在政治制度、社会风习、教育过程以及私人修养与性情陶冶之中，是中国乃至东亚人的生活方式、行为方式、思维方式、情感方式和价值取向的结晶，是朝野多数人的信念信仰，乃至到了百姓日用而不知的地步，极具草根性。儒学实际是东亚与我国走上现代化的基础与铺垫，它在未来社会的发展中将起着越来越重要的作用。故我们可以说，儒释道是互补的，儒学是国学中最重要的内容。我们不必把国学讲成儒学，以儒学取代国学，但也不必排斥、贬低儒学，一定要认识到传统社会在一定意义上是儒家型的社会。

　　张：20 世纪以来各家对于国学的定义都有自己的理解，您提倡的国学是在什么意义上？

　　郭：我们不能把国学狭隘化。第一方面，国学不只是汉民族的学术文化，它包含了历史与现代少数民族的语言、文字、学术、文化及其与汉民族的交流史；第二方面，国学不只是上层精英传统，还包括小传统，如民间民俗文化，各时段、各地域各民族的传说、音乐、歌舞、技艺、建筑、服饰、礼仪、风俗、宗族、契约、行会、民间组织等，有如今天的某些非物质文化遗产；第三方面，国学还包括历史上中外地域文明的交融，如外域文明的传入，西域学、佛学及其中国化，西学东渐与中学西传的内容与历史过程等，都属于国学的范围。国学、经史子集等，并不是汉民族的专利，其中包含、汇聚了历史上多民族的智慧与文化，是多元一体之中华各民族共同创造的、共同拥有的文化精神资源。

　　我理解国学，大约有四个层面。第一是常识层面，即国家民族历史文化的 ABC。第二是学术与技艺层面，即传统文化各门类各方面，尤其是地方文化、民间技艺、学术传统之传承。要通过微观精细地研究，抢救、整理与继承绝学，古为今用，推陈出新。这一点日本做得很好。第三是道德价值与人生意义的层面。

按梁启超的说法，《论语》《孟子》是两千年国人思想的总源泉，支配着中国人的内外生活，其中有益身心的圣哲格言，一部分久已在我们全社会形成共同意识，我们既做这社会的一分子，总要彻底了解它，才不致和共同意识生隔阂。① 今天我们提倡国学，主要是提倡理想人格的追求，克服工具理性片面膨胀所导致的人文精神的萎缩或失落。第四是民族精神，或国魂与族魂的层面。提倡国学与吸纳西学并不矛盾。对于祖国传统文化的价值理念、生存智慧、治国方略，我们体认得越深，发掘得越深，我们拥有的价值资源越丰厚，就越能吸纳外来文化的精华，越能学得西方文化之真，这才能真正使中西或中外文化的精华在现时代的要求下相融合，构建新的中华文明。正如鲁迅所说："外之既不后于世界之思潮，内之仍弗失固有之血脉。"② 失去民族之本己性、个性的现代化，绝对不是成功的现代化。

学习国学更重要的是把握中华人文精神与价值理念，了解中华民族与中华文化融会的过程，以及其可大可久的所以然，堂堂正正地做一个中国人。

张：近年来，从小学读经到百家讲坛的热播，到有声国学读物在年轻人中间流行，国民对于国学的关注逐渐呈上升趋势，但您认为现在的国学热只是假热。为什么这么说呢？

郭：一方面，民间存留着很多善根，国学确有草根性；另一方面，我们又不能不看到，由于社会巨变所发生的诸多新问题，特别是强势的西化趋向的影响，一百多年来文化观念与全民教育的某些失当，使得国人对于国学相当的陌生、隔阂。从上面讲到的四个方面来看：第一，国人对于祖国历史文化的一些常识，包

---

① 梁启超．国学入门书要目及其读法［G］//胡适文存二集．上海：亚东图书馆，1934；梁启超．治国学杂话［G］//胡适文存二集．上海：亚东图书馆，1934。

② 见鲁迅《文化偏至论》，此时鲁迅还是章太炎的门生和"国学振起社"的成员。

括《四书》《老子》《庄子》等，不少研究生、大学生都感到陌生。第二，传统文化各门类、各方面，包括民间技艺、经史子集等的传承上，有相当大的断层。"五四"以来，片面的、平面的西化思潮和教育、学术之结构与体制，使得我们这一代甚至前后几代人逐渐丧失了解读前现代文明（或文献）的能力。第三，利欲、金钱、经济利益挂帅，腐化着全社会，使得人文价值、人生意义更加边缘化、狭隘化。第四，有很多知识分子对自己民族的文化及经典缺乏应有的、起码的敬畏、尊重和虚心的态度，妄自菲薄。更可悲的是，自鸦片战争以来，国际国内政治、经济、军事的问题，国势的问题常常被简化为文化的问题，传统文化被迫要替现代人所犯的错误负责，文化问题被简化为进步与落后的二分法，传统与现代被打成两橛。实际上孔仁孟义、礼乐文明不仅不构成中国人走上现代的阻碍，相反是一种宝贵的资源与助力。现在从幼儿到博士所受教育的制度安排，基本上是西化的，青少年学习英语的时间与精力大大超过了学习母语、国文的时间与精力。所以说，现在的国学热只是假热。

　　张：从 2001 年始，您在武汉大学与文史哲的一些教师一道开办国学，逐步办成本科、硕士和博士班级，发展到现在的国学院，至今整整有 10 年。在国内也是最早的。那时候国学热才刚刚兴起，没有现在这么热，当时您是怎么考虑的？

　　郭：内外两方面的结合吧。武汉大学有国学的传统，近代以来有黄侃等国学大师及章黄学派的统系，有熊十力、闻一多、吴宓、李剑农、杨树达、高亨、范寿康、朱光潜、刘赜、刘永济、黄焯、谭戒甫、唐长孺、吴于廑、程千帆等大师，一直高度重视小学（古文字学）、经典新诠与中西学术互动，所以有深厚的基础。此外，对于外部的环境，我们也有一些考虑。

　　首先，是对世纪之交以来"国学热"的回应。自 20 世纪 90 年代起，中国大陆先后兴起了"中国传统文化热"和"国学热"。但我们认为，"国学"作为中国固有的学术传统，具有严肃的学术意义和艰深的学术内容，不应当徘徊在文化消费的"潮流"和"时尚"层面上。国学班的教育，是对社会上"国学热"浪潮的严肃的教育回应。

其次，对大学文科教育模式的反思和超越。中国大陆现有的大学人文学科的培养模式主要是原苏联"概论＋通史"的模式和西方现代学科体系文史哲的分割，存在一定的弊病。因此，我们尤其强调中西经典的教育，与文、史、哲的融通，作为对现有人文学科分科的补充，希望探索出一套新的模式，更加有利于人的全面发展。

再次，对复合型人才社会需求的认识。随着中国逐渐振兴富强，中国文化也在复兴。中国不仅越来越多地参与到国际事务中，中国文化作为人类文明最古老、最悠久的传统之一，在国际上也应该参与到与异质文明，尤其是强势的西方文明的平等对话之中。面对转型与文化复兴，社会将逐渐出现对有深厚国学素养和传统文化底蕴的复合型人才的需求。

张：您一直说这些年对于体制内国学教育的探索是"摸着石头过河"，作为院长，您能否谈一谈武汉大学国学院的比较独特的培养模式和教学成果？

郭：我们本科生的生源主要来自全校各专业一年级的学生，本着对国学的爱好，自愿报名，每年大约有100名学生报名，通过考核遴选出15～20名学生组成班级。我们邀请了文、史、哲三系的优秀教师和海内外知名专家来授课，小班授课，经典导读，结合导师制和讨论制，培养学生的思辨能力和知识关怀。另一方面，充实实践教学环节，开设书法、诗词写作、礼仪实践课程，鼓励假期实习并资助他们去历史文化遗迹考察。我院希望同学们接受周备的中国古典学术训练，具备相当的古典文本的阅读、考据和阐释能力，心智健康，行己有耻，文质彬彬，有社会关怀意识与开放的文化心态，尽量熟练掌握两门外语和少量的外国经典等。在已毕业的学生中，超过 65% 的同学保送或考入本校与国内外知名高校继续深造，他们的素养还不错，受到一些高校与社会各单位的欢迎。

张：我注意到您近年来对于建立中国公民的底线伦理，达成民族的伦理共识，唤起公民的文化和道德自觉意识等方面做出很多努力。除了大学的国学教育实践之外，您还很关注中小学国学教育，在不同场合都呼吁要培养国学的读书种子，从娃娃抓起，还主编了两套中小学学生的《国学读本》①。

郭：幼儿与中小学教育中的中国文化教育应是基础的基础。因此，全社会都应当重视对幼儿、小学生和中学生加强中华民族历史知识与人文精神的教育。不然，大学人文教育就根本没有办法做好。我们的国民教育有很多问题，太偏于知性，忽略德性，以政治教育取代心性、道德教育，没有按孩子们的天性，寓教于乐，以孩子们能接受的方式，恰当地给予人性教育与人的全面性的培养。武汉市大方学校、武汉市积玉桥学校的成功经验告诉我们，适当让儿童、小学生、中学生读一点传统蒙学读物、家训与四书等，很有好处。我认识一些儿童的家长，他们指导自己的子女或孙子女，适当背诵一点古代经典，对开发智力很有好处。孩子们从 3～13 岁的记忆力最强，多背一点，打一点童子功很有必要。这一年龄段只要多背诵一些经典，以后再慢慢理解、反刍，会终身受益。对孩子们学习人文、科学，以及将来立身行己都有好处。当然，人在 13～23 岁、23～33 岁，记忆力也很好，而且理解力逐渐增加，是诵读、诠释经典的好时机。孔子提倡诗书礼乐之教。他讲："志于道，据于德，依于仁，游于艺。"(《论语·述而》)又说："兴于《诗》，立于礼，成于乐。"(《论语·

---

① 郭齐勇. 国学读本 [M]. 武汉：湖北教育出版社，2011—2012.

泰伯》) 从儿童开始，让他们优游、涵养、陶冶于诗书礼乐教化之中，利于养成健全的人格。

张：《礼记·王制》说："春秋教以礼乐，冬夏教以诗书。"您每年有一个学期开设《礼记》会读课，带领博硕士生们读礼，已经坚持了十几年。请您谈一谈您的课是怎样读礼的。

郭：对。今年读的是《王制》《月令》篇。每个学期读两三篇，主要是让大家养成一个字一个字地读经典的习惯。由字以通词，由词以通义，慢慢读。少则得，多则惑。一经通，数经通。我们主要用中华书局影印本《十三经注疏》（附校刊记）的《礼记正义》，郑玄注、孔颖达疏，参照元人陈澔《礼记集说》（上海古籍出版社影印本）、清人孙希旦《礼记集解》（中华书局版）、近人钱玄《三礼通论》（南京师范大学出版社版）与钱玄等编著《三礼辞典》（江苏古籍出版社版）的解释。从文献学上看，《礼记》晚于《荀子》，但有很多可以与《荀子》《大戴礼》及汉初诸书相通之处，又有一些与今天考古发掘的新出简帛文献有相关性，特别是郭店楚简、上海博物馆馆藏楚竹书的一些文本，这几种文本一起读可以相互启发文义。我们编辑的《儒家文化研究》第三辑（北京：生活·读书·新知三联书店 2010 年版）就是以礼学研究为专号，对于礼学的现代意义、礼学史等都有讨论，其中收入了我们的博硕士生《礼记》会读札记，11 篇小文章都有一定见解，体现了《礼记》会读课的成绩。

在古代中国，礼的涵盖面很广，像现在所说的政治、法律、伦理、宗教、艺术、哲学等方面的内容在礼中都可以找到。《礼记》本身的篇目各有侧重，有的义理偏胜，有的重礼仪、名物、制度。一般的读书人，起码要读《学记》《大学》《中庸》；哲学系的学生，着重读的篇目除《大学》《中庸》外，还要读《王制》《礼运》《乐记》《经解》《儒行》及与子思子有关的《坊记》《表记》《缁衣》。作为国学院的学生，除以上外，还要读

《礼器》《曲礼》（上、下）、《月令》，以及《檀弓》《祭义》等涉及各礼的诸篇。

这几年我讲《礼记》，主要关心宗教哲学、政治哲学、生态伦理和修养教化的内容。有人担心我们讲国学会煽动民族情绪，恰恰相反，像我们古代的礼就是怡情宜性的，礼让为国，是节制人们的行为、消弭争夺和战乱的。《礼记》中所彰显的"仁爱"的儒学精神，在今天与未来的中国与世界，在文明对话与全球伦理的建构中都具有积极的意义。此外，十多年来，我在武汉大学开了两类有关四书的课程：一类是通识教育课；另一类是专业教育课。前者面向全校本科生，后者面向国学试验班的本科生。我认为通识教育课一定要有核心课程，应选出四书等几种中国经典及几种外国经典做核心课程，以中国经典为主。

张：无论是在体制内还是体制外，所学是国学专业还是其他专业，认识传统、尊重传统都是我们国民加强自身素质之必需，体现中国精神，彰显中华文化的魅力，任重而道远。感谢您接受访谈！欣闻您的论文集《中华人文精神的重建——以中国哲学为中心的思考》《守先待后——文化与人生随笔》两书刚刚由北京师范大学出版社出版，期待早日拜读！

孔子生在曲阜，但属于全人类

——陈明先生访谈录[*]

周绍纲[**]

一、儒家文化以和谐为最高价值，具有普世性

周绍纲：端午节是我国的传统节日。"传统"这个词，很大一部分是指儒家文化。2005 年，韩国"江陵端午祭"申遗成功。虽然韩国的"江陵端午祭"与我们的端午节有些区别，但本质上都属于儒家文化，按照"夷狄入中国，则中国之"的说法，韩国的行为也有其自身的逻辑。这个事件本身是现代性的产物，

* 陈明，男，1962 年生，湖南长沙人。1982 年毕业于株洲师范学院中文系大专班；1989 年毕业于山东大学哲学系，获哲学硕士学位；1992 年毕业于中国社会科学院世界宗教研究所，获哲学博士学位。曾任中国社会科学院世界宗教研究所副研究员。现任首都师范大学儒教研究中心主任。主要研究领域为中国思想史，比较关注儒家思想在历史上的作用及当代意义。著有《儒学的历史文化功能——士族：特殊形态的知识分子研究》（上海：学林出版社 1997 年版），《浮生论学——李泽厚、陈明2001 年对谈录》（北京：华夏出版社 2002 年版），《儒者之维》（北京：北京大学出版社 2004 年版），《文化儒学：思辨与论辩》（成都：四川人民出版社 2009 年版）等。1994 年创办《原道》辑刊并任主编，2000 年开始主办"原道"网站；2004 年主编"原道文丛""原道译丛"系列。2005 年组建成立"中国社会科学院世界宗教研究所儒教研究中心"，任秘书长。2007 年主持成立首都师范大学儒教研究中心，任主任。2012 年发起成立弘道基金，现任理事长。

** 周绍纲：媒体从业者，书评人。

在前现代，儒家文化是一个文明共同体。自 20 世纪下半叶以来，东亚诸国在摆脱殖民统治后，建立起相互独立的民族国家，彼此在政治、经济甚至文化疆界方面都刻意清晰化。这个事件所折射出来的政治生态，是否可以理解为韩国在争夺东亚的文化话语权？作为当下大陆新儒家的代表人物之一，您是如何看待这个事件的？

陈明：儒家文化是东亚社会的主流文化，对这一地区的社会发展贡献很多。近代民族国家体系确立以后，政治分立，文化共享，形成了许多复杂关系，剪不断理还乱。但总的来说，对历史而言，这是一段温馨记忆；对现实而言，这是一个联系纽带；对未来而言，这是一个发展基础。究竟如何走，关键是大家要有开放的、善意的心理和心态。孔子生在曲阜，但他属于中国、东亚和全人类。就像基督教里的耶稣是人之子，以所有人为服务对象一样。文明冲突论、文化遗产争夺什么的，多是文化之外的因素在主导，我认为没有内在必然性。文明之间或许有不同的价值排序和论述逻辑，但这并不意味着文明的冲突。亨廷顿的说法有提醒作用，但把它当方法论可能就得不偿失了。如果一定要说有什么话语权要争夺的话，那么把韩国当对象显然也搞错了方向。

"夷狄进于中国，则中国之"，这里的"中国"主要是个文化概念、文明概念。但我们今天所谓中国则首先是一个政治概念，是与土地、人民和主权联系在一起的，而作为文化的儒学或儒教并不构成中国的本质——汉以后的制度就是霸王道杂之，并不是以礼乐制度为主要政治结构。以文化为国家的本质是前现代的思维，与前现代的世界格局和前现代的政治共同体结构、组织形式具有某种关系——它的特点就是政治与文化混而不分，周公制礼作乐就既是一个政治事件也是一个文化事件。我们应该注意到这点，注意到 17 世纪在欧洲战争之后，《威斯特伐利亚和约》签订后发生的历史变化。所以儒教文化圈是一个文化人类学概念，不能简单地当作政治概念来使用。如果直接把它与作为政治、法律的中国概念对应，在理论上是错误的，在实践上是行不通的。韩国成均馆大学儒教氛围超过曲阜任何一所学校，但你能说它是中国的吗？中国那么多的公民信奉基督教、伊斯兰教，你能把他们划到西欧北美、阿拉伯去吗？儒教文化圈内的日本、越南哪个不叫你头疼？从某种意义上说，我国台湾南部地区从语言到信仰，比北部更接近传统中国，但它却是"台独"的大本营。

文化的地位和作用要足够重视，但也要清楚它的边界所在，不能过度想象夸大。在制度建设、规则制定中，文化是奠基者，但这并不意味着国家、政制的本质就是文化。在人与人、国与国的交往中，政治、经济的利益利害关系才是更加主要也更加重要的方面，对行为决策也更有影响力——文化很大程度上也是在这样的实践活动中形成、积累起来的。

周绍纲：您怎么理解儒家文化对朝鲜的影响？比如说朝鲜李朝的李退溪对朱子的继承和发展，他和奇高峰的"四端七情之辨"等。

陈明：儒家文化是从血亲组织里升华出来的，以和谐为最高价值，具有普世性。我的老师余敦康、李泽厚都认为和谐高于正义。前阵子一位叫 Dallmaye 的美国教授也这样认为。他还给出论证，说和谐不是执于一端，不从对待和分别的视角看问题。这个和谐不是和稀泥，而是指一种大化流行的状态和过程，万物各有其地位和意义。儒家文化在东亚的传播带来的是东亚社会的文明发展。传教士把它带到欧洲，对人文主义运动也有积极的促进作用。由于时代阶段和社会结构的关系，儒学在日本、朝鲜甚至越南都形成了自己的特殊论述。李退溪当然是其中的典型代表。他的"四端七情说"使"程朱理学"中天理人欲的紧张对立获得某种程度的化解，从而使儒教伦理在实践上更有弹性。从儒家思想内部说，李退溪以理气说性说情，是在朱子思想架构内的一些深化。他与奇高峰关于"四心"与"七情"的辩论从学术划分的意义上说或许更接近朱子，但整体上说，我个人对朱子本身就不是很有兴趣。朱子以理说天已经将天的人格性、生命性、创造性大大弱化，而李退溪更是以理为核心去讲它与气、情、性的关系，论题缩小到了伦理学的范围，儒教的大格局几近荡然无存。我不知道这是否与当时朝鲜半岛的宗教环境有关，有机会的话我愿意做些探索。

周绍纲：2004 年，儒学复兴的浪潮在中国悄然兴起。2008年，国务院决定把端午节等传统节日列入国家法定节假日的范畴。2011 年春晚，大山率孔子学院的弟子演出《四海之内皆兄弟》。2011 年年初，孔子雕像出现在天安门广场东北侧。2011 年10 月，中国共产党第十七届六中全会指出"中国共产党从成立之日起，就既是中华优秀传统文化的忠实传承者和弘扬者，又是中国先进文化的积极倡导者和发展者"。这些事件是否可以理解为政府对儒学复兴的积极回应？对于十七届六中全会中提出的"推动文化大发展大繁荣"这个倡导，您是如何理解的？

陈明：亚洲"四小龙"的现代化和民主化使得"五四"以来强加给儒家文化身上的一些恶谥不攻自破，使得我们可以平心静气地观照传统。改革开放使中国日益壮大，使得我们需要寻找表述自己的话语。"冷战"结束后，全球化扩展认同问题凸显，打开了认识文化的新视域。儒学复兴的浪潮就是由这一系列因素推动的。这一过程还只是开始。中国共产党的章程已经把自己定位为中华民族的先锋队，把执政目标定位为中华民族的伟大复兴。这里已经为自己的意识形态话语与社会文化价值、传统文化资源的对接打开了通道。如何走？需要探索，需要谨慎，乍暖还寒正常，但回头路不能走，也走不通。

对文化产业的重视也是认识上的一大改变和提升，但不能只看到产业和技术，而对文化本身的理念、价值没有感觉和体认。必须先立乎其大者，这个"大者"就是天道，就是"天地之大德日生"的仁。没有这种深层的系统把握，龙、熊猫什么的终究只是一堆符号、一堆没有精气神的骨骸，至于软实力则更无从谈起。道在民间。政府不要以为自己拥有一切、包办一切，而应寻找与文化产业或事业相匹配的操作模式或制度安排。美国的软实力之所以强大，因为它们有教会，有好莱坞。而我们的孔子学院，钱花了不少，可连吆喝也没赚到几声。还有现在分贝很高的"北京精神"：爱国、创新、包容、厚德。基本还行，但"厚德"显然应该放在"包容"的前面，无论从意义层次还是音韵语感都应该如此。这么大的事，办个听证会，不仅实际效果会好很多，宣传效果也会好很多。这些都是值得从文化深层次认真反思的。

周绍纲：作为新儒家的代表人物，您是如何理解当下一些保守主义人物提出的整合各种社会资源的"通三统"学说的？

陈明：我虽然被看成新儒家的代表人物，但我首先是一个中国公民、一个知识分子。相信儒家文化的价值意义并不意味着认为它就是一切，就能够代替一切。既要尊重其他的话语系统，尤其重要的是，要清醒意识到儒家文化功能的有限性以及与时俱进的必要性。

现在讲"通三统"的既有左派学者，也有儒家学者。这表现了一种从宏观视角对近代以来各种政治传统加以调和、整合的取向。这比那种激进的断裂论、决裂论思维要好很多，但公羊学"三统说"的理论基础在今天是否能成立，是否有说服力，我看很可疑。左派可能不是从公羊学出发，只是正好与"三"这个数字耦合便信手拈来而已。公羊学的精神，"通"是为了"开"，开万世太平。所以我觉得更应该朝前看，更应该关注现实问题。

周绍纲：从学问积淀的角度看，一个学人的求学路径也很有价值。您能谈谈早年的求学经历对您后来学术道路的影响吗？

陈明：从小学到初中，我都是百尺竿头更进一步的好学生。

可是到了高一的时候，发生了一个很偶然的事件——班主任在他的备课本上发现了骂他是"鸦片烟鬼""大草包"的字样。他觉得笔迹跟我的接近，就要我承认。我当然否认，因为不是我写的。他就不让我上课，还每天把我父亲叫到学校教务处配合处理。我很同情我父亲，为了不耽误他的工作就把这事认了下来，而承认的结果就是记大过处分。那时正流行分班制，成绩差的编到一起叫"慢班"，上课放羊似的，也没有参加高考的资格。作为惩罚，我也被分到慢班，最后一个学期没上几天课就毕业了。后来一个叫罗松武的老师跟我爸讲这孩子是读书的料，试一试吧，于是就想办法参加高考，一路走到现在。

这事对我性格的影响有两点：一是坚持，对自己认定的东西绝不改变；二是无所谓，不在乎也不相信任何外部的评价标准，任情而动、率性而为。你看我是不是很嘻嘻哈哈、很不"学者"，更不"儒学"？但是，我又自己创办《原道》鼓吹儒学复兴，从1994年直到现在。

周绍纲：在20世纪80年代中期，您读研期间，港台新儒家的影响非常大，他们的理论旨趣主要在于"心学"，您当时的学术进路是什么呢？

陈明：我读书期间主要待在两个地方：足球场和图书馆。山东大学特别好的一点是研究生可以进教师阅览室。那里人少，港台书多。我受的影响主要是方向性的：儒家文本居然可以这样解读，儒家文化在历史上居然还有那么多正面作用。至于表述和论证方式对我则没什么冲击力，因为那时我已经读了一些西方哲学的书，而新儒家们的话语形式也多是借鉴它们而来。

我同时还大量阅读历史哲学、文化人类学方面的书。博士期间，余英时的《历史与思想》《史学与传统》之类的书进一步促进我在阅读儒家文本时增加一个社会的维度和社会学的结构。现在，我基本还是这样去思考问题。

周绍纲：1989 年，您进入中国社会科学院研究生院攻读博士。博士论文后被整理出版，名为《儒学的历史功能——士族：特殊形态的知识分子研究》。在该书中，您以中古士大夫为个案，对儒学在历史上的文化功能展开论证。这里有一个问题，作为社会文化基础的儒学之所以能够制约或引导世人，是因为它同时还是官学，有一套礼法制度。晚清以降，随着西方现代政治的兴起，作为官学的儒学，越来越难给当时衰落的清朝提供合法性支撑，作为政制层面的儒学也随之衰落。重构儒家，如果仅仅是在心性方面，没有政制层面的依托，是否可能？

陈明：你这里有一个因果颠倒。不是因为儒学是官学才能够制约或引导世人，而是因为它社会基础深厚、广为大众认同，官府才不得不做出妥协将其接纳——这一改变发生在秦汉之际。

晚清以来的变化有内外多种原因。儒学和儒家士大夫并没把为清朝统治提供合法性作为自己的目标和义务。他们挺身而出是为天下苍生计，是为文化道统计。民国后的政制架构中，儒家文化的地位发生变化是正常的，基本是符合现代社会和价值理念的。它们有新的结合形式。戴季陶做了理论论证。我到台湾考察，觉得台湾地区的儒家文化基本是以公民宗教的形式存在并发挥作用。

内地儒学已经破土而出。它区别于港台儒学或现代儒学的基本特征为：一，话语形式由哲学转向宗教；二，问题意识由外部转向内部，即对西方文化的论战批评转向对国内社会政治问题的思考探索。如果还有什么其他，可能就是对"心性论"的不满或者叫超越意识吧。这种变化对儒家自身来说，是一种正常而积极的发展。

周绍纲：从地缘政治学的角度来看，新儒家还必须面对欧美世界。康有为把"夷夏之辨"的范畴从大陆扩展到海洋，在世界的范畴内构建大同，这是一种新的儒学普遍主义。您认为在当下，新儒家该如何应对西方的文明冲击呢？

陈明：儒家有关天与天下的论述显然都是普遍主义话语，所谓"天无私覆，地无私载，日月无私照"。但儒家又认为人们应该"立爱自亲始"，表现出一定的差序性而反对墨家的"兼爱"——就是没有差等的爱。儒家认为那是无父无君。天道与人情，在这里各有其意义。康有为既讲"大同"，又讲"夷夏之辨"，有些矛盾。但如果引入他的"三世说"的历史阶段论，这种紧张就可以化解了。这是我们理解儒家普遍主义与特殊主义定位时需要给予足够关注和重视的。

西方文明的冲击，在某种意义上可以转换成为社会变迁导致的思维方式和价值观念上的改变。这并不是要把中西之辩转换成古今之辩，古今之辩不仅预设了单线的历史进化论，而且预设了西方现代性问题解决方案的唯一性。儒家要面对的是中国社会在现代性变迁中提出的问题，需要对这些问题提出自己的解决方案。在这个过程中，西方文化既是压力、挑战，也是动力、资源，是我们探索、形成自己方案的参考框架。比如，对于我们要在清帝国的疆域基础上建构一个由56个民族组成的政治共同体的问题，古圣先贤不仅没有提供答案，而且那时形成的"夷夏之辨"反而需要超越。西方所谓一个民族一个国家的民族主义思路因与我们的愿景相悖，也同样必须加以拒斥。而自由、宪政、公民社会这些政治价值和构想却可因有助于我们愿景的达成而加以接纳运用，成为传统的有机组成部分。

冲击面前，脑子要清楚。脑子清楚就是知道自己要干什么，怎样干才最好。

二、文化复兴：个体与国家

周绍纲："夫所谓先王之教者，何也？博爱之谓仁，行而宜之之谓义。由是而之焉之谓道。"韩愈在《原道》一文中主张恢复古道、尊崇儒学，这有它特殊的历史语境。因为当时儒家面临着佛老思想的冲击。历史惊人地相似，20世纪80年代中华文明也面临着西方文明的挑战。1995年，您创办了《原道》，今天它已成为内地文化保守主义的一种文化符号，同时期的《原学》《学人》等杂志都已经停刊了，当时是什么原因促使您创办《原道》？又是什么让您一直坚持到今天？

陈明：《原道》的"原"是寻找的意思。对道的寻找就是对意义的寻找，这是没有止境的，并且表现为一个实践的过程，与生活和生命一相始终。这也就意味着道是开放性的，不同于那种"天不变，道亦不变"的封闭性理解。

"五四"以来都是向西方寻找真理。到20世纪90年代，西方思想走马灯似地在中国转过一轮之后，人们对已经找到的东西不再那么深信不疑。我用"原道"这个词，意味着某种由西向东、由外向内的方向性转变。这实际是整个社会开始觉醒，开始自我寻找、自我建构的反映，也是传统文化内在生命力开始萌芽觉醒的表现。

另一个原因，可能是我个性比较执着执拗吧。《原道》上无挂靠下无资助，就是靠一种湖南骡子的霸蛮精神硬挺着。

周绍纲：除了《原道》外，您还主编了一份电子刊物《儒家邮报》，宗旨是"以天下为己任，为万世开太平"。您一直在不遗余力地扩大儒学的影响力，但儒家始终是贤人政治或者说贵族政治，在平民政治的时代，如何解决两者之间的冲突？

陈明：《儒家邮报》主要是任重在编，我只是挂个名，虽然有时也提提意见、把把关。至于"以天下为己任，为万世开太平"的宗旨，是儒门的共识。贤人政治、贵族政治，实际上只是与特定历史条件相关的特定制度安排或治理模式。儒家政治哲学在孔子那里是非常开放的，作为最高境界的圣就是"博施广济"。"人希贤，贤希圣，圣希天"，天就是化育万物生生不息。
"博施广济"如何施，如何济？所施者何，所济者何？孔子都没
给出标准答案。他是圣之时者，他强调的是目标、效果。何晏说
"体天制度，顺时立教"，天、时与度、教之间是通过人的创造
性活动来建立连接，"运用之妙存乎一心"。这就意味着儒家政
治哲学巨大的开放性，意味着如果贤人政治、贵族政治不足以安
老怀少、悦近来远的话，它就完全可以也完全应该被替代，而宪
政在我看来就是首选方案。

周绍纲：您觉得"文化中国"这个概念应该包括哪些范畴？
您对这个栏目有什么建议？

陈明：意大利共产党领袖安东尼奥·葛兰西的文化领导权理
论前提是"文化核心"概念。这个文化核心包括对世界和人、
善与恶、美与丑的观念总和，包括大量的象征、传统、成见以及
许多世纪的知识和经验。要使人们对执政者心悦诚服就要对这个
文化核心给予足够尊重。要尊重社会，尊重知识分子，要以理服
人。我认为这些是真正实现"文化大发展大繁荣"最基本、最
重要的地方。从尼山论坛看，这些方面做得还很不够，对儒家传
统和真正的儒家知识分子缺乏足够的体认和必要的重视。

杜维明的"文化中国"概念实际是"文化上的中国"的意
思，"中国"在这里实际是一个文化概念，它是要在超越国界的
意义上，勾勒出儒家文化的影响区域。前面说了，这虽不是完全
没有意义，但意义却是有限的，过于强调甚至还有不少负面影
响。相信你们的"文化中国"概念与此还是有所区隔的，更多
的还是中国文化的意思。这样，就需要在关注境外的中华文化状
况时对境内的各族文化也要给予足够重视。中华文化是多元的，
不只是汉族的，更不只是儒家的，切记切记！

戊编：民间儒学

从兴趣到责任

——我与知止堂

胡晖瑾[*]

任重兄是 3 月约稿，让我写写办义学的心得体会，那时说是过了清明节交稿，如今一晃又到了立夏，忙忙碌碌中竟一直未曾得空。

其实清明过后，我们已忙着策划月底的诗词公益讲座，期间又有诸多插曲，心一直被牵挂着，根本没有动笔的念头。

4 月 29 日，诗词公益讲座如期举行；4 月 30 日，带领学生参加电台举办的专场演出，展示传统拜师礼；5 月 2 日，学堂下的女红项目参加区团委的风尚节开幕式。

接下来，5 月 11 日是中华母亲节活动；上旬还要带孩子们完成儿童剧的排练，并参加省里的比赛……

同时，我们每周日下午的课堂教学，每周六晚的电台"空中国学课堂"嘉宾主持，每周五晚执教文化馆的少儿公益国学班依然正常进行。

这些活动、课程后面还有很多看不见的备课、准备材料、协调联络……义工们忙得像只陀螺。

---

* 胡晖瑾：字子佩，女，1971 年生，江苏南通人。2008 年创办知止堂义学，先后荣获"南通市未成年人思想道德建设工作先进个人""崇川区十佳志愿者"等荣誉称号。

或许有人会说，你们可以不参加这些没必要的活动。

回答这些问题之前，还是先从 5 年前说起吧。

2008 年，机缘巧合，我认识了北濠东村的毛瑞红主任。在她的支持下，我和一群爱好传统文化的志愿者办起了知止堂义学。说起办知止堂的初衷，其实就两个字"兴趣"，希望与更多的传统文化爱好者去分享、交流。

想法很简单，实施起来也很简单。因为我们只是很简单地教孩子读读经典，不涉及其他的想法，所以才在读经氛围还不浓厚、对读经还有不小争议的 2008 年，使社区果断地接受了我们。

社区免费提供教室给我们，所有的老师都是志愿者，就这样，学堂没花一分钱就运作起来。在以后的 5 年中，社区还给我们提供资金、人力、对外宣传等方面的支持，使我们一步步走出社区，一步步扩大影响。我们学堂被授予区群众三星级文化团队；我们的义工老师先后获得市、区级各类荣誉；我们的孩子每年都会参加各类公益性群众演出；南通媒体先后对我们进行了三四十次的报道，南通电视台还为我们制作了两期专题报道……然而 5 年来的发展，也不是顺风顺水，也不是走到哪里都有鲜花。在合作过程中，双方肯定会有不同的观点、不同的动机。面对分歧，我们总是站在弘扬传统文化的立场、站在对方的角度去考虑、处理问题，求同存异，寻求双方共同目标的最大化。简单来说，就是在弘扬传统文化的大前提下，学会权变，学会因人而异、因时而异、因地而异。

知止堂的"知止"二字取自《大学》："知止而后有定，定而后能静，静而后能安，安而后能虑，虑而后能得"。我们知道目标在哪里，所以这条路我们走得非常坚定。

我们也曾有 3 个老师教 3 个学生的尴尬，"义学"宗旨也曾被市民误解，甚至谣言中伤。清者自清，我们用行动、用时间证明了知止堂是以纯公益的形式生存在这个追求利润最大化的时代。

知止堂走纯公益的道路，是因为我们体会到学费会让很多工薪阶层的孩子放弃学习，我们希望每个孩子，不论穷富，都可以接受读经教育，我们甚至浪漫地认为，经典犹如阳光、空气、雨露，是不需要付费就可以得到的。

知止堂选择纯公益的道路，肯定影响了商人的利益，所以他们对这类公益性学堂口诛笔伐。就在 2012 年，我还像祥林嫂那样喋喋不休地去辩解，去回应。现在看来，这些都是不成熟的表现。

读经典，不是为了背几篇文章，而是要学会中国人传统的思维方式。世界是多元化的，不是非黑即白的二元对立。公益与商业这两种模式，不是对立而是相互补充，采用何种模式不是一概而论，需要结合当地情况。也曾有人在网上询问我们与社区合作的模式是如何操作的，但是之后都没了下文。成功的模式不可以简单复制。真正立志于弘扬传统文化的同道不会纠结于收不收钱的问题，我们已从经典中获得了包容的气度，即便彼此的模式不同，但并不妨碍我们向同一个目标前进。况且我们也看到，今天，国学同样成为一些商人敛财的工具，对于这类商人，同他们争论，那便是失人失言，是不智的表现。

知止而后有定，定而后能静。我们知止，所以我们坚定，我们能静下心来做自己觉得重要的事情而不去理会别人的说词。

当初我们凭着兴趣办义学，5 年后还是仅仅因为兴趣吗？当然不是。凭着兴趣，我们可做可不做，但是今天，我们必须做，虽然我们已经觉得很疲惫。

《春秋》之法，常责备于贤者。我们不敢以贤者自居，但是我们也清楚，当社会、当政府给了我们这么多荣誉时，就意味着我们要承担更多的社会责任、民族责任，我们不能逃避责任，我们只有做得更好。

在南通，我们不是第一家，也不是唯一的儿童读经机构，但我们可以说是影响最大的一家。相比其他机构，我们拥有更多的资源与机会。社会给了我们很多，所以我们的付出也应更多。知止堂经常接到方方面面的活动邀请，其实我们明白，主办方邀请我们并不是我们如何多才多艺、多么有文艺范儿，而是因为我们代表的是传统文化这一个类别，我们必须把握住一切机会，让更多的市民了解到传统文化，知道南通有这样一群人，这就是我们的责任。

"士不可以不弘毅，任重而道远。仁以为己任，不亦重乎？死而后已，不亦远乎？"（《论语·泰伯》）今天，每每默诵，我都百感交集。

《论语》就在每个人心中

黄晓林 *

在北京香山脚下，有一座四海孔子书院。前段时间有机会去那儿参加了一个读书会，会上很荣幸地聆听了钱逊先生的演讲"如何读《论语》"。钱逊先生是清华大学教授，对《论语》有很深的造诣，家学渊源深厚，父亲为国学大师钱穆。

钱逊先生把读《论语》归结为两点：一是学做人；二是不定论。很是精辟。当然还有很多其他的解释，尤其是对二程、朱熹的说法都解释得很好，让我受益匪浅。我一边听一边想，《论语》讲心性、讲修持涵养，二程曾经说，别人读《论语》是从口中流过，我读《论语》是从脊髓中流过。这是一种怎样的境界啊！钱老还特别强调，看过《论语》之后的人，如果气质上没有改变，等于没看。这些掷地有声的话让我感到震撼，更是令我汗颜。

演讲后，来自全国各地的、对中国传统文化感兴趣的人士纷纷发言，大家都说得很好，钱老也一一做了精彩的回答。最后大家把读《论语》归结为要无限地接近《论语》的本意，也就是要在《论语》这本书里体会出它到底讲的是什么。

---

* 黄晓林：男，1966 年生，河南潢川人。曾用名惠林、复斋、一复。毕业于北京大学社会学系，现居北京，某文化媒体执行主编。笃信中国传统文化，是儒家文化的虔诚守护者。

这样的结论和我平时的想法不一样，于是，我带着一种诚惶诚恐的心情，举起手要求发言。

"能不能这样理解，《论语》是儒家经典，是孔子秉承尧、舜、禹、文王、周公历代圣人的思想，所谓'祖述尧舜，宪章文武'，然后通过自己对宇宙、人生、社会的感悟，同时也是在体悟到天下众生之心的情况下得到的，虽然是孔子及其弟子的对话的文字记录，但其实是每个人人心本来具足的。《论语》之迹是文字，《论语》之本是心性，照马一浮的说法，'此理不为尧存，不为桀亡，在圣不增，在凡不减'。按佛家的说法，就是一切众生清净本源心地，诸佛如来所证法身果德，非生死之能羁，非涅槃之能寂，染净俱泯，湛若太虚。

我个人的理解，也是一己之见，《论语》的本义其实并不在《论语》这本书里，而是在每个人的心中，所以搞明白自己的内心，才是最重要的事情。"

钱老听完我的发言后，停顿了一下，说："其实，你说的是两回事。"然后，他老人家又扼要地解释了一下。

会后不久，我翻看钱穆的《朱子学提纲》，才明白大家所说的无限接近《论语》的本义和我提出的《论语》的本义在每个人的心里，确像钱老说得那样是"两回事"，也是个老问题，说到底也就是朱熹与陆九渊的"道问学"与"尊德性"的问题。这也从一个侧面说明，我前一段读书过多地接受了陆王心学，而对朱熹关注得不够，尤其是对朱子"致广大，尽精微，综罗百代"的思想理解得不够。其实每个人的向道之心是一样的，只是禀赋不同，所以选择的途径不一样而已。

通过这次对话与思考，我对《论语》又有了更进一步的理解。真的要感谢钱老，感谢这次读书会。

另外，还要感谢读书会期间我接触到的三个人。

一位是我的同事苏婕女士，她对很多问题都有自己的思考，和她聊天，我常常受到启发和鼓励。在讲座之前，我们在一起闲聊，聊到了马一浮的"君诗皆喻道，吾道寓于诗"。在彼此交流的过程中，我对这句话有了更多的理解。说起来也很奇妙，"君诗皆喻道，吾道寓于诗"这句话其实也暗合了我发言中提到的观点："《论语》的本义在每个人的心中"。

另一位也是女士，我们萍水相逢，她先生是中国社会科学院的研究员，也在会场。她说："人生苦短，只做自己了解的、亲身感受到的身边的事情。"这让我想到了《易经》复卦中的三个字"不远复"。最近两年，我一直在体会这三个字，近年一后辈到美国读大学，我送给他一枚印章，刻的就是"不远复"。他问什么意思，我没有正面回答，只问他美国最好的大学是哪所？他回答说：哈佛大学。我对他说：哈佛大学的所有智慧不会超出这三个字。

这位女士在车上还说，她以前对中国文化没有什么感觉，尤其是对儒家思想，一直觉得离自己的生活很远，通过这次座谈交流，还真有点不一样的感觉。这也让我想起中国社会科学院宗教所的一位大学者徐凡澄来，他在晚年常念叨的一句话让我记忆犹新：中国文化真好，儒家真好。

在回城的车上，大家交流甚欢。

还有一位是主持四海书院的冯先生。冯先生个头不高，说起话来慢条斯理，有点儒者的风范。在四海书院的一楼大厅悬挂着"大成至圣文宣王"孔子的画像，画像上面有一横匾，上面用正楷写下了遒劲有力的四个大字——"尊德问学"。这四个字和我们在讲座上讨论的问题也不谋而合。

四海书院的学生不仅要读"四书五经"等中国传统文化的书籍，冯先生还要求他的学生每周有两个下午的时间下地干农活，以"感受大地的厚德"。我一听就特别有感觉，感到了一缕文化的气息。

　　顺着冯先生的思路，我也提出了"耕读传家"的说法："耕者，耕田种地也"，除了冯先生说的"感受大地的厚德"外，同样也能够"体会大地的勃勃生机，领略中国农耕文化的独特魅力"；"读者，读圣贤之书也"，可以理解为"承续上天的恩赐，领会上天的懿旨，传继圣贤的绝学，参与宇宙的大化流行"。《诗经》有言："上天之载，无声无臭"，孔子在《论语》中也有"天何言哉？四时行焉，百物生焉，天何言哉？"的感叹。只有读圣贤书，而且是用心去读，才能领悟到上天的神圣和无处不在。

　　人在天地之间，既"耕"且"读"，方能"与天地参"。

　　所以，"耕读"才能"传家"，才能谈得上"治国平天下"。写到这里，我想起了几年前，和一哥们散步，他突然问我如何理解"为天地立心"这句话，当时我想用重离卦解释，但很勉强，和冯先生交流"耕读传家"四个字后，对此倒有了不一样的感觉。

　　读书会过去几个月了，对我的启发和帮助还在延续。当然，不仅要感谢读书会，也要感谢在读书会上接触到的每个人、每件事。《论语》就在我心中，也在每个人的心中。中国文化博大精深、源远流长，而其旨要，"总在《孝经》，散在《论语》"，同样也"散"在每一个中国人生活的点点滴滴中。

如是教子十九则

如是平[*]

一则

儿1岁。某日，头撞桌角，长一包，大哭。

一分钟余，我走向桌子，大声问：

"桌子呀，是谁把你撞疼了？哭得这么伤心？"

儿止哭，泪眼看我。

我抚桌，冲儿问："谁呀？谁撞疼了桌子？"

"我，爸爸，我撞的！"

"哦，是你撞的，那还不快向桌子鞠个躬，说声对不起！"

儿含泪，鞠躬，说："对不起"。

自此，儿学会了责任和担当！

二则

儿3岁。无故大哭。

我问："咋了，哪不舒服？"

"没有不舒服。"

"那为什么哭！"

———————————

　＊　如是平：男，济南致中和儒家文化体验中心顾问，儒家文化的忠实信仰者和践行者。

"就是要哭！"明显撒娇。

"好吧，你要哭我们都没意见，可是你在这儿哭不合适，会打扰我们说话的，爸爸给你找个地方，你一个人好好哭，哭够了再叫我们。"

说完将儿关进了洗手间："哭完了敲门。"

2分钟后，儿拍门："爸爸，爸爸，我哭完了！"

"好，哭完了？哭完了就出来吧。"

至今，儿18岁，仍未学会操纵和迁怒！

三则

儿5岁。傍晚，牵儿散步经小桥，桥下碧水见底，暗流汹涌。

儿仰头看我："爸爸，小河好美，我想跳下去游泳。"

我一愣："好吧，爸爸跟你一起跳。不过我们先回家，换一下衣服。"

回家后，儿换衣毕，见一盆水在面前，困惑。

"儿子，下水游泳得把脸埋进水里，这你懂吧？"儿点头。

"那我们现在就先练习一下，看看你能埋多久。"我看表。

"好！"儿把脸埋进水里，豪气冲天……仅10秒。

"呸呸，爸爸，呛水了，好难受。"

"是吗？等跳到河里，可能会更难受些。"

"爸爸，我们可以不去跳吗？"

"好吧，不去就不去了。"

从此，儿学会了谨慎而不冒失，三思而后行。

四则

儿6岁，好吃。某晚，放学经麦当劳，驻足。

"爸爸，麦当劳！"垂涎欲滴。

"嗯，麦当劳！想吃？"

"想吃！"

"儿子，一个人想吃就吃呢，叫狗熊；想吃而能不吃呢，叫英雄。"

接着问："儿子，你要做英雄呢还是做狗熊？"

"爸爸，我当然要做英雄！"

"好！那英雄，想吃麦当劳时会怎样呢？"

"能不吃！"很坚定！

"太棒了，英雄！回家吧。"

儿流着口水，随我回。

从此，儿学会了有所为而有所不为，经得起诱惑。

五则

儿8岁，顽皮，与学长打架。伤痕累累，回家后，大哭不止。

"委屈？"

"委屈！"儿泣答。

"愤怒？"

"愤怒！"儿号啕。

"你打算怎么办？""需要爸爸为你做点什么？"

"爸爸，我要找块砖头，明天从背后去砸他！"

"嗯，我看行！爸爸明天为你准备砖头。"继续问，"还有呢？"

"爸爸，你给我弄把刀，我明天从背后去捅他！"

"好！这个更解气，爸爸这就去准备一下。"我上楼。

理解支持后，儿渐平静。约20分钟，我从楼上搬一大堆衣服及棉被。

"儿子，你决定了吗？是用砖头，还是用刀？"

"但是，爸爸，你搬那么多衣服被子干吗？"儿困惑。

"儿子，是这样的：如果你用砖头砸他，那么警察就会把我们带走，在监狱里大概只要住一个月，我们就带些短衣薄被就可以；如果你用刀子捅他，那么我们在监狱里至少 3 年回不来，我们可要多带些衣服被子，四季都要带齐。"

"所以，儿子你决定了吗？爸爸愿意支持你！"

"要这样的？"儿惊愕。

"是这样的，法律是这样规定的！"我趁机普法。

"爸爸，那我们就不干了吧？"

"儿子，你不是很愤怒吗？"

"嗨嗨，爸爸，我已经不愤怒了，其实我也有错。"儿脸红。

"好，爸爸支持你！"

自此，儿学会了选择和代价。

六则

儿 9 岁，四年级，数学不及格，闷闷不乐。

"怎么了？考试不及格，还给我们脸色。"

"因为数学老师很讨厌，她的课不爱听。"理直气壮。

"哦，怎么个讨厌法？"我很感兴趣。

"……"儿说了很多，"总之她也不喜欢我。"

"哦，别人喜欢你，你就喜欢她；别人不喜欢你，你就讨厌她。这说明你是个主动的人还是被动的人？"

"是个被动的人！"儿子回答。

"是强者，还是弱者？是大人，还是小人？"继续问。

"是弱者，是小人！"儿怯怯。

"那你要做大人，还是小人？"

"做大人！爸爸，我知道了：无论老师喜不喜欢我，我都可以去喜欢她，尊敬她，主动影响她，做一个强者。"

翌日，开心上学，数学从此优秀，并知道了何为大人，何为小人。

七则

儿 10 岁，玩游戏。妻屡教，子不改。

"儿子，听说你每天玩这个？"我指着电脑。

"嗯。"承认，低头。

"每次玩完之后，什么感受？"

"茫然，空虚，没劲，自责，看不起自己……"

"那为什么还玩呢？把持不住自己，是不？"

"是的，爸爸。"儿很无助。

"好！爸爸帮助你！"我搬来电脑，给儿子一小锤，"儿子，砸了它！"

"爸爸！"儿惊愕。

"砸了它，爸爸可以没有电脑，但不能没了儿子！"

儿流泪，亲手砸了电脑！

从此，儿懂得了什么叫原则。

昔孟母，择邻处，子不学，断机杼 。

八则

儿 11 岁。我与妻久居异乡，每日致电老母亲，问候。一日，儿接电话。

"爸爸，您好！"很兴奋！

"嗯，好！奶奶呢？请奶奶听电话。"

"爸爸，你为什么每天只给奶奶打电话呀？"

"这有什么好奇怪？因为那是我妈！"

"那我呢？我也想你们！"

"你找你妈去呀！"

"哦！"

从此，妻每天 6 点能接到儿子问候，风雨无阻，至今已
8 年！

九则

儿 12 岁，六年级，作业繁重，情绪焦躁。傍晚，儿放学归，
刚进门。

"臭小子，你昨天是不是把我的盘子打破了？"我妹妹开始
发难。

"没有呀，姑姑，我没有！"一脸困惑。

"我看见你打的，还耍赖！"我母亲又铁证如山。

"我没有呀！你们冤枉我！"大哭，躺地，情绪爆发。

约 5 分钟后，我从房间出来，厉声道："咋了，在这里
发疯！"

"爸爸，姑姑和奶奶冤枉我！"

"冤枉？冤枉你又咋样！冤枉你就躺下了？没出息！你是不
是男子汉？"

儿止哭，站起，低头："爸爸，她们冤枉我。"

"男子汉大丈夫，就算天塌下来，也不能躺下！何况一个小
小的盘子！没出息！"我继续，"人这一辈子，要经历多少风风
雨雨，被冤枉、污蔑、背叛、出卖，你就趴下了？那是孬种！"

儿挺腰，抬头："爸爸，我懂了，现在我该怎么办？"

"现在？问问你自己，你有很多时间吗？"

"没有，很多作业要做。"

"那还不去做作业！记住，哪怕山崩地裂，不理它，先做好
自己的事！"

儿提起书包，向奶奶、姑姑行礼，从容走进书房。

我们仨会心一笑。

"宠辱不惊，看庭前花开花落；去留无意，望天外云卷云舒。"儿子，当你长大后，看到这副对子时，或许，你会想起今天，想起奶奶，想起姑姑，想起爸爸的良苦用心。

十则

儿13岁，初一，成绩一般。某日突然问：

"爸爸，读书有用吗？考试成绩有用吗？"

"为什么问这个？"我一怔。

"这几天，家里来了很多叔叔阿姨，你总跟他们讲现代教育是五千年来最糟糕的教育。"哈，儿子旁听了我与朋友们的高谈阔论。

"没错呀，读书考试确实没啥用。"

"那我为什么还要去读这些没有用的东西呢？"

"那是因为你还小，先搞些没有用的东西，试试你的本事。如果你连这些没用的东西都做不好，那长大以后，有用的东西也肯定搞不好。所以，读书虽然没有用，但你还是要去读好它。"

"哦，爸爸，我有本事把书读好！"

从此，儿子成绩优秀。

儿子，其实人生也是虚幻不实的，但日子还得认真过，以假修真的中道精神需要我们一生去体会。

十一则

儿13岁半，走亲戚归。一身名牌，发型前卫，得意扬扬："妈妈，我帅吗？二伯伯家哥哥给的衣服、鞋子，××牌子的，很贵的；奶奶，你看我的头发，哥哥带我去剪的，前面特别长，哈哈，酷不酷？"

像一只蝴蝶，满屋子飞。

我视而不见。

两日后，儿在镜前，自我陶醉。我悄然，立其身后："累不累呀，儿子？"

"爸爸，吓我一跳！"

"哈哈，累不累，时刻有牵挂；老担心，总有不妥当；总猜测，别人怎么想。何苦来哉，大活人，受衣冠须发之累，愚呀愚，痴呀痴。"

"爸爸，取笑我。"儿脸红。

"爸爸还你轻松自在，怎样？"

"嗯。"换上校服，酷发落地，"爸爸，好轻松，好踏实！"

从此，儿知道了何为美，何为丑。

十二则

儿14岁，初二。一日回，闷闷不乐。

"咋了？有心事？说来听听。"

"没啥事。只是很奇怪，最近有两同学，平时关系还挺好，可这几天，在校群里，公然污蔑攻击我。"

"呵，你受伤了？"

"这倒没有，爸爸，我不解的是，我没得罪他们呀，我最近挺好的呀！"

儿子眼神里，闪过一丝得意。

"你挺好的？来，说说你有多好。"

"这学期成绩进入了前五名，作文比赛一等奖，演讲比赛第一名，篮球比赛团队冠军，个人被评为十佳运动员，优秀班干部。"

"停，儿子，你在找死！"我手心出汗，有点失控。

"咋了，爸爸？"

"儿子，你犯了人生之大忌！爸爸这半辈子，还从来没见过笨死的，但见了太多能死的。人的灾难，不是因为你做错了什么，而是因为你拿多了什么。儿子，你拿多了，拿多了荣誉。"

"那怎么办？爸爸。"

"至少在一年内，禁止一切比赛，禁止任何评选；这叫双禁。人要有能力优秀，更要有能力让别人优秀。荣誉就像玫瑰，看着美丽，拿着扎手。"

"一年啊？别的都可以，就是篮球？"

"好，球禁两个月！"儿接受。

老子曰，不敢为天下先。誉满天下者，必毁满天下。

十三则

儿14岁半，双禁两月，回。

"爸爸，双禁以后，同学关系融洽了许多，可还是有议论。"

"议论啥？"

"很多老师同学都认为我这样太消极，不进取。"

"哈哈，做人当然要积极，关键是积极索取，还是积极付出；是积极竞争，还是积极谦让。"

"什么都谦让吗？"

"是的，都可让，名、利、权皆可让；只有一样东西绝对不让。"

"啥？"

"当仁不让！"

"……？"

"也就是：没人扫地时，你不让；同学生病时，你不让；别人需要帮助时，你不让；国家危难之时，你不让；凡大仁大义之事，绝不退让。"

"当仁不让！我懂了，这才叫积极进取！"

洒扫，应对，进退，此乃立身之本。

十四则

儿 15 岁，暑假。我受邀参会，携儿同往。

一路上，儿神色焦虑忐忑。晚，宾客散，问："儿子，你咋了，不舒服？"

"没有，爸爸，只是有点不安。"

"不安？"

"嗯，今早出门：乘飞机，头等舱；下飞机，大奔驰；住宾馆，总统套。记得了静师父跟我说过：德不配位，必有灾殃。"

"……"我一时无语。

"爸爸，您为众生劳顿奔波，有德，所以叔叔阿姨们这样款待您，您可以坦然接受；而我不同，还是个学生，还没为社会做过任何贡献，享受这样待遇，叫德不配位，今后恐有灾殃。"

"儿子，爸爸太高兴了！"我激动，摸了摸儿子的头，"爸爸放心了，长大了！凭你这番话，你这辈子就不会有大的灾祸！"

我高兴得流泪："儿子，这样：今晚你就睡地上，明天去申请做义工。如何？"

"太好了，爸爸，这下我可以睡个踏实觉了。"

天行健，君子当自强不息；地势坤，君子当厚德载物。

十五则

儿 15 岁半，成绩优秀，考入重点高中。

某日，家来闲人，唆老母亲给老师送红包。母心动。

"奶奶，听说您要给我老师送红包？"

"是呀。听说现在兴这个，对老师都有礼数。"

"礼数？没听说过！"

"你小孩不懂的，你爸妈不在家，奶奶做主，咱可不能失了礼。"

"奶奶，您真的要送？"

"那还有假，红包都准备了，明天奶奶亲自去。"

"奶奶，如果您明天真的送去，我就不去上学了，您这样做，对我们老师是一种污辱，他不会收的。到时，只会让我很丢人，在同学面前抬不起头来。"

"这小子，不听话，奶奶是为你好，怕你吃亏。"有点生气。

"奶奶，我知道您疼我。可您要相信我，相信您孙儿有实力，不送礼，老师一样喜欢我。"

老母亲被孙儿的豪气逗乐了。

后，说起此事，我偷偷夸奖了儿子。

行有不得，反求诸已！君子，当光明磊落！

十六则

儿 16 岁，高一。学业繁重，周日归。

"爸爸，我想辞去学校广播部部长的职务。"

"为什么？"

"高中学生，目标非常明确，就是考上名校，大多不愿意承担公共事务。而我呢，又当班长，又当团干部，尤其是广播部的工作特别烦琐，我又是负责人，在同学们看来很傻帽。"

"这份工作重要吗？"

"很重要，学校里没有电视，不能上网，还不能随便走出校门，所以广播是近万名学生了解时事、放松身心的几乎唯一渠道。"

"那你不干了，有合适的人愿意干吗？"

"暂时没有。老师也觉得我比较合适。"

"那就得当仁不让，要做一个讲义气的人。"

"可是，爸爸，这样会占用学习时间，影响学习成绩！"

"是吗？假如，家人都病了，你只能有其他同学一半的时间去投入学习，怎么办？"

"我会严谨地安排好时间，提升专注度，提高学习效率……"

"哈哈，为了让你成为这样的人，爸爸和妈妈都愿意去生病。"

"不要！爸爸，儿子懂了，谢谢广播部的这份工作，谢谢老师！"

"儿子，顾此失彼的时空对立观念，是愚人们的永远借口。许多人工作时，说家庭影响了事业；在家时，说事业耽误了亲情。这是无耻之徒。人这一生，父母、老婆、孩子、朋友、上司、众生都要照顾好，这是一种智慧和力量。哦，吃饭了。吃完饭，去帮姑姑洗碗。"

"好的，爸爸，家务也要做好！"

格物致知，诚意正心，修身齐家，治国平天下。

十七则

儿16岁半，情窦开。妻告诉我，儿子喜欢上一女同学。

"儿子，过来一下。"

"哦，爸爸，有事吗？"

"最近，我瞧你，似喜忽忧，神色不定，有心事？"

"……"低头，坦白，脸红。

"哈，这是好事，说明我儿子对人有兴趣，取向正常，爸爸放心了。"

"爸爸……"

"现在很多孩子，对人没兴趣，只对电脑有兴趣；对异性没兴趣，而对同性有兴趣。如果这样，爸爸就得在祖宗面前羞愧而死。呵呵……"

"哈哈，爸爸，我以为您会骂我呢，纠结了很多天。"儿子也乐了，一下放松了。

"儿子，爸爸考考你。"

"嗯，请出题。"

"何为礼？"

"简单讲，礼就是人与人及人与天地万物间最合理的关系。"

"说得好！那么，你跟那个女同学是什么关系？"

"同学关系呀！"

"好，同学关系！那么，保持着同学关系就叫合礼，僭越了这个关系就叫非礼。这个道理懂吗，儿子？"

"懂，爸爸。从6岁读经，已经10年，这个道理不懂，怎么对得起爸爸和妈妈的苦心教诲。"

"只是懂还不够，怎样才能做到？"语气严厉。

"克己复礼，爸爸！"语气庄严。

从此，儿子顺利度过了"青春期"。

兴于诗，立于礼，成于乐。

十八则

儿17岁，英气潇洒，风度翩翩，长大了！

"妈妈，我同学有双很漂亮的鞋，真的很漂亮。"

"那又怎么样？"

"嗯……我也想有一双。"

"你没鞋穿了？上个月不是刚买的吗？"

"鞋有。"

"那为什么还要买？"

"因为很漂亮，妈，我真的很喜欢。"

"哦，很漂亮，很喜欢！你带妈妈去看看。"

儿子带妻到了商店。

"就是这双？"妻问。

"嗯，就是，真漂亮！"

"那就再多看看，多摸摸。"

约 5 分钟后，妻问："看过了？摸过了？"

"看过了！摸过了！很漂亮，很舒服。"

"那走吧！"

"妈，为什么不买呀？"

"这个世界上漂亮的东西可多了，你都要搬回家吗？漂亮，欣赏即可，何必占有！儿子，走！"

儿子，妈妈说得对呀。美丽的东西能欣赏是雅，要占有是俗！

十九则

儿 17 岁，高二。文理科分班。

"爸爸，我读文科好呢，还是理科好呢？"

"你自己怎么看？"

"其他同学文好的，读文；理好的，读理。而我，都很好，不偏科，所以纠结。"

"儿子，暑假去旅行，你说我们开车去好呢？还是乘飞机去好呢？"

"爸爸，那得看去哪里？"

"对呀，如果你是去法国，你会因为你有一辆好车而纠结吗？"

"不会，爸爸，我懂了，我要读文科。"

"为什么？"

"因为，我这一生，要成为一名伟大的历史学家，去纠正现代人对历史和祖先的错误看法。所以，读文科。"

"不纠结？"

"不纠结！"

儿子，人生的选择不要基于现实（过去），而应该基于理想和使命（未来）。

己编：青春儒学

美国保守派眼中的洛克与罗尔斯

——记"美国大学联盟学会机构"暑期会议

陈凯硕[*]

2013 年 8 月初，我从家附近的车站登上电车，向美国南部州弗吉尼亚首都里士满（Richmond）出发，参加即将在那里召开的美国保守派年度大会。会议将从 4 日开始持续到 10 日，主办方是一个非营利性组织"美国大学联盟学会机构"（Intercollegiate Studies Institute，ISI）。1953 年，一位叫 Frank Chodorov 的保守派记者，为了让社会恢复美国传统的优良美德，和另外一位著名保守派领袖 William F. Buckley Jr. 一起创建了 ISI，希望"在五十年内美国年轻一代会通过此机构彻底领会和融通美国精神中的高尚理念"。在 ISI 的号召之下，从 1953 年至今，每年都会有一群来自美国各州的学生聚在某个城市举行一场讨论大会。今年，我之所以能够参加这场会议，乃是受到了我的导师、哈佛大学政府系教授曼斯菲尔德（Harvey Mansfield）的推荐。当他了解到我对美国保守派的思想动态颇感兴趣，并想在暑假参加某个与此相关的活动之时，便立刻向我推荐了这个会议。随后，我向 ISI 发出申请，不久便收到了录取通知。

ISI 大会的主题每一年都会变更。虽然在我到达大会之前，ISI 机构已经向会员透露本届会议的主题将是"权利和义务"，但

---

* 陈凯硕：男，1992 年生于上海。哈佛大学政府系博士候选人，专攻政治学。

是除了这标题之外，ISI 没有提供任何其他信息。在电车上，我回想起 ISI 的根本理念："为了教育美国公民个人自由"。"自由"这个概念源于被誉为美国宪法理论基石的洛克个人自然权利学说，看起来本会议肯定会讲洛克，可是怎么讲？还有"义务"，可不是在洛克学说里能够找到的，而且也很少听到当今美国年轻一代用这个词……要是有人真的用它的话，大家很可能会以为他有军人背景。那么，开会时将如何讨论义务——这个就一般美国人生活而言比较陌生的词语呢？而洛克权利又会如何跟义务联系起来呢？

电车终于来到了里士满，这座曾经在南北战争时充当南部联邦首都的城市。出了车站后，我叫了部车，片刻不到便赶到作为会议场所的宾馆。走进宾馆时，我突然发现大会的开幕式半小时前就已开始。于是我慌慌张张地跑进会议的大厅，一进门我便看到一位教授站在讲台上演讲，我从他口中听到的第一句话立刻解答了我来之前的疑问："我们把你们叫到这里就是要你们反省和批判洛克和罗尔斯。"

这位教授名叫 Mark Henrie，是本次会议的主要负责人。在开幕式的演讲中，Henrie 博士阐明了会议的大纲：严肃反省自20世纪以来以罗尔斯为代表的美国左翼平等主义，并且梳理当下美国保守派面临的关键难题。为了达成这两个目标，Henrie 博士指出，首先必须要重新审视洛克思想的核心：个人权利概念。我一听这便想到，个人权利这个被几乎所有美国人、欧洲人以及世界上其他国家的人奉为不容置疑、无须证明的概念，这个曾经让古今中外无数革命英雄烈士抛头颅、洒热血的理想，如今却需要推倒它？这岂不是会给那群热忱信仰这个价值的启蒙知识人以天大的打击？

接着 Henrie 博士强调，必须讨论"义务"这个概念，从一种前现代的角度来审视洛克以来的现代思想家所鼓吹的权利论。

在陈述义务概念的历史时，Henrie 博士突然提起孟子："你们要知道，早在两千年前，中国思想家孟子就已经告诉了我们义务是什么。"随后，他向那些不了解中国思想的美国学生讲述"孺子落井"的故事。在 Henrie 博士说孟子的时候，我向四处张望，发现全场只有我一个中国人。

这场所谓"权利和义务"的会议原来是批判洛克和罗尔斯的。开幕式结束后，紧接着第一场讲座的讨论主题便是"美国宪法为何不是洛克主义而是休谟主义"。这场讲座的教授宣称："自从内战结束以来，美国人受林肯的误导一直误解了自身宪法的本质，以为洛克的个人主义是美国宪法的根基。错！"

教授一说"错"，我便感到十分不安。如今几乎每一个美国年轻人都对洛克式理念的真理深信不疑，并奉他为"美利坚唯一的哲学王"，在场的学生应该也不例外，而教授一下子解构洛克的地位，这不会搅乱那些学生的心灵，使他们陷入恐慌吗？

教授接着解释休谟对于美国建国历史的意义。按照教授的说法，在宪法确立之前，实际上北美的东海岸只有一群刚刚从英国统治下赢得独立的殖民地，而每个殖民地都是一个拥有至上主权的独立州，因此让宪法获得合法性的是每个州的至上主权。可是自从南北战争以来，美国人普遍相信美国宪法的根基是个体公民的"自然权利"。教授认为这种理解陷入了历史修正主义，用抽象的理论概念去简化并且扭曲复杂的现实。对此他指出，休谟为批判这种思维提供了有力资源。在休谟看来，洛克描述的那种脱离一切实际状况的"自然权利"理念没有任何真实性，因为休谟认为这种自然权利的基础站不住脚，尽管洛克宣称自然权利的根源是"自然状态"。洛克认为，人类历史上曾经有一种人人平等的状态，在其中，人人都有一种自然的"权利"以保障自身财产和生命，"自然状态"因没有政府而有许多纠纷，人们便运用自身理性，聚在一起订立一个政府的契约，从而政府的合法性是来自个人的自然权利。因此根据洛克学说，政府不可侵犯个人自然权利，政治的存在意义也只是为了保护自然权利。

　　然而自然个人权利的至上地位在休谟那里遭到否定，对他来说自然状态以及与其有关的一切都是些"虚构神话"。首先，休谟指出史上从来没有过这种"自然状态"，也没有任何政府是被一种类似于"契约"的过程所建立。其次，休谟从怀疑认识论出发，对洛克所提倡的自然理性的力量给予强力的打击，大大地遏制了理性的嚣张，由此他断言，"理性只是激情的奴婢"。既然休谟认为激情而不是理性才是决定人类行为的因素，那么他也因此认为洛克所说的个人之间的理性协议绝非社会制度的来源，相反这些制度的始源和运行其实都有赖于约定俗成的规矩，而这些规矩的支撑正是激情，而不是脆弱的理性。

　　在阐述完休谟学说的核心之后，教授进而将休谟对洛克的批评连接到有关美国宪法建设的争议上。他宣称，自林肯领导的北方获胜以来，一种偏见主导着美国人对美国宪法解释的合法性来源的理解，即美国宪法的合法性来源是洛克的个人自然权利。按照林肯和后来学者的解释，在宪法确立之前，生活在北美殖民地下的每个公民在互相之间曾达成过协议，同意建立一个公共政权，美国宪法的合法性因此而生。针对这个看法，教授指出，如果按照休谟的观点来看当时美国政治现实的话，这种个体人之间的"契约"根本没有发生。事实上，让宪法获得有效性的是每个州的独立主权，它们都有悠久的传统，这些传统的演变正像休谟所说的那样，是以一种随机、非理性的方式进行的，经过漫长时间后它们才在社会上得到稳定的基础。正因如此，认为美国宪法的合法性是源自"个体人"的理性意志是个巨大的错误。在这里，教授再三强调美国宪法的序言明确表示让美利坚联合州成立通过的是附属的各州，而不是一个"合体"的人民契约政权，因此即便加入联邦后，每个州也仍然保存了自身的主权，因为这些主权源自当地悠久而稳定的传统。

"可是"，突然有一个学生举手向教授提问："你这样解释美国宪法不正是为南方退出联邦政府提供了依据？"

"正是，我确实认为南方退出联盟的理由在宪法上是成立的，林肯在反对南方脱离时采用的理由完全是无视宪法的真实历史，是用意识形态取代事实调查。"教授就这样解构了林肯维护联邦整体性的立场，在场的学生顿时面面相觑。

不过，由于我们身处的地方曾是南方的首都，这种观点在这里被提出并不那么令人惊讶。后面的观点更加奇异。在同一天内，我们陆续听到许多种来自不同角度的、有关权利概念的批判，包括法学、社群主义和基督教。

法学出身的学者抨击宪法里权利法案的漏洞。"权利法案的成立"，这位学者不满地说："实际上让人们遗忘了权利的本质，由于权利被一字一句地写下来，他们开始觉得权利和纸头有种本质性联系，甚至觉得没有文字的话，权利就不存在。他们恰恰忽视了书面权利的真正源头，即自然中的正当性，相反要求用文字把权利格式化实际上正是导向法律至上主义。"另一方面，这位学者指出，要求权利被写下来同时也限制了政治上变通的可能性，使得政治家在面对突发的难题时难以运用自己的审慎通权达变。

持有社群主义观点的学者则攻击自由主义在现代社会伦理下公共意识的丧失。从社群主义的角度来看，当代自由主义滋长了一群冷酷无情的原子人，他们没有任何对于传统、家族和社会整体的关怀，只为了自身肤浅的利益生活，相比之下早期的自由主义倒是充满了英雄式人物，因为他们奋不顾身为超越自身的利益而奋斗。最后，此学者呼吁美国人反省洛克的个人权利，以克制更多"孤独人群"的出现，同时他重申了伯克的名言："社会的确是个契约，但不只是活在世上的人与人之间的契约，而且是在世的、已死去的、尚未出生的人们之间的契约。"

当天对自由主义批评最激烈的莫过于一位基督教背景学者对自由主义推广"价值中立"机构的攻击。虽然美国左翼自由主义者号称"价值中立"，并致力在社会推广"价值中立"的机构，但是在这位学者看来，"价值中立"恰恰也是一种价值。对于虔诚的宗教信徒来说，建立"价值中立"的机构反而意味着强迫他们在某些关键道德问题上接受"价值中立"的理念，以致放弃原有的传统道德理念。因此，与自由派所期待的结果相反，价值中立不会消除迫害，而是让一种迫害取代另一种迫害。

这些批评都瞄准了自由主义奉为不容置疑的原则。在第一天的讨论结束后，我明显感觉到了在场的学生从新观点那里受到的震惊。可以理解的是，许多人在来到这会场之前都多多少少对洛克理念有所依恋，即便他们出于保守的态度对现状有所不满，而对于那些因奉行放任自由论（Libertarianism）而接受保守主义的人来说，攻击洛克更加让他们忐忑不安。

第一天的讨论大多围绕着洛克，第二天的重头戏则转向了罗尔斯。为了展开对罗尔斯的全面批判，第一位上台的学者对包括罗尔斯在内的现代性普遍思维发起攻击。在此他援用了 Richard Weaver 在其名著《理念是有后果的》（*Ideas Have Consequences*）里的论点：现代性的致命危机来源是中世纪学人接受了"唯名论"（Nominalism），不再相信有关神的普遍性真理可以被人的认知功能所掌握，在此观点传统的影响下，以洛克为首的现代思想家都不肯讨论善的问题，而是将个人权利抬到最高地位。这一切说明现代个人意志的无限扩张与中世纪放弃理解神性真理的选择有着密切关联。在总结中，这位学者重申，为了弥补现代性，神和善的讨论是不可避免的。

接着便是对罗尔斯的正面攻击。在接下来的讲座中，著名施特劳斯学派学者 Ralph Hancock 先生对美国近几十年的左翼思想潮流进行了无情的抨击，一上来，他便否认罗尔斯的成功说明了什么："你们要知道，罗尔斯理论在美国主流学院受宠很大程度上是因为他给了那时候山穷水尽的自由派一根救命稻草，自由派急于渴望一种理论上的安慰来说服自己接受自由主义仍然一如既往的美好。"接着，他开始剖解罗尔斯理论的逻辑："罗尔斯的理论最初的假定是，今天权利优先于善必然是所有现代人不容置疑的共识，然而从更悠久的西方思想史角度来分析罗尔斯的思想，我们会看到这个罗尔斯引以为豪的假定只不过是更多暴露了现代性的刚愎自用而已。"

然后，他说："按照这个假定，罗尔斯的无知之幕先天排除了任何有关人生目标的高低之分的考虑，此做法的理由当然在今天已经是知识人常识的一部分，因为在罗尔斯看来，他从事的仅是基本的'政治'，政治方案与更'高级'的善的问题无关，也就是说政治的问题可以以一种不考虑什么是善的角度去解决。"Hancock进一步指出："罗尔斯根本没有意识到他只不过是在重复自由主义祖先霍布斯的做法，将善的讨论和政治领域分开以求得政治上的共识与和平。"最后，Hancock说到了苏格拉底："对苏格拉底来说，没有什么比问善是什么更为重要的义务了。为了拯救自由主义，我们必须从罗尔斯回到苏格拉底。"

善哉！罗尔斯之雄厚系统，被誉为当代自由主义的钢盾，竟然被一个简单的"何谓善"的问题难倒，这让那些言必称罗尔斯的人情何以堪……在当天晚上的学员互动中，我好奇地问教授，当今在美国罗尔斯的地位如何。

"呵呵"，教授笑着说："其实现在大学里的左派也不读罗尔斯了，因为他们觉得罗尔斯的信条乃是天经地义，所以也不需要复习自家理论以及反驳不同观点了，剩下的就是实践、改变世界。"

作为尚在大学读书的学生，我对教授的评论深有体会。在美国，政治正确意识的一手遮天早已让自由思考变得十分困难，即便名义上有言论自由，即便看不见什么压迫……在我想这些事的时候，教授突然反问我："那么，我可以想象罗尔斯在中国学院肯定是被禁的了，毕竟当局的立场与罗尔斯很不一样。"

我立刻告诉他，罗尔斯其实受到很多中国学者的赏识，对某些人来说他甚至是西方两千年以来政治智慧的顶峰，神圣得像"红宝书"那样。

"啊！"教授顿时捧腹大笑："罗尔斯，西方最高智慧！真不巧，我还一直以为你们那边儒家政治思想正在受重视呢。"

教授对中国现状缺乏了解当然情有可原，我马上告诉他："儒家思想早已失去力量了，除了少数有心人以外，没有人认为这种东西对现代社会有直接意义，理查德·罗蒂式的精神倒是让他们感到更亲切：管什么善，大家一起抱抱亲亲不就得了？"

教授听完后，用失望的眼神对我说："真遗憾，我其实一直很期待儒学在中国的复兴，如果儒家复兴能够抵制现代性的浪潮那就太好了。"

当晚有关罗尔斯的谈话就此告一段落，后几天的讲座与讨论则是对前两天主题的补充，上台演讲的保守派教授们纷纷运用其他理论对洛克个人权利与罗尔斯平等主义发起非难，让人最哭笑不得的时刻是某个教授援引了黑格尔批评自由主义，黑格尔的魔法语言让我等昏昏欲睡，直到最后他方郑重宣布他的结论："权利就是义务，义务就是权利。"我们这才恍然大悟他想说什么，虽然我仍然不懂之前那堆话和这个结论有什么关系。

最令人感动的演讲是一位中年教师，他用激愤的口气对着年轻人列举现代人在抛弃个人、家庭和社会义务后的整体腐败：相对主义至上、科技主义至上、自我主义至上等。他像鲁迅那样激动地向学生呐喊道："现代世界疯了、醉了！在镜子中照照自己！你们要醒过来！"

　　多么振聋发聩的呐喊！不管我们怎么评价他对现代文明的判断，毫无疑问这些话是一位热爱传统和智慧的伯克式保守派的真心告白。然而百感交集之余，我也不禁自问：在汹涌澎湃的现代性意识形态面前，这些话的力量有多少呢？在会议的闭幕式上，一位学生表达了对时代的类似迷茫："当代学院给我们的教育越来越缺少我们渴望的东西，那些关于人生重大问题的答案。"另一位学生则说："听到那么多对权利的批评，我自己一时感到头晕，因为我之前是个坚定的洛克自由主义者，然而接触了这些新的观点后，我的信念动摇了。"

　　很不幸的是，人一生中总是在发现新的问题。在来到会议之前，我的问题是权利和义务之间的关系，在我将要离开会场之时，这些问题并没有因为批判洛克和罗尔斯得到解决，接触保守派思想反而使我脑子里多出了好几个新困惑。

　　带着这些困惑，我登上了回家的电车。

青年儒士修身营修文营区记

刘青衢[*]

因为任重老师的推荐，我一个月前便已知青年儒士修身营将在贵州开展活动，彼时之雀跃不可言状。

2013年8月3日，我辗转赶到修文县谷堡乡谷堡小学。这里的环境让我这个土生土长的贵州人心底也蒙上了一层惨淡。高高的山峰在俯视和环抱下将小学压缩成了一个微小的存在，如果不是半山上几处废弃的民房，还有马路上时而冲过的、发出尖利刺耳喇叭声的、运送矿石的大卡车，我很怀疑这附近是否还有人烟。

但当我跨进学校的小院时，不禁眼前一亮：两层矮矮的小楼，过道和露天的楼梯上下散立着一群美丽的蓝衫。蓝色是鲜艳的，在周围汹涌而来的大山的绿色里多出了一抹不同，让人感到一种新鲜的兴奋。与蓝色同样新鲜的，还有那一张张青涩又朝气蓬勃的脸。

第一天的讲座开始了。我负责录像。尽管沉浸儒学已经有好些年，却是第一次参加这样有组织的活动。开讲前，诸生向师长行礼：两手作拱，弯腰下拜，神态庄严，司礼赞唱。整个仪式显得古雅隆重，我犹豫是否也应一同施礼，陌生感让我走到了行礼

---

　* 刘青衢：男，字天之，号青云居士，1983年生。贵州瓮安人，毕业于贵州大学。致力于儒家义理研究与儒学传播，媒体人。

队列的外围，作为一个旁观者把现场记录下来。

张新民教授是我熟悉的老师，早在大学时我就听过他的课。毕业几年后再见张老师，依然温厚慈祥、精神矍铄，确如老师所言，学问能变化气质、涵养心性。张老师讲阳明学，论及阳明子的心学大道、宇宙人生，奥妙幽深却并不艰涩（除了略带口音的普通话可能让外地的同学有一点点理解上的困难外），讲座后热烈的讨论证明了老师博文通识、学问精深的魅力。

与齐义虎老师是第一次见面，但我早在网上看过齐老师的照片，在来谷堡小学的路上和齐老师同车，甫见之下，似曾相识，只是怕造次而没有立即称呼。齐老师讲课风格比较吸引人，善于旁征博引、中西互参，又多用比喻，幽默风趣，寓教于乐，发人深省。

第二天下午到来的是白敏律师，她综合论述了中国当前的法治现状，不吝指责，亦开出了一些建设性意见。课堂采用现场调查的方式，分成两队回答问题，加强了同学们的参与感和互动性，颇为生动。

傍晚，夕阳透过林梢在小楼过道的花盆上落下了一片昏黄，教室里的修身论坛正在进行，一身玄色对襟衫的齐老师于众营员之间居中端坐，目光不时淡定地左右扫过，他用带着北方口音的普通话娓娓讲述着自己游学向道的经历，并当场念诵了入川时写下的小诗："东周久不复，西蜀或可图。耕读大禹谷，且待圣王出。"他说这首诗寄托了他的志向。

教室里，一方木牌上刻着"天地君亲师"。这样的牌位在南方很多农村家庭随处可见，尊奉"天地君亲师"是中国人几千年来的信仰。即使在今天，依然有迹可循。

随着才难同道的赞唱，一众营员肃立、躬拜、叩首、三礼三拜，最后是默祷。经过两天的濡染，我早已去掉了初观礼时的局促，跟着大大方方地行起礼来。就在行礼将要结束的那一刻，我的心灵深处升起了一股前所未有的神圣感，祭神如神在，礼行能修仁，吾由此而体之益深矣。

　　8月5日下午，要走了，心里很有些不舍。

　　离开谷堡小学，收拾停当，我去阳明精舍拜访了仰慕已久的蒋庆先生，直到天黑才回到贵阳。

　　火车站总是伤感的地方，双手作揖，躬身下拜，送走了同道。看着伊远去的背影，我暗自在心里道一句：山高水长，一路同行。

"乐"在其中

——《论语集注》研读课心得

刘　婷[*]

随着国人文化自觉意识的慢慢苏醒，作为传统文化代表的儒学也渐渐飞入百姓家，逐步走向国际化。然而，当《论语》中的学问被解读甚至定格为处世之道的世俗技巧、经商管理的锦囊良策，不免失其原味。如果丢开这些功利化的念想，用心贴近这部淳朴天然的智慧之书，便可收获一份宁静淡泊、乐山乐水、有滋有味的生活意趣。

曾子曾说，夫子之道，一以贯之，"忠恕而已矣"（《论语·里仁》）。忠者"己欲立而立人，己欲达而达人"（《论语·雍也》），恕者则是"己所不欲，勿施于人"（《论语·卫灵公》）。这的确道出了仁人之内涵，发人深省，引人深思，历来是专家学者津津乐道之事。我也曾埋头于此，以为孔子之学全在一个"仁"字。然而，当我抛开这种先入为主的狭隘之见，重新回归文本，才在悉心研读、字字推敲之时，遇上这个别有意味的"乐"字。

子曰："兴于诗，立于礼，成于乐。"（《论语·泰伯》）这是

----

　*　刘婷：女，1990年生，山西大同人。本科就读于天津城市建设学院外语系，现为首都经济贸易大学外语系外国语言学及应用语言学专业（跨文化交际方向）在读研究生。

言修身当先学诗，礼者所以立身，乐者所以成性。诗言志，而志则是"心之所之"也，故学诗乃为学求道之始；至于礼者，规矩程序也，无规矩不成方圆，无程序无以循序渐进。故而，徒有志而无礼，则无所树立，无以成章；最妙就在这个"乐"字了，得以成性者并没有花落"仁德"，却独独钟情于"乐"者，何解？

我们总说艺术来源于生活，比如绘画雕塑，比如文学音乐，其实不过是生活的缩影。只有当我们开始用心倾听生活的诉说，才能洞悉它们的真正韵味。这样细想来，每一个音符、每一首旋律，无非是心底最真诚朴素的坦露，自然也是性情最贴切的写照，最能陶冶滋润人的心灵，相比之下，诗书礼乐就略显外化了。秦淮河畔的靡靡之音，让人不觉感慨轻歌曼舞、胭脂艳粉的浮华；黛玉葬花的幽怨低吟，使人不禁感伤繁花落尽、身世凄清的苦涩；而嵇康掷地有声的广陵散，则为后世留下乱世之绝响的怅然。贝多芬的命运交响曲是那样不卑不亢，而舒伯特的天鹅之歌又如此凄美浪漫。这些最淳朴的音响，往往会潜移默化地打动人的心弦，这便是它无形却也无穷的力量。虽然音乐治世有些天方夜谭，过于理想化，可我猜想，一个处处洋溢着动人旋律的国度，该称得上是文明之邦吧。

其实细想来，无论是柔情的小调，还是激昂的交响，乐音动人之处就在于其琴瑟和弦、情景交融，而这其中所蕴含的"和"的智慧或许正是那部亡于秦火的《乐经》里所凝结的内涵之一。故而，孔夫子的"成于乐"，我想大概也有这样的启示吧。所谓修身养性，就是求一个身心之和，当世俗杂念化解于心中那泓秋水时，自然会收获一份乐山乐水的宁静情怀，而秉着这样的情怀细数人生点滴，还真是别有一番"乐趣"。

子曰："学而时习之，不亦说乎？有朋自远方来，不亦乐乎？人不知而不愠，不亦君子乎？"（《论语·学而》）这虽是耳熟能详的言语，却也常读常新。这里的"乐"，似乎是乐于久别重逢的老友、远道而来的知音，又或者可以解读为一种世事洞明之后的兴奋，仿佛是与学问真知这个挚友萍水相逢，相见恨晚。求学取经可谓路漫漫其修远兮，然而只要有学问，自然有知己。若一辈子没有人了解，也不怨天，不尤人，"君子病无能焉，不病人之不己知也"（《论语·卫灵公》）。做学问搞研究，先得自得其乐，然后才能"后天下之乐而乐"，所谓"知之者不如好之者，好之者不如乐之者"（《论语·雍也》）。若没有以之为乐地去做学问，即使知其然，也未必体会得到其所以然。而若有幸寻觅到让自己欲罢不能的所在，虽然学海无涯，前行之路也不会那样苦涩。兴趣不仅是我们最好的老师，也是我们最亲密的挚友。面对人才济济、竞争惨烈的现代社会，我们不乏有为之人，也不缺有识之士，却少有那些可以坚定地捍卫自己梦想的人，可以执着地守护自己信念的人。不是生活给予我们房子、车子、票子的压力，是我们自己在名利场里迷失了。

孔子曾这样描述自己："其为人也，发愤忘食，乐以忘忧，不知老之将至。"（《论语·述而》）夫子游说列国之时，席不暇暖，道不得行，还屡遭困境危难，累累若丧家之狗，却沉醉在学问大道的求索中，自云"乐以忘忧"，不禁让人钦佩这种胸怀和修养。对于这种"乐"的追求，孔子这样说道："益者三乐，损者三乐。乐节礼乐，乐道人之善，乐多贤友，益矣。乐骄乐，乐佚游，乐晏乐，损矣。"（《论语·季氏》）追求快乐，是人的天性，是人生的普遍要求，但对快乐的追求又是具体的，是需要认真思考的。

生活中便求一个简约低碳，即便"一箪食，一瓢饮，在陋巷，人也不堪其忧"（《论语·雍也》），也能不改其乐，不屈其志；"饭疏食，饮水，曲肱而枕之"（《论语·述而》），也能乐在其中，醉在当下。这样始终把持住自己内心的纯净和安宁，才不至于在忙碌的工作和生活里，看不到也感受不到"暮春者，春服既成，冠者五六人，童子六七人，浴乎沂，风乎舞雩，咏而归"（《论语·先进》）的天然之乐了。在这里，自然与人不再是相互对立的，而是人作为自然界的组成部分，物我两忘，天人一体。

有人说，自然就是一部循循善诱的《论语》。那么，何以能乐山乐水呢？孔子曰"君子谋道不谋食"（《论语·卫灵公》），首先要酝酿一份淡泊明志的追求。在这个花花世界里，名利的诱惑就像无底洞，不少人身陷其中，或成为它的奴隶，或扛起它的枷锁，平添无形的压力。但我们也无须遁隐山林，采菊东篱，只要跟随自己的心声，专注于所爱之事，顺其自然即可。其次，要有"泛爱众而亲仁"的心理自觉（《论语·学而》），只有心中充满了仁爱之情，才会乐山乐水，"钓而不纲，弋不射宿"（《论语·述而》），保持一种"鸟之将死，其鸣也哀"（《论语·泰伯》）的同情心。再次，通过学习诗书礼乐增强欣赏大自然的知识能力和审美意识，培养丰富的想象力和观察力，提高修养和品性。可见孔子的仁人志士之德与乐山乐水之情是相互融通的，故而后世也用"出淤泥而不染，濯清涟而不妖"比拟君子的人格理想。

古人曾有"登泰山而小天下"的感慨，今人更有"桂林山水甲天下"之美誉。乐曲陶冶人性情，滋润人心田，对于大自然来说，潺潺的小溪就是它的咏叹调，百鸟的飞鸣就是它的欢乐颂。自古不乏文人墨客泛舟江上，寄情山水，渴望在大自然广博的胸怀之下，稀释那份"摧眉折腰事权贵"的愤懑，从而收获一份心灵的归属感。乐以成德，文以载道。中国文化在 5000 年的历史沉淀中，逐渐显现出与高山大水相和谐、相统一的质地。作为儒学的创立者，孔子没有"人定胜天"的妄想，而是讲究对生命和自然的热爱和敬畏，自觉地与自然融为一体，欣赏它化生万物的无限魅力，感慨着"逝者如斯夫，不舍昼夜"，喟叹着"岁寒，而后知松柏之后凋"。

作为传统文化的经典之作，《论语》不仅推行仁、义、礼、智、信，做事中庸，与他人和谐相处，也主张寄情山水，完善人格，提升人生境界。我所独爱的这个"乐"字，它是指间悠扬的律动，谱写着水中月、镜中花的美轮美奂；它是内心真诚的诉说，倾吐着酸甜苦辣和人生百味；它也是自然灵动的音响，是山涧小溪的浅吟低唱，是大浪淘沙的雄伟交响；它是饱览群书学有所成之乐；它是宁静淡泊、简约生活之乐；它是寄情山水、抒怀咏志之乐；它是漫漫人生的彼岸之花。

北京儒家文化修身营及
春祭闻见学思录

肖高飞*

一、见　闻

读万卷书，行万里路。当张晚林老师说起这个去北京的机会时，我毫不犹豫地满口答应。一个土生土长的南方人，自小在农村长大，对于北国，对于北京，不免带有一种情结。又因在弘毅略读了点圣贤书，对于儒学及夫子的崇敬与敬仰之情，不可已矣。

出发前我早就准备好了衣服，同学特意来电告知我北京很冷，于是又带了毛衣、棉衣。临行前还去超市买了很多零食，塞得背包鼓鼓的。

3号的下午，雷智、陈婧和我怀着欣喜与好奇出发了。

第一站是湘潭火车站，公交车上正好遇到一个北京的学弟，好不热情。我迫不及待地打探起北京的一切。他说起沙尘暴、堵车等，这着实有点向我泼了一盆冷水的感觉。

第二天，当乘务员说，火车要到北京了，我忍不住激动，往

*　肖高飞：男，1992年生，湖南衡阳人。现为湖南科技大学化学化工学院化学工程与工艺专业本科二年级学生。对中国传统文化充满温情与敬意。

窗外一看：没有高楼大厦，没有林立栉比的商铺，似乎和南方的城市没什么两样。

北京站古色古香的，顶部是一个大钟楼。外国人随时可见。同学说要来接我们，等了一会儿，同学赶到了。我们同去北师大与其他同道会合。地铁外排着很长的买票队伍，纪律很好，没有插队的。很快我们就买到票，北京地铁票价很便宜，全城两块，也非常快。上地铁不到20分钟，我们便到了北师大。问了几个人找到京师大厦，打电话给礼娴祥，他很快从北师大跑出来，和我们握手、问候，很是热情。其他的人已经在车上。车子开动，窗外下起了雨，模模糊糊地看到了中国邮电大学、中科院……

到了郊外，混混沌沌，我实在太困，就睡着了。车子开了两个多小时，来到了继光书院，这时已经六点多了。我们被各自安置在集体宿舍，环境和高中差不多，宿舍后面是燕山。四面青山环绕，颇有桃花源之感，听说这里本是一个度假村。

书院是一座现代化的四合院，环境清雅，依稀透出一点古韵。一早七点钟，我们开始换汉服。第一次看到在电视上才能看到的汉服，我很是兴奋，请教了几个人，终于把汉服穿好了。着实体会了一把古代士大夫的感觉。

穿上汉服后，仁和师兄对我们说，再过半个小时，山西那边将有70多个同道过来，所以我们要学习礼仪，以汉礼接待同道。于是，我们20多个人开始在仁和师兄的带领下很认真地列队学习作揖见面之礼。

学习了大概一个小时，山西的同道过来了，我们列队欢迎，热闹非凡。

接着就是开营会，学习拜圣人之礼，直到十点半才结束，此时身体已经很疲惫了。

和我住在一起的是一位搞押运的大叔以及六个孩子。睡前和大叔聊了很多，了解到很多社会上的事情。他告诉我，这些孩子的家境都不错，父母大多在政府部门或国企上班，为了孩子的教育特意包车过来。

第二天六点集合，我五点半发信息给陈静、雷智，叫他们起床。当我穿好汉服，赶到大教室，却不见一个人。一问才知，很多人起不来……到六点多，大家集合在一起读《学而》篇，读了两遍，之后行跪拜礼拜孔子。这时候王瑞昌老师来了，原本八点开始的讲座因此提前了。他讲的是孔子"性善"的论证、坚持性善的理由等，其后讲的是修身的方法：静心养性、逐事体验良知、节欲刻勤以及读书明道。两个多小时的讲解论证清楚，感召力很强，我写了一篇记录交了上去。

接下来是早餐。吃完饭，休息几分钟，唐文明老师开始讲"儒之学——函泳与查议"，从马一浮先生的工夫论说起。唐老师讲的不是理论，而是日常的事情，比如小孩子的教育、家庭的和睦、婚姻、师生关系，从一个个故事与例子中引出我们习以为常的道理。内容很精彩，很多观点我都很赞同。

十二点讲座结束，下午的讲座两点半才开始。吃了中饭我突然有了兴致，这后面就是大名鼎鼎的燕山啊！据我了解，燕山有大、小燕山之分。大燕山，即北京北部的燕山山脉，命名较晚；小燕山，位于北京西南部的房山区，房山城关街道与燕山办事处西北，也就是猫儿山、大房山和凤凰岭，曾称为大防山。小燕山为最早的燕山，大致命名于商代。后因燕都北迁，大燕山得名。燕山历来为兵家必争之地。我从小就喜欢爬山，看到燕山顿有一种"一览众山小"的冲动。于是乎，我脱掉了汉服，脱掉了外套，一个人向着山头进发了。子曰：仁者乐山，智者乐水。我的感觉是，爬上去心胸异常开阔，有一种思接千古、纵横古今的气势。放眼望去，群山奔来眼底，这大好河山尽在一目之下，浩浩乎与天地为一体。

下得山来，回到宿舍，发现几个小家伙都躲在被窝里，还有一个爬到床底下去了。一问才知，他们把我的零食给吃了。哈哈！小孩子真是可爱，我把剩下的也分给他们了。跟这些小孩聊起他们平时都干些什么，得知他们除了学习就是上网，想起我小时候玩儿的，替他们惋惜，也深感自己幸运。

下午讲座由杨汝清教授主讲，题为"至圣先师——重温孔子圣言圣行"。和弘毅知行会一样，杨老师从整本论语中选取了十来句一句句加以解释。杨老师说，我的东西都是有本可循的，不是胡编乱造的，这个本就是论语的原文。杨老师口才很好，滔滔不绝，从两点一直讲到了六点半。

晚上是于小鹏老师的讲座，题为"吟咏之美"。于老师是男高音，他没给我们讲多少儒学，倒是谈起了历史，从三皇五帝一直谈到秦皇汉武。

于老师讲课结束后，接着是分享心得环节。杨汝清教授、山西的李老师、于小鹏老师以及继光书院的院长各自分享了自己的独特经历。交流直到晚上十一点半才结束，气氛热烈，大家非常感动。

第二天早上和前面一样，读书祭拜。七点半左右，我们乘车离开继光书院前往孔庙。十点到了孔庙，十一点开始祭祀典礼。典礼庄重肃穆、安泰祥和。康晓光老师担任主祭，大家斋戒沐浴、敛心俯首，谨以果蔬馨香致祭于大成至圣先师文宣王孔子灵前。齐义虎老师亲撰祭文，其辞曰：

> 万物资始，大哉乾元；巍巍夫子，峻极于天。
> 只承二帝，损益三王；志存大同，时协小康。
> 周公制礼，以德配命；夫子集成，由仁见性。
> 四教育人，六经传文；兴诗成乐，敦孝明伦。
> 文质再复，三统循环；为汉立法，春秋垂宪。
> 夫子既没，儒分为八；内圣守约，外王旷达。

文有古今，学判汉宋；经世义理，千年聚讼。

攻乎异端，王路无偏；大道一体，内外通贯。

学宗先师，政法素王；修身为本，治平是尚。

左手执簋，右手秉翟；文武兼备，尧舜可期。

伏惟尚飨！

十二点结束，十二点半一行来到北师大交流心得，下午五点结束修身营的行程。

二、感　悟

在回程车上以及返校后，我一直在思考这一路上的见闻。总的来说，有以下三个方面。

（一）对于儒学的复兴与发展

纵观儒学的发展，可以看出这是一个十分复杂的过程。不单有学术本身的发展问题，还与历朝各代的政治与经济发展息息相关。两千年来，儒学虽然一直作为主流，逐渐印刻于中国文化之中，化育于民俗习惯之中，但随着改朝换代以及社会经济结构的变化，儒学也处在不停地起伏之中。当然，这种起伏始终是在以儒学为主体的情况下发生的，和现代的情况有明显的不同。

稍加梳理，即可见儒学的大体发展脉络。夫子广传圣道，那是处于天下纷争的春秋战国时期，所以传道维坚，"天下有道，丘不与易也"（《论语·微子》），"在陈绝粮，从者病，莫能兴"（《论语·卫灵公》）。汉武帝时天下一统，董仲舒趁机提出"罢黜百家，独尊儒术"，这符合当时的实际情况。在大一统的环境之下，一方面君主专制需要一个合法的理论基础，另一方面天下安定也需要一个有效的伦理系统，而儒学在这两个方面都是如此切合。它对内"修身"，对外"治人"，讲求"内圣外王"之道，对一般的士人以"穷则独善其身，达则兼济天下"安慰之、激励之，对于百姓则以"父慈子孝""三纲五常"等约束之。儒学的经义是普世的，所以很快就融入了社会生活的方方面面。但在专制之下，以一人理天下众人，终有积弊成灾之祸。在乱世之中，特别是魏晋南北朝、五代十国时期，儒学受到了影响。同时，佛教的传入也对儒教产生了巨大的冲击。在这种情况下，韩愈文起八代之衰，首倡"文以载道"。朱子集众家之长，是为理学之大成者。但是很快，理学陷于空谈理性，故阳明自成一家。明亡之后，夷族凌于华夏之上，华夷之变，是为汉人士大夫之大耻。故船山先生是为经世致用之学集大成者。清末"考据、义理、经济"之学交叉并行，古文经学、今文经学一直在争论。到了清末，列强入侵，中华遇"千年之奇变"，至此，儒学开始由上而下式微。

在列强入侵与复杂的国内国际形势下，中国成了任人宰割的羔羊，无数的爱国者、卫道者在血路上前行，不断寻找着治国安邦之道。以"中体西用"指导进行的各种改革都以失败告终。在失败与反思中，许多仁人志士认为："我们的儒学是导致我们国势衰落的文化原因，所以要自强就要先推翻文化，要复兴就要先革'儒学'的命"。后来的新文化运动首先打倒"孔家店"，姑且不论这种认识的错误之处，在当时的社会背景下，内忧外患，国将不国，这种认识就是在这种时局维艰的状态下产生并付诸实践的。

如今，国家逐渐强大，中华民族逐渐走向复兴，许多有识之士开始转向传统文化，特别是在如今中国与世界出现诸多矛盾与冲突的现实下，开始思考儒家思想在现今世界形势下的积极意义。儒家与环境和谐相处的观念被许多环境保护人士引为口号，甚至有学者指出儒学是拯救未来世界性文化危机的出路，这些正是激起我们关注传统文化、儒家思想之所在。

我们今天的儒学复兴之路是要找到一个切入点，使其在现代环境下，融入整个文化大潮之中，为大众所接受。在复兴儒学的方式上，修身营是很好的启发。如何找到一个切合点，使儒学适应于现代社会，或者使现代社会的人更好地重视并践行儒教的要旨，这需要很大的智慧。从儒学的发展历史来看，推动儒学发展有三个因素：①儒者有一定的政治地位，其自身对于儒学的造诣非常深，可以名正言顺地推广之，比如朱熹；②政治上的需求以及动力，政治是可以摧毁一切又产生一切的，当政治上有这个需求了，这个时候只要有一个人站出来，就可以起到高屋建瓴的作用，所谓名正而言顺，比如董仲舒；③要有真正的大师出现，儒学需要几个真正懂得其中三昧、能够说清楚儒道是何物并能使大众所信服的大师。

这三方面的契机在如今的现实中如果能够出现，那是再好不过的了。

（二）个人对于儒学的理解与选择

来自山西的李老师带了72个同道过来，基本上是学生以及学生的家长。他说这几年一直在做传统文化的复兴工作，模式是开办培训班，每天一个小时的课堂讲学，安排在学生们完成学校的课程后。当然这个培训班收取一定的费用，以应付日常开支。到目前为止，李老师已经开设了18个班，有18个老师每天在给孩子们授课。可是现在，他说自己真的不愿意再干了。作为公务员，他本可安分守己，不难得到升迁，家庭本可更美满、更幸福。但十年来做这个事情，每一次去向家长、各学校的老师推广宣传时，都会遇到不同程度的打击。比如有些人会当着李老师的面说他是"神经病"，这些他都可以接受，可是这几年，因为做这个事，家庭经济毫无改善，一家人还是住在一个房子里，老婆孩子跟着受苦，最悲伤的是年迈的父母没有得到自己好的照顾相继去世，最近弟弟也去世了。这一连串的打击使他看不到希望。李老师说，铺路工作自己已经做得差不多了，这些老师可以继续他的弘道事业，现在自己想退下来，照顾好家庭。

对此，杨教授表示同情并支持。儒学本就和生活的实际联系在一起，修身、齐家，然后才能治国、平天下。在弘道的过程中开设培训班，获得一些利润是可以理解的，也是为儒家所赞成的。因为家庭和睦了，夫妻、儿女、父女、朋友的方方面面都照顾好了，这本身就是齐家的体现。学生把宿舍、学习、朋友、老师、家庭的关系处理好了，这就是修身、齐家的开始。所以，弘道事业原则上是应该在这个基础上进行的。要想在修身、齐家之间找到衔接点，需要智慧与技巧。如果你在齐家之前，找不到把弘道与齐家衔接在一起的方式，你可以选择先齐家。除了弘道外，在生活中，你处理好了方方面面，你影响了身边的人，使他们也被感化，这也是弘道。所以，往外可以弘道，往内一样可以弘道。

这段话对我的启发就是，我是一个学生，学生时期处于人生发展的关键时期，个人在学习上的选择格外重要。首先，如果我对儒学的基本认识都不能及格，是没有资格也没有必要谈论这些儒学大道理的，即使谈了也是空谈，没有任何意义，所以必须下大力气反省并躬行学习的功夫。其次是，从身边的事情做起，高谈"仁以为己任""己所不欲，勿施于人"等，做起来却忘了，这就是空谈。在生活中，与人为善了；在社团里，认真负责了；在宿舍里，与室友和睦相处，奋发向上了；等等。在这个过程中，就可以体会到儒之为儒。

儒家在修身方面有非常实用的一套理论，如"仁义礼智信""温良恭俭让""仁者爱人""礼之用，和为贵""慎独自律""吾日三省吾身""节用而爱人""人而无信，不知其可""己所

不欲，勿施于人"，等等。人们耳熟能详，不少人也把它们当作
为人处世的伦理规范。今天如果真正有人做到了，何愁事业
不兴？

对于学生来说，重要的是如何践行这些非常有价值的信条，
把它与学习、生活联系到一起，我们不是理论家，我们要做实践
家，实事求是，立志脱于流俗。

总的来说，要以践行为基础。要以修身为要旨，再是齐家、
治国。

（三）对于在北京所见的感受

第一次来北京，之前去过几次广州。广州给我的印象是高楼
大厦林立，立交桥四通八达，公交车非常方便。这次到北京，发
现北京站广场不是很大，也没见高楼，后来在玩儿的时候也几乎
没见高楼。长安街一带的金融中心区略洋气一点。一栋看起来非
常普通的建筑或是中共中央组织部，或是中共中央宣传部，中南
海、人民大会堂、中国国家博物馆等都是不太高的建筑，这给我
很深的感受，因为我们县里的政府大楼都比这些建筑要高。高楼
大厦通常会让人觉得这个城市很发达，但我还是认为，一个城市
比的不是高楼而是人文气息、人们的素质与生活水平，所以北京
给了我一个好的印象。

但令我失望的是，北京城墙已经没了，什么东直门、西直
门、宣武门……只留下了一个名字而已，原来的地方只剩下一个
十字路口、立交桥或者地铁站。天安门一带也是这样，只剩下一
个大门而不见城墙。

我认为，这些东西是不能失去的。一方面，我们的传统文化
在我们这一代已经产生断层，读懂古代的著作离不开古文、繁体
字，古代帙卷浩繁的书库中储存着华美而充满灵气的文学的、美
学的、人性的、哲学的光辉，虽不可否认简体字与白话文给我们

生活带来的极大便利，但从文化传承上说，这是一种丢失。另一方面，这些城墙、庙宇、宫殿，作为一个实物的见证，它积淀的不仅是文化，更是中国人心中的一种纽带，这个纽带是从古至今、一以贯之的。看到这个状况，怎能不叫人痛心？

结　语

张晚林老师的一段话让我非常感动。他说"就我而言，时常感到莫名之忧伤、无言之悲悯袭来。此悲悯无人知晓者，亦为我自己无法说清者。他不是生活之困顿、情感之挫折，亦不是事业之失意、学业之无成。他似乎来自天边，是洪荒苍茫中之'灵光'直透我的生命，而给我'灵根'与'慧眼'，我对于人生之理解、学问之感悟，归根结底是由这莫名之忧伤、无言之悲悯出发的……"从这段话，我们可以看出张老师做学问的根本、为人之根本，也可以看出一个真正的儒者是一种什么样的担当。

对于我们来说，生活于当代是何等幸运，可是我们又是那么的不幸。幸运的是，我们享受到了前所未有的物质，不幸的是，我们的精神食物正在枯竭。

张载先生说："为天地立心，为生民立命，为往圣继绝学，为万世开太平。"冯友兰先生又加上了一句："虽不能至，然心向往之。"青年是处于朝气蓬勃的时代，就是要有这种以自己为莫大担当之人的抱负。失此之时，又何处寻之？

庚编：读书

理直气壮的文化自觉

——《何谓普世？谁之价值？》读后感

朱杰人[*]

一

"儒学"与"儒家"是两个不同的概念，前者是对一个学派、一类学术、一种思想的描述；后者则是一群人对儒学所蕴含的学说、理论、价值及其所代表的行为方式、生活方式的认同与践履。儒学是一门非常古老的学问，自从有了儒学，便产生了儒家。儒学在中华大地上传承了几千年，虽历经坎坷，虽受到来自本土及异邦的各种思想文化的冲击与压迫，但它始终没有断裂。但是，儒家的命运就不一样了，新中国成立以后，儒家即在人们的视野中消失了。20世纪六七十年代后，儒已成为落后、反动、迷信的代名词，谁还敢以儒自居？直至改革开放，这种观念依然统治着人们的思想。不仅如此，它甚至还被认为是阻碍中国走向现代化的思想障碍，是中国落后挨打的终极原因。

你能想象吗，今日中国竟然还有人以"当代儒家"自居，

---

[*] 朱杰人：男，1945年生，江苏镇江人。华东师范大学终身教授，博士生导师。现为华东师范大学出版社社长，兼任世界朱氏联合会秘书长，中国历史文献研究会副会长，上海出版工作者协会副主席。主编《朱子全书》。

并理直气壮地提出要复辟儒家思想？你能想象吗，这一群"当代儒家"绝大多数都有海外留学或研究的经历，有些还是以西方哲学与思想为主要研究方向的中青年才俊？是的，正是这样一群人，勇敢地对西方思想发起了挑战，他们对以美国为代表的西方价值观，尤其是他们自诩的所谓"普世价值"提出了诘难。华东师范大学出版社最近出版的新书《何谓普世？谁之价值？》，即是这一群勇敢的斗士们一次思想碰撞的实录。2011 年 11 月，复旦大学"儒学文化研究中心"举办了一场以"儒学与普世价值"为主题的学术研讨，参加会议的有来自复旦、清华、人大、同济、首都师大等高校的年轻学者们。会后，研讨会的发言记录由曾亦、郭晓东整理编辑出版。全书十几万字，薄薄的一册，篇幅不算大，但却不啻是当代儒家横空出世的一个宣言。它宣示着消失了将近一个世纪的儒家的复辟与回归。它尖锐、深刻、大胆，振聋发聩。它鞭辟入里、以理服人，让人刮目相看。一群年轻人，而且是经过多年西方思想学术浸润的年轻人，返归传统，反戈一击，使那些全盘西化或对西方文化顶礼膜拜的人猝不及防。

这真是一个令人欣喜的现象，它表现出一种对本土文化、对中华文化传统理直气壮的文化自觉。这种自觉是建立在自信的基础之上，而这种自信又是基于对中西文明的吸纳、分析与批判之上。尤其值得指出的是，他们对当今中国社会信仰、法律、文化、制度等现实问题的关切。这些年轻人由于受过很好的中西学术训练，所以处处显示出学理的深邃与说理的辩证，广征博引，言之有据。

二

正像《何谓普世？谁之价值？》一书的书名所揭示的那样，

这次研讨会上集中讨论的是"普世"与"价值"的问题。当代儒家们选择了一个非常巧妙而击中肯綮的切入点，集中火力对西方强权政治支撑下的强权文化予以抨击，揭示了西方发达国家的传道士们所谓"普世价值"的虚伪性、两面性及意识形态性。

所谓"普世性"，其实最早是基督教的一个概念。这个概念后来被抽象出自由、民主而被赋予了一种价值诉求，进而被描述为具有普世性。在"冷战"时期，自由与民主成为西方社会攻击社会主义阵营的强有力武器，并最终导致了东欧社会主义阵营的解体。"冷战"以后，尤其是随着全球化进程的加速，自由、民主被明确地套上普世价值的光环而被高悬于整个人类社会的头顶之上，成为"放之四海而皆准"的真理。于是，西方强权俨然变成了人类道德的代言人和化身。顺之者昌，逆之者亡。由于社会主义阵营"冷战"失败的前车之鉴，更由于西方强权国家政治、经济、军事、文化的强势地位，世人对自由、民主的所谓普世性，要么认为理所当然，要么心怀不满却不敢反对而噤若寒蝉。于是一个伪造的价值，真的被普世化了。

正因为这种观念与认识上的错乱，导致了以道德代言人自居的西方强权国家可以发动战争，制裁不听话的个人、组织或国家，发动颜色革命，颠覆某个政权，甚至使用无人机摧毁生命，却很少有人认真地思考过，这种所谓的价值究竟是哪一家的价值，这种价值是否真具有普世性？更没有人想过，在民主、自由之外，是否还有更具普世性的价值观、生活方式和人生态度？《何谓普世？谁之价值？》正是对这些问题的回应。这群年轻人不迷信、不盲从，而是从学理的角度提出了大胆的疑问与批评。在复旦大学举行的这一场讨论中，他们明确指出，任何价值都不可能是绝对的、无条件的和抽象的。他们认为："价值是有历史性的。"陈明认为："自由主义者把自由、民主、平等、法制、人权这些东西看作普世价值，但是，这些普世价值之间却是有内在秩序的。譬如，自由与民生之间，关系怎样？我觉得两者对于不同历史需要来说，是有先后顺序的。"

他们还指出，所谓普世，其实都是具有一定地域性的。曾亦认为："当初民主和自由跑到中国来时，康有为和孙中山就对两者有不同的取舍，即中国需要的是民主而不是自由。换言之，在他们看来，自由与民主在西方未必是紧张的，但在中国却是紧张的……那么，为什么中国不需要自由呢？康、孙认为，中国自古就非常自由，并且对于当时之中国现实来说，自由不是太少，而是太多，无助于中国完成一个向现代国家的转变。"讨论会上，很多学者对西方强权所谓的普世价值的虚伪与双重标准提出了尖锐的批评。陈明说："我反对以一种普遍主义的话语来谈普世价值……其实，我们不难看到，西方人是对外讲普遍，对内讲特殊。犹太人更是如此，说自己和上帝立约，因为犹太人是上帝的选民。这种排他性亦见于基督教，更见于当今的美国人。"郝兆宽说："其实，欧美各国宣扬这个超乎一切民族之上的'普世价值'，目的很明确，就是要摧毁一切异质于西方文化的文化。可见，自由、民主、人权这套普遍话语背后，其实是与民族国家的诉求一致的。"

这些当代儒家们入木三分地剖析了西方民主制度的内涵与本质。齐义虎说："必须破除对西方民主制度的迷信。其实，现代民主制度比古希腊的城邦民主还要等而下之，只是代议制而已，完全是资本主义经济的产物。我认为，政治上的主权在民，相当于经济上的股权在民；政治上的议会，就是经济上的董事会；政府的总理，就是公司的CEO。可以说，现代民主制度完全是经济思维在政治上的反映，是一种商人逻辑的产物。因此，现代西方国家本质上就是一个大公司。"

对于西方列强利用所谓的"普世价值"来实现国家利益的做法，当代儒家们保持着高度的警惕。他们指出，所谓的"普世价值"已被意识形态化，已经成为西方社会强行推行自己的文化、价值观的工具。由于多年的经营，他们把自己置于道德的制高点上，斥一切异质文化为妖魔，弱小者只能接受而无法拒绝。这实在是一种不民主、不平等的强权政治与强权文化。所以，丁耘认为："中国必须警惕自由派的任何异动，一不小心，就可能滑到利比亚、叙利亚那种任人宰割的局面，到那时'中华民族的复兴'就只能是一句空话。"

吴新文指出："西方人的普世价值，就是一套意识形态，是西方人全球扩张的重要手段。"他引用亨廷顿的话说："普世主义是西方对抗非西方的意识形态，这种普世主义有三个问题：第一是错误；第二是不道德；第三是危险。在亨廷顿看来，普世价值是大国的幻想，哪种文明都认为自己的价值观是普世价值；西方的普世价值只是狭隘的光荣和梦想，推行普世价值会带来文明的巨大冲突和西方的最终失败。卡尔·施米特也说过，提倡普世价值的人不是弱智就是别有用心。"

参与研讨的学者们在一个问题上有高度的共识。曾亦主张："中国作为一个大国，一个有着悠久历史文明的大国，不能没有自己的普世价值。"唐文明认为："站在儒学立场上，我们应当首先考虑人之为人的普世价值。"郝兆宽认为："普世价值是人类与动物根本区别开来的那种东西。因此，这种东西对于东西方来说，应该是共通的、普遍的。"所以，郝兆宽认为："儒家讲的礼义廉耻才更有普世价值的意义。"唐文明质问："到底是人权还是人伦，才真正体现出'人之为人'的普遍价值？"他们认为，普世价值应该包含了底线价值的内涵即"底线伦理"和"理想普世价值"。干春松说："儒家不仅提供了底线的普世价值，比如'己所不欲，勿施于人'这样的道德金律，同样也提供了大同社会这样的理想模型。"

理直气壮地把儒家的价值观拿出来与西方的价值观等量齐

观，并毫不讳言儒家价值观的优质性与历史合理性，好像这是第一次。就此而言，它已经宣示了中国文化的觉醒与自信。

三

近现代以来，关于儒学传统的优劣存废问题，一直是一个被不断讨论、争论乃至被批判、抹黑的问题。历史的事实是，在鸦片战争以前，儒学在西方赢得了一片赞美之声与仰慕之情。这从一些西方传教士与思想家的著作中可以得到证明。西方文官制度的产生直接受惠于中国科举制度，就更是一个人尽皆知的故事。但鸦片战争后，中国的一再战败改变了历史，儒学在不知不觉中变成了造成中国落后文化与道德的替罪羊。研讨会上，郝兆宽说了一句很令人感慨的话："有人认为，中国一百年来的积弱积贫，根本原因就在于自己的传统文化。可叹啊！这些人把自己的无能归罪于老祖宗，再没有比这更不肖的子孙了。"

这固然是一个可悲的事实。但是，从"五四"以来的儒家遗老们，直到以后的港台新儒家们，却一直在抗争，一直在为自己的传统辩护。但同样可悲的事实是，他们始终无法走出"弱者"与"理亏"的梦魇。前些年，曾经发生过一场关于儒家伦理的大争论，论辩双方都是当今学界的翘楚。这场争论其实不会有结果，因为谁都无法说服对方。尤其是对儒家伦理持批判态度的一方，趾高气扬，蛮不讲理，似乎只有他的理论才代表真理，儒家在他的眼里简直不屑一顾（我很怀疑他有没有认真读过儒家的经典。凭印象、感觉和望文生义就发表高论，实在是一种很无赖的辩术）。而争辩的另一方尽管据理力争，却总让人感到有点气短。读了《何谓普世？谁之价值？》一书，我突然悟出了一个道理：其实这是一场不对称的讨论，争辩双方互以西方的普世价值为圭臬，所以代表西方的一方当然可以趾高气扬、居高临下，而代表"不普世"的另一方即便手握真理也只能是有理也讲不清。这就是秀才遇到了兵。我以为，在中西文化讨论的问题上，在儒家价值观是否具有普世性的问题上，一定要跳出一个被预设了的窠臼。如果你预设的前提是西方的价值观是普世的，那么，你只能跟着它走，纵有孙悟空的本领，也跳不出如来的手掌。这不是秃子头上的虱子——明摆着的吗？可喜的是，当代儒家们已经参透了其中的玄机，并跳出了西方列强们设下的陷阱。他们提出了文化的自主性，他们绝不随别人的音乐起舞，于是他们有了"自说自话"的底气和自信。

我很注意这次讨论中学者们对港台新儒家的批评。如柯小刚说："港台新儒家论证儒家也有普世性的东西，不过，他们对普世价值这个概念没有反思，纯粹是简单地接受了自由主义那套普世价值。新儒家没有到西方世界内部考察这些东西是怎么来的，是不是西方思想的正脉？是不是西方思想的别子为宗？更没有想到有必要从中国文化出发来审视这些东西是好还是坏？是真是假？他们仅限于论证儒家也有这些东西，即便一时没有，也可以'开出来'。我认为这个做法很糟糕，没思想，没出息！"其实，这种先接受西方的"价值"，然后再来为自己的传统辩护、辩解的做法并不始于港台新儒家，"五四"以后的儒家们也是这么做的。当然，摆在"五四"儒者们面前的是丧权辱国、国破家亡的惨痛事实，是西方文明把东方文明击得粉碎的现实。他们没有辩说的底气，只能退而求其次，说人家有的我家也有，没有的可以开出来。显然，这样的辩解是没有说服力的。所以从"五四"儒者到港台新儒家，他们始终处于被动，始终处于辩护，始终处于"理亏"的尴尬境地。白彤东说："新儒家表面上听起来很强硬，好像自由、民主、科学那些东西，都可以从自己这里开出来。但是，这种说法却证实了自己骨子里的虚弱。因为按照这套逻辑，我们事先认可了西方的那套价值，然后再从儒家中引出这些东西来。这样的话，新儒学就缺乏对整个西方的自由、民主应有的反省与批判。"

现在，我们终于等到了儒家自我觉醒的一天，一群年轻的当代儒家挣脱了捆绑在中国文化传统身上的锁链，发出了文化主体与文化自觉的呐喊。郝兆宽说："中国自有主体性，必须超越左右，才能回归传统。"陈明说："儒家首先要立足于民族复兴、民族责任和天下情怀，应该以此为前提来思考我们这个时代的普世价值。"曾亦说："当务之急不再是吸取外来文明的问题，而是要先把自己的文明从根底上树立起来，这样才可能对中西文化有真正的融合。"他们认为，如果不破除对外来思想的迷信，就无法确立自身文化的主体性。曾亦说："应该像日本一样，主动地吸纳自己的民族传统，而不是排斥自己的传统。"郭晓东说："我们讲价值的时候，一定要讲价值的主体性，一定要问问这到底是谁的普世价值。"

当然，对这批年轻的当代儒家来说，他们的道路还很漫长。在讨论中有学者认为，以前的种种儒家形态"都不自觉地以西方思想为理论背景，都是在这个背景下回答普世性与本土性的问题。儒家应该主动地设置问题，而不是被动地回答西方人的问题，这是最重要的。"柯小刚说："儒家首先要有一套自己的话语体系，自己设置议题，并让它成为世界性的话题。这些话题既是面对现代社会的，又是从儒家自身传统出发的一套独立自主的论述。"是的，我们首先得有一套自己的话语体系，这就是"中国式"的。其实，我们的先人早已为我们设计了一整套中国式的哲学的、伦理学的、政治学的、法学的……话语系统。这套系统经过宋明理学的整合、再创造，已经很严密而系统，它也许无法（其实也无须）和西方的话语系统相对接，但它足以应对讨论中国乃至世界的各种理论、学术、社会问题。只是近一百年来，我们自己把它弃之深阁。以前，我们一直对西方亦步亦趋，甚至鹦鹦学舌，但讲来讲去还是"洋泾浜"，不伦不类。你学得再像，也不会被西方的傲慢所接受。现在，我们是不是可以让洋人们也来学学中国话和中国式的学术话语了呢？让中国式话语与议题"成为世界性的公共话题"，此其时也！

游魂的复归

——《儒生文丛》第一辑读后感

王 正[*]

余英时先生对近现代以来的儒家有一个形象而经典的描述——"游魂"。在我看来，这可以从两方面解读：一方面它反映了随着传统儒家所拥有的制度建构的丧失，儒家在近代以来所呈现的凄凉景象；另一方面，也反映出当中国放逐了它一以贯之的灵魂而成为游魂后，这个共同体建设的困难和艰辛。一方是没有肉体的灵魂，一方是没了灵魂的肉体，两者原本应努力以重新结合，但却在相当程度上发生了冲突，这就是近现代以来，儒家和中国的双重悲剧。

儒家是中国、中国人之所以为中国、中国人的重要原因，无论是从"文化－心理结构"（李泽厚语）还是从国家和社会建构来讲，都是如此。但近现代以来的中国，却努力想要剔除儒家的影响，从五四运动到批林批孔再到20世纪80年代的文化热，莫不如此。这是因为中国因着近代以来对富强的狂热要求，以及对西方掩盖在进化论下的西方中心论的吸纳，错误地将中国近代被动挨打的原因归结到传统文化上，结果日渐丧失其主体性和价值观。而儒家也因为这一现实的压力，被迫剔除掉自己的政治理念

---

　* 王正：男，1983年生，北京人。2005年获北京大学文学与哲学双学士学位，2009年获山东大学哲学硕士学位，现为中国社会科学院中国哲学专业博士研究生。

和外王追求，结果越来越收缩到狭小的心性理论空间中去，而失去了对民众、对社会、对国家的意义。

目前，儒家呈现出较过去一个世纪远为喜人的面貌，既有很多学者从理论上来研究儒家、发现儒家，也有很多民间人士从行动上去践履儒家。社会上虽然还有沉渣不断泛起，但是，尊重儒家的声音越来越大、越来越多。这表明，人们越来越认识到，这个游魂对中国和中国人还是非常重要的。面对肉体的召唤，游魂也做出了回应。这个回应，就是儒家对当下中国和中国人之意义的发现。

儒家在当代所需要证成和实践的，有四个方向：个人的、社会的、国家的、世界的。即个体人生的意义何在，社群如何建设、社会如何和谐，国家的建构和发展走向，世界的秩序和未来趋势。在当今这个为古今中西问题所纠缠的时代，儒家需要在这四个方面，去证成中国和中国人的意义；中国和中国人也需要重新从儒家出发，来思考以上四个方面的问题。只有这样，我们才能立足于自身，开创出中国和中国人的未来；也才能进而以中国和中国人的身份，面向和贡献于这个世界。

儒家对于个体人生的意义，在于其所提供的"天行健，君子以自强不息""地势坤，君子以厚德载物"的精神（语出《易经》，张岱年先生以此两者为中国文化之精神）。在一种对生生不息之天道的体认下，儒家对生死予以一种安然的处理，并进而以刚毅的精神对待人生的困苦与艰难，以忠恕的心态对待其他人事物。所以，儒家是一种具有宗教功能而又和西方宗教模式不同的文化－心理结构。在当下中国，这一思想的重要性，不在于其作为某一宗教或某一思想流派去吸引信徒，而在于为整个中国的公共领域之建构提供一套大家共同认可的公共信念，比如仁爱精神、道德诚信。目前众多的儒教说，正是基于此而立论的，但有的提得过强，且路线选择值得反思，如蒋庆；有的虽理性而开放，但用语等处值得商榷，如陈明。事实上，尽管儒家一贯强调名正言顺，但是对于当下儒家的功能来讲，却并不一定要确定在一个名称下，国教也好，公民宗教也罢，作为一个理论名词可以，但如果要以此来规定儒家，则恰恰是颠倒了本末。所以，从功能的角度去阐释儒家，更为重要。儒家对于当下的个体，要指点良知，恢复本心，使芸芸众生从功利和物质的迷雾中清醒过来，重新发现人生和生活的意义。

对社会伤害最大的思想无疑是虚无主义。所谓虚无主义，就是认为人世的价值、道德乃至生命，都是虚假的、无意义的。由此，人们或者把生活放低到声色犬马的享乐主义中去，或者寄托到彼岸的未来世界而丢弃当下人生的责任。无论哪种虚无主义，最终都会导致人们思想的极端和行为的偏颇，都会造成对他人的伤害，只不过享乐主义侵害的是他人的经济权利，而寄托彼岸则是形成心灵的排他性从而造成社群间的断裂。所以要抵抗虚无主义，就要重新发现人生和生活的意义，认可人生中价值、道德等的真实意义，并由此形成一系列民众心灵共同认可的公共信念，从而建构起一个个开放而信任度高的社群，进而实现一个和谐的社会。在儒家一贯认可的"存有的连续性"（杜维明语）之基础上，借助人生意义的重新发现和肯定，参照吕大临、朱熹、王阳明等古代先贤所建设的乡约、保甲、社仓等互助组织，结合当代的公共领域理论和社区建设实践，一个个健康、诚信而又自由、开放的社群将可出现在中国，这样，社会和谐、人民幸福的目标才可能真正实现。

儒家对于当代中国来说，其意义在于提供政治正义的价值取向和族群团结的理论基础。就此来讲，秋风近来提出的儒家宪政理论，虽然在一定程度上对传统过度美化，但其理论之标的并不出圈。儒家政治理论最重要的有两点：一为民本，一为崇德。民本可以通向民主和宽容，崇德则通向政治的合法性与合理性。在宪政的大框架下，推动民主、改善民生和加强多元一体国家的凝聚力，是中国未来发展的方向。于是，始终坚持民为邦本的儒家，当然会以开放的心态融纳宪政理论、自由思想、民主制度，因为这些是目前为止对于真正实现民本最为可能和最可操作的；而在崇尚道德的儒家看来，中国历史上多民族国家的统一，从来都不是因为武力的强迫和挟持，而是因着对共同道德与文明的认可和对共同幸福与发展的追求而形成的，这一观点在当下看来，仍然是加强我国多元一体国家之凝聚力的不二法门。

传统儒家将世界称为天下，所以其世界观也被叫作天下观念，对于传统的天下观念，赵汀阳、干春松等多有论述。应当承认，中国的天下观念对于世界秩序的确有其重要意义，但显然，现在还没到其发生作用的时候。因为，唯实力论的世界观仍大行其道，而信仰这一理论的西方国家，更加认可的是文明冲突、宗教对抗、利益争夺、国家竞争等。所以，中国传统的万邦协和的世界观，显得过于超前了。但其实，就联合国的建立及其最终意义来说，正是要实现万邦协和的世界，只不过，在目前一元独大的情势下，这一目标根本无法实现。但也正是由于唯实力论的世界观，导致作为当今霸主的美国在应对伊斯兰问题和东亚问题时，始终进退失据。这样看来，世界如果真的想要实现"永久和平"（康德语），就必须在世界观上有一个哥白尼革命般的转变，即由国家间的实力竞争变成国家间的合作共生，也即由自身国家出发转变为由整个世界出发。这个转变显然还需要一个漫长的过程，而儒家超前的天下观念，虽然现在可能影响还不是很大，但其作为具有先知性、预见性的理念，必将会成为处在全球化问题困扰中的人们所希求的良方。

任重，是当下青年儒者群体中的一位突出人物，他不仅有思想，更能办事，是儒门中不可多得的一位干才。继推出《儒生》集刊后，他又推出了《儒生文丛》系列丛书的第一辑。第一辑共三册：①《儒教重建——主张与回应》，收集了当代众多儒者对儒教有关问题的深入讨论和最新看法，学术价值、理论价值很高；②《儒学复兴——继绝与再生》，汇聚了众多儒者对当代中国面临的诸多问题的精彩解答，虽非"纯学术"之作，但却正是儒家本色；③《儒家回归——建言与声辩》则是一册重要的文献汇编，它将近年来大陆儒者所参与的众多事件（如读经大讨论、曲阜大教堂事件等）的相关材料汇为一编，具有重要的史料价值。

　　由这套书，我们可以发现当前儒者对个体、社会、国家、世界的众多思考以及试图做出的贡献。当然，其中很多的看法仍有这样那样的问题，如上文所提示。但无论如何，经历了 20 世纪各种激进主义思潮的冲击而"花果飘零"（唐君毅语）的儒家，终于有了还魂的趋势。肉体的中国和中国人开始意识到灵魂的重要性，因为没有灵魂的人，将只具有物质性与毁灭性，而无法具有精神性和建设性，这样的国家也将始终无法实现它所追求的和谐与发展。这正是目前社会上出现为儒家招魂的思潮和人们呼吁儒家游魂归来的最重要原因。而任重君所编的这套《儒生文丛》，正是在这一现实脉络中，对曾经的真实记录，对当下的深刻反思，对未来的殷切期望。它不仅属于儒家和儒者，更属于我们的中国和每一个中国人。

传统价值的重估

——读曾亦《君主与共和——康有为晚期政治思想研究》

郭晓东[*]

一

自 19 世纪末叶以来，随着中国面对西方世界的入侵而屡战屡败，如何面对此"三千年未有之大变局"成为一代士人共同思考的问题。然诸子之蜂起，无不以西人之文明优于中夏，而我固有之文化则被视为中国积贫积弱之罪魁与元凶。职是之故，时贤无不以为，欲求得中国之富强，必取法于泰西。于是，我中华民族之固有价值与文化，不仅被弃之于不顾不论之列，更进而被贬低为吃人之礼教，为封建之残余，为专制之政治，为愚昧与落后，从而成为革命之对象。其间虽有为之辩护者，然不绝若线，其花果飘零之现状，显然是不争的事实。

20 世纪以来，为传统辩护最力者当属新儒家。但是，一代又一代的新儒家们，从熊十力开始，到后来的牟宗三、唐君毅

* 郭晓东：男，1970 年生，福建霞浦人。1991 年毕业于复旦大学国际政治系，获法学学士学位。1994—2000 年为复旦大学哲学系中国哲学专业研究生，1996 年获哲学硕士学位，2000 年获哲学博士学位。现任教于复旦大学哲学系。著有《识仁与定性：工夫论视域下的程明道哲学研究》（上海：复旦大学出版社 2006 年版），《宋明理学》（合著，南京：南京大学出版社 2009 年版）。

等，直至今天仍活跃在学林的杜维明、刘述先诸先生，他们虽然试图努力重建中国文化之价值，但他们更多着眼于中国文化中的道德价值，诚如唐、牟等四先生《为中国文化敬告世界人士宣言书》之所说。而他们对于承载这一文化的一整套政教制度，则仍多持保留态度，其最具代表性的莫过于如牟宗三先生所说，良知必须坎陷出科学与民主。然而，这样一来，中国文化之价值显而易见地被割裂为二。于是，我们不能不对此有所反思，难道中国文化仅有心性之价值吗？或更进一步地追问，如果中国文化中之政制礼俗只具有消极负面的意义，又何以能有附丽于其上的那种光明伟大的精神价值？时至 21 世纪之今天，是该到反思这些问题的时候了。于是，曾亦的《君主与共和——康有为晚期政治思想研究》一书应时而生。他在书中明确指出，现在保守主义的众多思潮有重大的缺陷：一个是"对西方文明本身的弊端缺乏足够的反思"；其二是"对自身传统价值的估计严重不足"。① 其又论新儒家曰："新儒家认同了五四运动的基本前提，从而强调了传统思想关于道德、文化方面的价值，至于其政治、社会的价值，几乎阙焉弗讲。"② 是以该书，虽是对康有为晚年政治思想的专门研究，但作者显然不是就康有为而论康有为，而是将康有为及康有为本人的问题放在一个更为广阔的政治史与思想史背景下，讨论那个时代最为核心的问题，即君主与共和的问题。甚至对这一问题的讨论本身也不是曾亦的最终目的，而是诚如其于全书之结语中所说："全书试图提供一种新的解释框架，不仅使数千年中国传统得到重新理解，而且通过对中国近代社会转型之考察，为未来中国道路的设计提供某种建设性的主张。"③

---

　　①② 曾亦. 君主与共和——康有为晚期政治思想研究［M］. 上海：上海人民出版社，2009：392.

　　③　曾亦. 君主与共和——康有为晚期政治思想研究［M］. 上海：上海人民出版社，2009：395.

二

要重新理解传统，特别是在制度层面上重新理解传统，我们首先要面对两千余年来的帝制问题。现代学者极力诋毁传统之帝制，称之为"君主专制"，此说肇始于康有为。面对晚清之弊政丛生，康氏将其病根溯之于千年之专制统治。然康氏之说，又颇前后抵牾。康氏以自由为升平、太平之法，故两千年之专制无自由矣；然其晚年又称据乱之中国素尚自由平等，则又非通常所云之"专制"也。

于是曾亦在书中很细致地考证了中国古代的"专制"一词。曾亦指出，"专制"一词始出先秦，于《左传》《韩非子》《管子》诸书中多次出现，但先秦经典中的"专制"多就臣下说，即卑下者不得专权力、擅威福，所谓臣子不得专制。进而，曾亦指出："臣子既不得专制，则君王专制为当然矣。"① 而君王之专制，在曾亦看来，其义有二："立法以轨范臣民，此固君主之权，乃法治也；至于法外施恩，亦君王之权，乃人治也。"② 而对于曾亦来说，君主的这两种权力，都本之于父兄对子弟的血缘关系，因此君主制实在是一种很自然的制度，绝不像现代人理解的那样不合理。

现代人反对传统君主之专制，所歆羡者，乃西方之民主与自由。然而在曾亦看来，此实未经反思之论。现代思想以为民主乃最自然的政治组织形式，但曾亦对此颇不以为然。他以为在氏族瓦解之后而有国家，然国家之联合有两种组织方式，"基于地域

---

① 曾亦. 君主与共和——康有为晚期政治思想研究 [M]. 上海：上海人民出版社，2009：299.

② 曾亦. 君主与共和——康有为晚期政治思想研究 [M]. 上海：上海人民出版社，2009：300.

联合的政治国家必然采取民主制度这种形式，与之相反，基于自然关系的氏族及后来的封建国家必然采取君主制度这种形式，这都是极其自然的。"① 他又借康有为之口说：民主之法，本出于希腊海盗分赃所需要的臭腐之术，"今以为普天下之洪范，而其初至不足道也"。② 故曾亦认为，康有为之于"破除民主政治之迷信，可谓大有功"。③

　　就自由而言，曾亦在本书中亦做了精详的考辨。在曾亦看来，"自由"之义有二，其一为"中国之自由"，其二为"西方之自由"。所谓"西方之自由"，"乃独立于血缘关系之自由，非为独立于政治关系之自由"；若"中国之自由"，"个体并不与国家发生直接关系"，"是以其自由乃独立于政治权力之自由，非能逃于父子兄弟之自由也"。④ 故其在"中国之自由"的层面上，往往借康有为、孙中山之口来说明，中国人享有的自由不是太少，而是太多。如其引康有为称中国古代"自由已极，不待求也"⑤，又引康有为之政敌孙文之说，称中国"自由太多"，又称"中国的专制和欧洲比较，实没有什么厉害。"⑥ 因此，对曾亦来说，中国传统所谓君主之专制，"其实非真能专制也。虽居万乘之尊，犹得假法制、权谋以驾驭臣下，至于百姓，盖自治而已，

　　① 曾亦. 君主与共和——康有为晚期政治思想研究［M］. 上海：上海人民出版社，2009：311.

　　② 曾亦. 君主与共和——康有为晚期政治思想研究［M］. 上海：上海人民出版社，2009：312.

　　③ 曾亦. 君主与共和——康有为晚期政治思想研究［M］. 上海：上海人民出版社，2009：313.

　　④ 曾亦. 君主与共和——康有为晚期政治思想研究［M］. 上海：上海人民出版社，2009：378.

　　⑤ 曾亦. 君主与共和——康有为晚期政治思想研究［M］. 上海：上海人民出版社，2009：303.

　　⑥ 曾亦. 君主与共和——康有为晚期政治思想研究［M］. 上海：上海人民出版社，2009：308.

帝力又于我何有哉!"① 而反过来,"西方之自由"则被视为"现代国家权力集中之内在要求"②。因此,真正的专制来之于现代人所极力崇尚之个人自由,此本与现代性相伴随而来无可破解之二律背反。故在本书中,曾亦提出了一个相当发人深省之论断:"个体愈是自由,国家愈是专制",从而,"个体之自由,造成了个体永久之奴役"③。事实上,我们今天面对现代国家对个人的控制,已使我们无所逃于天地之间。

在廓清西方之民主、自由等价值之虚假的普世性基础上,曾亦又进一步论证了君主制所以成立之合理性。在本书中,曾亦向我们表明,君主制的精义在于:"君主与臣民本为出于共同祖先之血缘整体,家为最小之血缘组织,国则为最大之血缘组织。"④建于这样一种血缘整体的基础上,"上下之间,既有尊卑之等,又有亲亲之情,此君主政治之精神也"⑤。在曾亦看来,这种家国一体的血缘整体性,乃是人与人最自然的关系。由此,本书提出了曾亦本人认为最核心的一个概念,即"自然"。就像我们理解整个西方之思想与制度,离不开"自由"这个概念一样,对曾亦而言,要理解传统思想与制度,则离不开"自然"这一概念。曾亦之为君主制辩护,便是立足于这一概念的基础之上;而曾亦所试图"为未来中国道路的设计提供某种建设性的主张",

---

① 曾亦. 君主与共和——康有为晚期政治思想研究 [M]. 上海:上海人民出版社,2009:320.

② 曾亦. 君主与共和——康有为晚期政治思想研究 [M]. 上海:上海人民出版社,2009:378.

③ 曾亦. 君主与共和——康有为晚期政治思想研究 [M]. 上海:上海人民出版社,2009:320.

④ 曾亦. 君主与共和——康有为晚期政治思想研究 [M]. 上海:上海人民出版社,2009:43.

⑤ 曾亦. 君主与共和——康有为晚期政治思想研究 [M]. 上海:上海人民出版社,2009:44.

亦离不开这一概念。

三

可以说，自现代以来，对君主制度之辩护，曾亦大概是前无古人。那么，曾亦此说的意义又何在呢？对君主制度之辩护，仅仅只具有理论的意义，还是有更为现实的考量？曾亦显然无意于仅仅做一种理论上的探讨，其"为未来中国道路的设计提供某种建设性的主张"之说，已相当清楚地昭示了他的现实关怀。

首先，通过对君主制度的辩护，曾亦以其独特的方式回应了现代中国思潮对如何在中国实现现代化的理解。自康有为始，一代又一代中国人无不以为，欲在中国实现现代化，必须通过"革命"而实现"西化"。而曾亦通过他的论述告诉我们，中国之现代化的转型，未必要经过"西化"的途径，传统的制度本身即便在今天，仍然具有其历史的合理性，在今天仍然具有取法的价值。

其次，正如笔者前面所说的，虽然曾亦在学理上与情感上均认同君主制度，但从现实上看，当下之中国绝无可能重新恢复君主制度。这一点曾亦显然心知肚明。而他之所以仍然冒天下之大不韪而汲汲于为君主制辩护，在笔者看来，是试图通过对君主制度之合理性的论证，得出他所提出的那个理解传统思想与制度的根基性概念——"自然"。对于他来说，尽管君主制度本身已然不可能重新恢复，但这一制度所以立足的理论依据（即"自然"）却可能"为未来中国道路的设计提供某种建设性的主张"。在曾亦看来，不但在现代社会已不再可能恢复到古代之君主制，而且中国古代那种"帝力于我何有哉"式的个体自由，亦无益于现代国家之建构。因为对曾亦而言，现代国家之实质在于中央集权，"现代思想颇执中央集权与个体自由为两端，比之于水火，此种见解殆未能见及现代国家之实质。"① 从而反过来，"古代专制之国，其有取于现代国家者，恰以其备受啧言之专制也"②。事实上，这是以西方文化为根基而产生的现代性的最内在诉求，"现代国家一方面使个体达到高度之自由，另一方面，此种自由又以个体受到国家前所未有的奴役为代价"。③ 这似乎是一个无法回避的问题，同时又是立足于西方思想而产生之现代性本身所无力解决的问题。然而，曾亦却认为，这一问题对执着于"自由"的西方社会来讲，或无解，但对建基于"自然"的中国社会来说，却大有可为：那就是充分发展以宗族自治为核心的地方自治，通过宗族自治，那么人与生俱来的那种自然关系将成为对抗现代性的最有力武器。"宗族毕竟是最古老的地方自治形式，能够为个体的自由以及县、乡一级自治提供某些有效的借鉴，尤其是其局部的公有制形式，对于当前新农村乃至城市社区的建设，有着非常重要的意义。因此，我们将看到自然的方面依然在未来社会的建构中继续发挥其积极的作用。"④ 故其全书的结尾又说："必须限制自由，以便为自然留下地盘。"⑤

四

总之，曾书以晚年康有为为研究对象，但这本书和康有为本

---

① 曾亦. 君主与共和——康有为晚期政治思想研究［M］. 上海：上海人民出版社，2009：373.

② 曾亦. 君主与共和——康有为晚期政治思想研究［M］. 上海：上海人民出版社，2009：370.

③ 曾亦. 君主与共和——康有为晚期政治思想研究［M］. 上海：上海人民出版社，2009：397.

④⑤ 曾亦. 君主与共和——康有为晚期政治思想研究［M］. 上海：上海人民出版社，2009：398.

人的著作一样，都堪称是"有为"之作。所谓"有为之作"，即是说，曾书与康书一样，不仅只是单纯的学术著作，而是具有更多经世的考量。曾亦通过对康有为的解读，或借康有为之口，或借对康有为的批评，对中国近代以来所涉及之根本问题做出了其独特的回应。以此为基础，阐发了他对中国文化的总体性论断，并进而认为，由此可为中国未来的复兴之路找到一个坚实的基础。也许书中的某些具体论断尚可进一步讨论，但我们可以从中感受到当代中国学人那种强烈的文化自觉感与使命感。由此我们可以看到，中华文化之优越，不仅只表现在精神价值层面上，同样也表现在其制度层面。传统之礼乐政教在过去的数千年有其存在的合理性，当中华民族面向未来之际，它依然具有积极的建设性意义。冯芝生先生曰："辅旧邦以阐新命"，其斯之谓与！

道眼烛史，彪炳千秋

——读东海师《儒家文化实践史》（先秦部分）

格　筠[*]

　　余师东海先生断断续续历时半年写成《儒家文化实践史》（先秦部分）。他说，此书旨在集儒家外王学之大成，揭道德实践史之真相，破先秦政治史之天荒。确乎如此，这本书无论是从史的角度，还是义理的角度，都是对儒家政治文化的一大贡献，填补了这方面的空缺，意义重大。

　　它陈述史实，以儒家义理为镜；臧否人物，以儒家精神比照。虽是史，但只是以史为引子，引起对史实和人物的评议和阐发，主要还是启人，所以此书对百姓有启蒙作用，对儒家有提升作用。

　　中华文化以儒为要，所以，知儒家史可知兴衰，以儒者为镜可正人心。

　　作者在叙史与述儒中轻叙史，重述儒。比如在讲述尧时，重讲《尧典》，得出"尧帝颇富民主作用，尧廷颇有民主气息"的结论。

　　作者臧否人物，一以贯之，依于"仁"，时常引孔子等不同人的评语，然后剖析，得出自己的结论。但某些人物心性行为复

　　* 格筠：女，1970年生，河南省灵宝市人。教育工作者，儒学爱好者，诗人。著有《黑女诗稿》。

杂，除引孔子评外，他还依据事实和众人的评议，得出结论。如对晋文公的评价。

关于齐桓公和晋文公，孔子有言："晋文公谲而不正，齐桓公正而不谲。"（《论语·宪问》）孔子对齐桓公的评价更高一些，孟子也是如此，作者先从王道和霸道区分之：此二人所行都非王道，而皆是霸主。虽然晋文公谲而不正，但他对将士上赏赏德，其次赏才，再次赏功，十分了不起。

同样，虽然孔子对齐桓公有褒，但其行为也有不当处。如他生活糜烂，晚年信用小人，甚至吃人肉。综合考察之，作者得出一个结论：尽管孔子褒齐贬晋，但那是就总体、全局而言，论个人修养，齐桓公远不如晋文公。

晏子是春秋时期著名政治家、思想家和外交家，《汉书·艺文志》将其列为儒家，但在作者看来，"颇有君子风范，不算儒家人物"。这是为何？作者举出一个事例：《史记·孔子世家》载，齐景公将用孔子，晏子阻，并说：夫儒者滑稽而不可轨法，倨傲自顺，不可以为下，等等。这种言论就完全不是儒者所为。

对于孔子，作者亦是客观科学地评价，比如古人曾以"天不生仲尼，万古如长夜"来赞美孔子。作者指出，这只是宋朝一位诗人对孔子感性和诗意的赞美，而非事实，因为孔子之前文化道德的历史辉煌不容忽视，孔子是儒家在春秋时代的集大成者和承前启后之人。

在衡量、比较时，作者参考大量资料，在历史文化的长河中打捞、甄别、评判，如果没有足够的智慧和见识是做不到的。

作者还对众人存疑或理解不确之处，细加评说，拨错反正。在一些人的印象中，《春秋》是一部史，更有人指责孔子作《春秋》是"按照自己的主观意愿窜改史实""把撰写历史作为个人好恶的注脚"。作者对此解释道：《春秋》并非史，而是一部借史以寄托和发挥微言大义的"理想主义"政治经典。作者进一步考察说，董仲舒、司马迁及孟庄、熊十力等，对《春秋》都有评议，承认《春秋》主旨不在于提供历史事实，而在于表达他的道德偏好和政治观念，是"治国之经""文以载道"在史学领域的应用。正因为此，孔子作《春秋》"为尊者讳、为亲者讳、为贤者讳"也仅是"托史寄义、托事明义"，有它的局限性和适用范围，不能将它扩展为修史原则，更不能延伸为政治原则。

国人一直对中国在民主制度方面与西方的落差耿耿于怀，有的把原因归结到传统文化上，有的甚至以为是儒家所误，其实大不然，作者对秦朝的统一做了具体分析。他在《君主制之思》中认为，就政治文明而言，从公天下到家天下是一次重大倒退，从封建制到郡县制又是一次重大倒退。郡县制特别有利于中央集权的君主特权的强化，民本原则越来越被架空和虚化。统一有良性恶性之分，建立在严刑峻法、高压暴政基础上的秦式统一，就是恶性而落后的统一。从历史上看，它比分裂更坏。他进而指出，两千多年来"中国人民"的无量劫难，与秦始皇遗留下来的统一模式和制度模式脱不了干系。从此之后，历史陷入了"其兴也勃也，其亡也忽也"的兴亡周期律的怪圈。儒家拥有仁义原则的优秀、民本思想的先进，却一直未能真正把民本落到实处，未能赶在西方之前开出儒家特色的民主制度来，其根本原因就在这里。

其他比如对《吕氏春秋》的评价、法家的主要特征等，作者用一双慧眼条分缕析，客观评价，用一个儒者的气度和胸怀做了纵横衡量。

孔子作《春秋》，以鲁国二百四十二年为人类历史之缩影，表达了儒家褒、臧、否、黜、陟、贬、退、讨的精神，寄托了孔子的太平理想，东海师作《儒家文化实践史》，拳拳之心透纸而出，又何尝不是如此？

辛编：知行

龙场之会，儒门弦歌

——"龙场会讲"亲历记

范必萱[*]

接连十几天的大雨，阻隔了阳明精舍到山外的去路。山长蒋庆先生有些忧虑，因为书院将要举行一次会讲，其他准备工作都已基本就绪，而现在大雨阻断了交通，洪水淹没村口的小桥，如果大雨再继续下，外地的朋友怎么过来？

看得出，这次活动对蒋先生十分重要。两个月前他就打电话叫我过来帮忙，说今年有一次重要的朋友聚会，是传统意义上的儒家书院会讲，这些朋友都是全国一流的学者，我们有很多准备工作要做。和往常一样，我接到电话就从合肥赶过来。

2004年7月10日，就在会讲即将举行的前一天，大雨骤停，久违的太阳露出了笑脸，天空晴朗起来！当阳光洒向营盘山的时候，我心中多日的阴霾也被驱走了，悬着的心终于放了下来，我情不自禁地大声喊道："天助我们也！"

在场的人都笑了！

---

* 范必萱：女，贵州贵阳人。毕业于华南理工大学计算机专业。曾任科研单位技术员、杂志社编辑、行政机关公务员。退休前就职于安徽省审计厅（正处级），高级审计师，注册会计师。1998年提前退休，担任蒋庆先生的学术助理。主编《四书五经精华读本》。

一、"一石激起千层浪"

当时我并不认识这些学者，也不知道这次活动有多重要。我只知道他们是阳明精舍的贵客，我要尽力搞好会务，尽可能使这次会讲圆满。

后来，我在网上看到一则消息："2004 年 7 月 10 日至 17 日，当代著名大儒、阳明精舍主人蒋庆先生将邀请陈明、梁治平、盛洪、康晓光等著名中国文化保守主义人士，以'儒学的当代命运'为主题，会讲于贵阳阳明精舍。阳明精舍儒学会讲，是中国传统文化在当代发展的一个必然产物，在中国思想史上必将具有重要的历史意义。""此次会讲的思想史意义，在于它是信奉、体认、赞助、褒奖儒家文化的中国文化保守主义者集体公开亮相的标志，是批评、颠覆、解构、质疑儒家文化的时代悄然退场的标志，是儒家文化历经惨淡经营百年失落之后重新振起的标志。"

居然称这是一次"文化保守主义的峰会"，真出乎我的想象。当然，由于这些学者都有深厚的学术背景，是儒家文化的领军人物，称之为"峰会"也很自然。但是为什么叫"文化保守主义"呢？长期以来，我对"保守主义"的理解总是与"因循守旧""墨守成规"这样的词联系在一起，莫非他们都是一介"之乎者也"、远离现代的书生？

开会时我发现，眼前这些学者个个思想活跃、思路敏捷，他们博学多才、学贯中西，即便是对现代的高科技技术，其了解程度也不比别人差。他们是"保守主义者"？他们哪一点像"保守主义者"？

会讲期间，我听到蒋先生正面回答了"为什么选择儒家保守主义立场"这一问题。蒋先生说："为什么选择儒家保守主义立场，而没有选择自由主义和新儒家？首先'保守'是人的自然心态，怀念过去、害怕混乱、恐惧邪恶、渴望秩序、尊崇道德，是人之常情，因为这种人之常情，我们选择了保守主义立场。这个问题在我们看来并不复杂，也很自然，因为在两千年以来，中国社会价值和政治秩序的维持、个体生命的安顿、生活意义的解决，都是在儒家文化下实现的，所以，我们选择了儒家保守主义。儒家保守主义关键在'儒家'两个字，因为儒家保守主义不只是一种保守的态度，即不只是一种反对社会发展太快、守旧复古的情绪，而是具有实质性价值内容的，即保守的是儒家的一系列价值。所以，儒家保守主义就是中国文化的保守主义，或者叫'文化保守主义'……"

康晓光老师对此表示赞同，他认为：中国正处于需要变革的时代，现有的一切不能自足，鉴于各种内部和外部力量的矛盾，需要变革。在这个时候需要对"变革"有一种引导，或者说需要一种蓝图和理想，而我们自己就有这样一笔巨大的资源，正如陈明所说，中国立场与儒家价值是统一的。因此，我们相信基于这样一种传统资源，可以为未来中国的政治发展找到一条更好的道路，一条比自由主义更好的道路。

原来，这次"文化保守主义峰会"，在中国文化历史上具有光大中国传统文化的划时代意义。

不过，达三君的"文化保守主义峰会"帖子可谓"一石激起千层浪"，引来了各方关注。一时间，互联网上沸沸扬扬，莫衷一是。有消息说："文化保守主义者宣称，中国目前存在道德危机，而他们已经拥有了一套完整的理论体系，足以和西方文化抗衡。"又有报道说："现在的文化保守主义者是以一种相当偏激的姿态出现的，中国文化优越论是新文化保守主义的基本特征，在他们看来，中国文化与西方文化不仅可以相通甚至可以互补，而且优于西方文化并在未来引导世界"等。

这样的关注之后又持续了许多年。2005 年 9 月，"第七届当

代新儒学国际学术会议"在武汉召开。学者方克立因故未能出
席，但他在给会议的贺信中提出了"研究现代新儒学第四阶
段——'大陆新儒学'的新课题"，引起了与会学者的热烈反响。
他还从马克思主义文化理论的高度，对甲申之年大陆新儒学"浮
出水面"和保守主义"儒化"思潮抬头的现象进行评析，以期
引起学术界对这一问题的关注和进一步的讨论。在他的信中，认
为中国大陆新儒家的学理与教义，"以甲申（2004）年7月贵阳
阳明精舍儒学会讲（或谓'中国文化保守主义峰会'）为标志，
已进入了以蒋庆、康晓光、盛洪、陈明等人为代表的大陆新生代
新儒家唱主角的阶段，或者说进入了整个现代新儒学运动的第四
个阶段。"①

　　如此高度的评价，如此重要的时刻，是我始料未及的！

二、中国文化托命人

　　蒋先生认为，复兴中国文化、复兴儒家文化，首先要复兴儒
家书院的会讲传统，这是儒家文化走出困境的第一步。近现代以
来，中国的书院制度全面崩溃解体，这次会讲是近百年来中国恢
复儒家书院会讲的一次重大努力。这次会讲得到了北京尚公律师
事务所李尚公先生的资助。

　　二十多年前，蒋先生就产生了恢复传统书院讲论儒家精神价
值的强烈愿望。他认为书院是儒家文化的载体，从儒学的历史
看，古代儒家义学的复兴都是靠民间书院来承担的。当时儒门淡
泊，他决意"孤心直往"。国内曾经有一些研究儒学的知名学
者，到国外去讲学，说儒家在中国大陆已经死了。蒋先生听了这
话很伤心，心想儒家在中国大陆哪里已经死了呢？只要国内还有

---

① 　方克立. 关于当前大陆新儒学问题的三封信［J］. 学术探索，2006（2）.

一个人信奉儒家的义理价值，儒家就没有死，儒家就活着！他在朋友们的大力支持下，经过8年的艰苦努力，终于在阳明先生悟道的龙场建成了阳明精舍，向全中国和全世界的人证明了儒家没有死，儒家还活在信奉儒家义理价值的人的心中！阳明精舍虽然只是一个规模很小的书院，但它可以把儒家生命的灯火一代一代传下去。

在阳明精舍开工挖地基的那天，蒋先生想起了徐复观先生。徐复观先生早年从政从戎，晚年弃政从学，以"一支带有深情的剑笔，开辟一个广阔的战场"，在花果飘零的20世纪，重建灵根再植的世界，深深影响了文化中国的复兴事业。他牢记老师熊十力的话："亡国族者，往往自亡其文化"，50岁后他以一千万字的作品为民族文化招魂。

"文化大革命"期间，当儒家文化遭到史无前例的摧残时，徐复观先生说他要当"中国文化的最后一个孝子"，要为中国文化守孝。这句话令蒋先生感同身受。

当时有人问蒋先生，你把书院修在深山老林，如果没有人去怎么办呢？蒋先生心情很是悲凉，他说："如果没有人来，我就一个人在这里守一辈子，我只是尽到我自己为儒家守道的心愿而已……"

一辈子为儒家守道！这是当代一位儒者发自肺腑的声音，一言既出，在场的人无不为之震撼！

三、和乐之声，弦歌不辍

会讲前夕，晚饭过后，盛洪先生和康晓光老师，还有深圳来的龙老师等，在奉元楼前庭等候陈明老师和后学达三君他们到来。山长蒋先生取出洞箫，要用箫声迎接远道而来的客人。这是蒋先生欢迎客人的一种方式，在这寂静的山林里，他常以这样的方式表达对友人诚挚的欢迎之情。

　　我记得蒋先生吹的第一首曲子是《苏武牧羊》。山林万籁俱寂，箫声在夜空下低回盘旋，如诉如泣，把我们带回到流逝的时光里："苏武留胡节不辱，雪地又冰天，苦忍十九年，渴饮雪，饥吞毡，牧羊北海边。心存汉社稷，旄落犹未还，历尽难中难，心如铁石坚……"曲中表达的古代使臣忠于祖国的铮铮气节与坚如磐石的信念，深深感染了在场的每一个人。那天夜里没有月色，只有习习山风带着芳草的清香流动在空气里。

　　随着悠远的箫声，阳明精舍的会讲渐渐拉开了序幕……

　　之后的许多个夜晚，也是这样的晚风扑面，也是在奉元楼，我常常听到歌声或箫声。有时是大家一起习唱祭孔颂歌《宣圣颂·文成颂》，有时是听蒋先生吹奏洞箫古曲，或是谈礼论乐。

　　上古圣王治世，离不开礼乐；儒家先贤教化民众，离不开礼乐；礼乐文化也是书院会讲必不可少的内容。蒋先生说：孔子将从音乐中体会出来的"和"的精神，扩大成人类的最高理想——"中和"，扩大成历史的最终希望——"大同"。正是音乐中体现出的"和"的精神，构成了中国文化重视"和谐"的根本特质。

　　会讲期间，除每天集体诵读经典、谈学论道之外，书院还组织到修文县阳明洞、玩意窝祭拜阳明先生。在会讲即将结束时，举行了一次庄重的《祭圣贤释菜礼》。那天上午，随着缓缓的三声钟鸣响起，在阳明精舍复夏堂孔子圣像与诸圣贤神位前，山长带领祭拜者们以清香一炷，敬拜至圣先师孔子及诸位先圣先贤，表达对先圣先贤的崇敬之心，感恩先圣先贤对自己的教化之德。

四、思想交锋，智慧相映

达三君根据与会几位先生不同的理路特征，为他们做了形象的定位：蒋庆的儒学特征是"政治儒学"，陈明的儒学特征是"文化儒学"，盛洪的儒学特征是"经济儒学"，康晓光的儒学特征是"策论儒学"。这是在中国文化的舞台上，保守主义者一次集体、公开的亮相。

会讲的气氛严肃而激烈。在较长时间的紧张讨论之后，间或也会出现短暂的轻松，这往往来自陈明老师和康晓光老师的发言。他们的发言常常引得会场发出一阵阵笑声。

几天的会讲安排得十分紧凑，但有时还得利用晚上的休息时间继续讨论，因为他们讨论的话题很多。他们关心家国天下，关心民众福祉，关心中国的未来。他们忧国忧民，他们有太多的时代关怀。他们讨论儒家的义理与事功，讨论儒家文化如何回应市场经济的基本原理与存在的问题，讨论儒家对西方"重合共识"的回应，阐述"士"与"精英"的区别，讨论儒家和宪政的问题，等等。

在关于儒家文化如何回应市场经济的问题上，盛洪先生做了主导性发言。盛洪对经济学各领域有着广泛的兴趣，他研究宏观经济理论和中国宏观经济问题，产业经济理论和中国产业政策、制度的结构、起源和变迁，文明的冲突、融合与整合等，他关注文化与道德问题、天下未来文化问题，就在他的理性思考和研究走向更加深入的时候，他找到了儒家，找到了儒家的义理价值。

盛洪先生说，在中国古代儒家的学说和主张里面，包含了大量的现代经济因素。现代的所谓西方经济学最有价值的东西，也就是所谓的经济自由主义，其最主要的主张是自然秩序。"我作为学经济学的人来看，自然秩序的经济秩序，恰恰是在儒家那里有非常丰富的文化资源和精神资源。也就是说，儒家最基本的对经济的看法就是'轻徭薄赋，不与民争利，以民之所利而利之'。历代儒家一贯如此，从孔子到孟子，包括像《盐铁论》里面的辩论，文学贤良们的主张，包括宋代新党、旧党的类似争论，都包含了大量的经济自然秩序的主张。还有宋代陈亮、叶适等人，或者说是功利主义的儒家，他们经过讨论得出的结论，和亚当·斯密以后西方经济学的主张非常接近，甚至语言都非常接近。从这个角度看，儒学里面有着非常成熟的市场经济或者说是经济自由主义的思想资源……"盛先生还说，传统中国的市场制度造就了中国，应该说是造就了中国的经济辉煌，在前现代化时期没有哪个国家能和中国比拟。他在发言中列举了许多数据，说明中国古代市场制度的成绩是非常明显的。他还说，中国传统的市场经济，不是战争刺激的，不是采用不可再生的资源来进行的。这就是儒家的经济思想。如果这种思想可以叫作经济自由主义思想的话，儒家经济思想与西方经济自由主义思想的区别也就在这里。

对这个问题，蒋先生补充说：按照我对儒家的理解，儒家不会接受利益最大化的原则……儒家在考虑衡量一个具体经济行为的合法性时，既要考虑人的利益的合法性，又要考虑天的合法性与历史文化的合法性，三重合法性同时考虑，尽量使人类经济行为获得更周全的合法性……三重合法性并存制衡的"中和智慧"，落实下来就是儒家所说的"王道"。可见，"王道"不仅适用于政治领域，也适用于经济领域。

在讨论儒家和宪政的问题时，康晓光老师用笔记本电脑中所存的数据材料和图标对自由民主宪政进行分析演示，分析的结果是：自由民主的宪政是不好的，即是不正当的；假设自由民主宪政是好的，但也是假的，即是虚伪的；假设自由民主宪政是好的，也不是谎言，但对中国是没用的，即是无效的。大家认为，晓光老师用西方现代研究方法，从经验的数据上来证明他对西方民主宪政的批评，用客观事实说话，具有非常强的说服力。

晓光老师说他自己研究问题的方式基本上是野路子，从来不顾忌学科的界限。他说："我认为学术这个东西就是个工具，而且我做的完全是经世济用的，在这一意义上说，我是典型的中国人，以解决问题为己任。我最早研究的是贫困问题，就是农村贫困，这是对我们现实的关怀。"为了研究贫困问题，他在广西一个贫困县里挂职做了一年副县长。他一方面研究贫困问题，看到中国社会最底层的农户，一方面还有一些有权有势的朋友，所以看到的反差非常大。"贫困问题、不平等问题、中国的繁荣发展，对我冲击是相当大的。公正问题始终是我思考的核心问题。所以我想得最多的是，平等是不可能的，古往今来任何社会都不平等，这是肯定的，但问题是如何能够让这些底层的人过得好一点，这是我考虑的最现实的问题。"康晓光老师说："我认为任何一种有生命的、有意义的、创新的理论，全是对现实的一种回应。"

讨论中，陈明老师系统地阐述了他的"即用见体"的理路，谈了他"从中体西用"到"即用见体"的思想过程。这个话题引起了热烈讨论，最后大家以服从会讲"求同存异"的原则而告一段落。

关于"士"与"精英"的区别，蒋先生做了精辟的阐述。蒋先生的博学与坚守是众所周知的。无论讨论什么问题，蒋先生总是坚持儒家价值立场，坚守儒家义理标准，从不含糊，从不妥协，一派儒者气象。他说：什么是精英？什么叫知识精英？是不是读了博士、拿了文凭、取得了较高学位的社会管理者就是精英？不是。按照儒家的看法，"士"和西方民主政治所说的精英不是一个概念，"士"有社会担当，以家国天下为己任，体道、谋道、守道、践道，终其生而不谋一己私利，这才是"士"。也就是说，只有担当了儒家的价值理想与文化关怀的人才能叫"士"，那些为自己的利益追求知识、获取社会高位的所谓精英不是"士"。在蒋先生主张的"贤能政治"制度构架里，"士"组成的群体是社会的中坚。

7月15日，讨论一直进行到深夜，大家意犹未尽。结束前，主持人陈明说："天不早了？"

蒋庆先生接着说："会讲就进行到这里吧。天不早了，明夷之光呀！"

第二天上午，在复夏堂举行了《祭圣贤释菜礼》。下午登山野游。晚上在性天园的圆丘自由漫谈……

7月17日上午，为期7天的龙场之会宣告闭幕。

或许，历史已经记住了这一时刻！

我与《阳明学刊》暨中国文化书院十年发展之回顾

龚妮丽[*]

2012 年岁杪，贵州大学中国文化书院走过了 10 年的历程，回顾它的发展，我感慨万千。

在大学创办书院，我们可能是第二家。第一家是北京大学的中国文化书院，建于 1984 年。使我惊奇的是，百度网上介绍北京大学中国文化书院的百科名片上，居然挂的是我们贵州大学中国文化书院正门的照片，所以我大胆估计，大学中创办书院，北京大学是第一家，贵州大学则是第二家。在中国西南边远的贵州建立书院颇为不易，它的建成可谓众缘和合，坚持了 10 年，这就是胜利。我与这两家中国文化书院都有缘分，与第二家则有更多牵挂。我有幸成为贵州大学中国文化书院的兼职研究员，承担书院《阳明学刊》的执行编委，《阳明学刊》迄今已出版六辑，个中甘苦自知。

书院是文化的载体，过去的书院除了讲学论道，还通过刻书印书传播文化。我们的书院自然也要讲学论道，院长张新民先生将"刻书印书"变通为创办学术刊物。考虑到学术刊物既要有贵州的特色，又要有学术品味和气象，我们想到了以王阳明研究

[*] 龚妮丽：女，1951 年生，贵州贵阳人。现任贵州大学人文学院教授，贵州大学中国文化书院研究员。

为刊物的特色，并扩大到中国儒、释、道文化乃至中西方学术文化。王阳明是中国历史上著名的思想家、哲学家、文学家和教育家，精通儒、释、道三家学问，是中国历史上罕见的全能大儒，其学说具有世界影响，并对贵州文化发展起着重要作用。张新民先生谈道："儒学虽传入贵州很早，但在长期发展之中，并未形成自己区域的特色，直到王阳明先生谪居黔中，贵州才开始有了自己的文化气象。王阳明先生当之无愧地成为贵州心学地域学派的开山始祖。阳明先生来到贵州，在龙场悟道，宣讲'心外无理''知行合一'等各种学说，并形成了黔中王门。儒学在这样一种传统中传承下来，与地方文化长期交融互动，形成了贵州自己特殊的文化特色。"我们决定将书院的刊物取名为《阳明学刊》。查了查中外期刊，发现日本、韩国都有自己的阳明学刊物，唯独中国国内还没有一家以阳明先生为符号标志的刊物，因此，我们的《阳明学刊》办起来也算弥补了这一缺憾。湖南有《船山学刊》，福建有《朱子论坛》，山东有《孔子研究》，我们在贵州发行《阳明学刊》也是在发扬先秦孔孟之后的儒家传统，在民间开辟空间，重新寻找自己的"道"与"路"。我们决定将《阳明学刊》办成以书代刊的大型学术刊物。

《阳明学刊》的创办是艰难的。2003 年，书院成立不到一年，没有专门的场地，在图书馆领导的援助下，我们借到一间办公室；没有编制，书院除了张新明先生，学校只派了张明老师当他的助手；没有足够的经费，张新明先生用他的人才引进费替书院购置了家具、电脑、打印机、复印机及办公必需品，所剩无几的引进费无法承担刊物的出版。一次学术研讨会上，张新明先生恰好与学者型的财政厅长李隆昌邻座，偶尔谈及创办《阳明学刊》之事，李厅长颇受感动，当场表态愿意资助出版第一期刊物。我和张明老师跑了好几趟财政厅，终于将经费落实下来。为了获得稿源，我们在网上向全国学术界征稿，半年过去了，收到的稿件并不理想。张新明先生开始写信向他海内外的学术朋友们索稿。数月之后，我们收到了来自中国内地、香港、台湾等地知名学者的稿件，如台湾达摩书院院长张尚德先生、香港法住学会会长霍韬晦先生、香港中文大学哲学系王煜教授以及四川大学哲学系黄玉顺教授、南昌大学哲学系郑晓江教授、浙江国际阳明学研究中心副主任兼秘书长钱明教授等重量级的学者，都给我们寄来了他们的文章。就在我们为得到高水平稿件高兴时，张新明先生却因劳累过度，患了严重的眼疾，术后须避光休息，一段时期内不能用眼。作为他的妻子，我不仅要照顾他的生活，要到离家十多公里外的艺术学院上课，还要帮助他处理各种事务，疲惫不堪。躺在床上的张先生惦记着《阳明学刊》的出版。为了不影响学刊的出版进度，我只好在他的床前将稿子念给他听，以此方式审稿。之后又在他的口授下，写该刊的编后记。

2004年9月，我和张先生赴京参加由国际儒学联合会、中国孔子基金会和联合国教科文组织举办的纪念孔子诞辰2555周年国际学术研讨会。会议期间，我们将《阳明学刊》征稿启事发给参会的同仁，引起了大家的关注。李泽厚、汤一介先生询问我们书院的情况，杜维明、成中英等著名学者表示要支持我们的刊物，杜维明先生决定2005年到贵州大学中国文化书院做学术演讲，中国社科院东方哲学研究室主任李苏平教授当即同意给我们寄稿件，我们的收获不小。

《阳明学刊》第一辑终于在2004年11月出版了，我捧着沉甸甸的学刊，闻着飘过的墨香，心中充满喜悦和酸楚。在书院简陋的会议室，我们举办了《阳明学刊》首发式，张新明先生发言说道："在贵州建立中国文化书院，是一大文化因缘。在当代几大文化冲突的多元发展背景下，无论天南地北，现代化已是我们置身于其中的现实，西学也是我们每天都可遭遇到的文化现象。因此，更有必要深入生命，体会自身固有文化的价值与意义，同时还有必要追问中国文化如何与西方文化进行对话和讨论，怎样发出自己的文化声音？基于这样的思考与焦虑，我们决定出版自己的刊物——《阳明学刊》……办学术刊物，需要有经费支持。为了使大家有自己的论坛，我们向社会多方面筹措资金，使民间的声音先发出来。民间的声音之所以重要，是因为道在民间而不在衙门。明年我们准备出第二期。现在中国文化书院的成果需要发展下去，也有资金、人力、物力的困难。虽然中间会遇到种种问题，但我们决心办下去。"学界朋友们用掌声给予我们肯定和支持。

为了坚持办好《阳明学刊》，张新明先生不顾自己欠下的一大堆文债，放弃了自己好几部专著稍加校对即可出版的机会，将大量的精力投入书院和学刊的工作，他亲自撰写长文，将自己最满意的文章用于《阳明学刊》。2005 年下半年，张明老师准备赴美留学，要到上海进修英语，书院就只有"光杆司令"张新明先生了。幸好我那时已从十几公里以外的艺术学院调入贵州大学人文学院，与书院相邻。张先生的古代史研究生与我所指导的美学研究生也都成了书院工作的助手。我们不仅编《阳明学刊》，还创办了书院内刊——《书院文化论坛》。可爱的中国古代史专业 2004 级的研究生同学们，在发刊词中写道："书院是我们大家的，也是一切希望了解、认同、体会和研究中国优秀文化的朋友们的。它为我们提供了一个精神的家园，使我们远离浮华喧嚣，去掉内心的烦躁散乱，宁静下来、深刻起来、担当起来。在积累知识的同时，也真真切切地提升我们的境界，按照'博学于文，行己有耻'（顾炎武语）的要求，既学知识，也学做人。这应该是书院的宗旨，也是我们办刊的宗旨。"书院精神凝聚了热爱中国文化的同仁，四面八方的朋友都在支援我们。由于儒学及中国文化各重要网站对《阳明学刊》第一辑的宣传，我们第二辑学刊的征稿工作顺利完成。《阳明学刊》从第一辑的 30 万字增加到了 50 万字，文章整体质量也有了较大提高。除了我们贵州学者的文章，来自港台地区、美国及大陆各大高校、研究所学者的学术文章占了 2/3。

2006 年秋天，我们书院的新址落成，我们搬进了幽静、宽敞、充满文化气息的新书院。学校派来了吴树元副院长和黄诚老师，人力匮乏的困难有所缓解。2006 年，《阳明学刊》第二辑出版了。张新明先生在编后记中特别感谢杜维明先生 2005 年仲秋专程到贵州大学中国文化书院做学术演讲。我们将演讲录音整理成文刊载于《阳明学刊》，张新明先生称杜维明先生的演讲"透过中西比较的广阔视阈，对儒家的仁、义、礼、智、信价值重新进行了创造性的诠释。儒家在长期的历史过程中积累起来的人文精神，即使与西方比较，亦自有其殊胜之处，通过创造性的转化及相应的社会实践，仍可焕发出现代性的生命活力，不可轻易地否定或抛弃。"张新明先生还在编后记中重申了办刊的思想："本刊提倡'有思想的学问'或'有学问的思想'的治学路径。"我们在有限的经费中尽量挤出费用将《阳明学刊》寄赠刊物给关心文化建设的海内外同仁，希望学术界的朋友们惠赐佳作。不久，我们收到各地热心读者索要《阳明学刊》的信函以及对刊物中文章的反馈。互联网上，有评论认为《阳明学刊》是继《原道》之后的第三家关于中国传统文化的重要民间刊物。海南出版社希望与我们书院合作出版"日本阳明学研究译丛"，并向国内读者介绍冈田武彦先生研究王阳明的著作。德国奥尔登堡大学哲学博士大卫·巴拓识（David Bartosch）来信希望与我们合作将王阳明的《大学问》翻译成德文，介绍给西方社会，大卫后来还向我们《阳明学刊》发来稿件"哲学革新创造性的来源——王阳明与库萨的尼古拉跨文化经历比较"。我们后来还收到了台湾大学哲学系郭文夫教授、台湾佛光大学校长龚鹏程教授、泰国道统学会理事郑彝元先生、美国夏威夷大学哲学系成中英教授、加拿大卡尔加里大学（University of Calgary）史罗一教授等著名学者的赐稿。在各大重要学术网站上都有《阳明学刊》目录和论文简介的转载。

2008 年书院受到学校的重视，有了编制，人员增加，经费也充足了，讲学、科研活动逐渐频繁起来。原以为我这个编外人员可以休息了，但编稿是个"为他人作嫁衣裳"的活儿，年轻人都有自己的科研任务，未必愿意花精力干这事。张新明先生还是将编稿的工作压在了我这个兼职研究员身上。因对《阳明学刊》已有了感情，我也就坚持继续干下去。学刊自第三辑开始，我们将出版地点落户巴蜀书社，责任编辑何锐先生是贵州人，他关心家乡的文化事业，表示尽全力支持我们。2008 年 4 月我们出版了《阳明学刊》第三辑，2009 年 11 月出版了《阳明学刊》第四辑，2011 年 4 月出版了《阳明学刊》第五辑，2012 年 11 月我们将出版《阳明学刊》第六辑。这里要衷心地感谢何锐先生。

10 年的历程，无论艰难曲折或甘苦辛辣，都值得珍惜。如今我们已是六旬以上老人，回想当时办刊的理念，理想虽然没有完全实现，但是我们尽力了。最后，我想用张新明先生在《阳明学刊》首发式上的一段讲话赠予书院的年轻人，希望书院真正成为文化传播的阵地，希望《阳明学刊》后继有人。

　　我们所要致力的学术，有"为道"和"为学"两个方面。"为道"就是追求真理，或者说追求生命的真谛；"为学"就是要追求知识，追求服务于价值的知识。本着"为道"的立场，我们要守道、行道、传道，陈白沙早就说过，"道大也，天小也，轩冕金玉又小也"。如果不从尘俗中超拔出来，又遑论什么"为道"？依据"为学"的原则，我们则要坚持学术独立的精神，做到博古通今，慎思明辨，并以"昔日之得不足以为矜，后日之成不容以自限"警勉。"道"

有所守，"学"有所得，认识论与存在论，二者必须同时兼顾。这也是我们追求的学术方向。在刊物上，我们希望能够把两者打通，使它们水乳交融般地结合起来，形成新的学术趋向。概括言之，便是既要有个人的体悟，把个人生命与国家民族打通；也要注重外在知识的积累，以强大的支援意识为后盾，真正做到厚积薄发。当然，就生命境界而言，我们向慕高远，但也不厌卑近，在"先立乎其大"的前提下，知识的学习也可以帮助提升内在的体悟。但最终仍是要做到两者的结合，把内在的体悟和外在的知识追求融会成一体……我们重新创办书院的目的，便是要在前人的基础上，继续承担起时代的忧患和责任，守护和弘扬中国文化的真精神。《阳明学刊》的出版发行，算是书院奋斗路途的一种历史性象征。世之求道君子，或有以知之乎？希望大家继续关心和扶持《阳明学刊》的成长！

北美访学记

米 湾[*]

经过北京市高等学校师资培训中心举办的出国访学选拔考试等一系列复杂程序，我于 2009 年 9 月初赴美进行访学活动。2010 年 3 月初回国，历时 6 个月。

我访学的院校是美国纽约州立大学布法罗学院（State University of New York College at Buffalo），导师为该校哲学人文系资深教授乔治·T. 霍尔（George T. Hole）。

布法罗学院系纽约州立大学系统内的 64 所高等院校之一，建于 1871 年，是布法罗市最早的公立高等教育实体。目前在校学生约有万余，其中留学生五十来名。亚洲、拉美、非洲及东欧留学生不少，西欧留学生较少见。

在名校指不胜屈的美国，此校籍籍无名，极其普通。校园外观平平，普通红砖建筑居多，只主建筑 Rockwell Hall 比较宏伟可观。不过其建筑的内部设施比国内大多数大学都条件优越，各教室都铺有地毯，干净整洁。

此外，在国内高校，如果不是副书记或副主任等职位，一般

* 米湾：男，1964 年生，河南鲁阳人。本名王瑞昌，字乃徵，号米湾，一号山氓。先后获西南政法学院法学学士、北京大学法学硕士及哲学博士学位。现为首都经贸大学人文学院教授。长期在高校及民间公益文化机构主讲儒学经典及中国哲学。撰有《追望儒风》（"儒生文丛"第二辑，北京：中国政法大学出版社 2013 年版）、《陈确评传》（南京：南京大学出版社 2002 年版）等。

教师很少能享有自己的专用办公室。在布法罗学院，全职教师皆有单独专用办公室，且办公室大小不因资历深浅而有明显悬殊。我来访学，居然也享受到办公室之便，与另一位来访者共用主教礼堂（Bishop Hall）203 室，里面计算机、打印机等办公设备一应俱全。

其师资水平，尤其是教学和研究条件及软环境，与国内许多名校相较，有过之而无不及。就拿我所在的哲学人文系的 8 位全职教师而言，其中有教授 4 名，副教授 2 名，助理教授 2 名。8 名成员均获有哲学博士，学业专精。其中一位除哲学博士学位外，还获得了数学博士学位。我们知道，美国的博士，总体而言，是含金量比较大、杂质比较少的。系里只设一位秘书，再无其他专职行政人员。

由于兵精政简，教师能专注自己的教学研究工作。清清静静，不会被与教学科研无关的会议、集体活动、繁杂的表格填写等事务分心。其他系的情形，想必也与此相差不多。

整个校园也相当安静，宜人宜学。图书馆尤其令我兴奋不已。书库自早上七点到夜里十一点开放，入不验证，可信步其中浏览，可静坐舒适的沙发椅上专心攻读，也可几乎是无数量限制地借阅。自习室更令我吃惊：通宵达旦，一天二十四小时开放！

在这个图书馆里，多年来许多只闻其名未得一览原貌的西方世界名篇力作、大典巨制，如《牛津古典丛书》、汤恩比的《历史研究》、杜兰特的《世界文明史》、白壁德的《卢梭与浪漫主义》、纽曼的《大学的理念》、史怀哲的《文明的哲学》等，皆得一睹为快。读者所需而本馆所无的书，用任何一部计算机通过计算机索引系统一索而得后，将该书简单信息通过网络在馆际互借系统上登记提交，三五天后就能接到图书馆通知你去取书的电子邮件。我通过馆际互借系统借书二十余册，其中不乏冷门古旧者。除了美国著名儒教学者 Rodney Taylor 所编一套两册《插图

版儒教百科全书》（*Illustrated Encyclopedia of Confucianism*）因是
工具书概不外借之外，其余无不如愿以偿。更令我兴奋的是，此
项服务不仅分文不取，而且取书、还书时，都能从馆员的面容上
额外领略到一声面带微笑的"Thank you"。

在布法罗学院访学半年，旁听了不少课程。为提高英语听说
能力，学院专门为我们安排有英语课。每周要上课四次，每次课
一个半小时。但由于授课教师都是临时招来的义务教师，而且讲
的内容十分浅显，我在此类课上收获的与其说是语言水平，不如
说是与教师的友谊。

来到布法罗学院时，正赶上秋冬学期的开始，我主要选听了
三门哲学系的课。

第一门课是导师霍尔教授的。他此学期只开一门课："爱与
性的哲学"（Philosophy of Love and Sex）。虽然此课内容非我平时
关注的重点，但是导师的课似乎应该听听。除第一堂课因为抵美
比较晚未能赶上外，后面的课听到学期结束，一次没缺。第二门
是哲学系副教授约翰·德莱格（John Draeger）的"伦理学史"
（History of Ethics）。第三门是助理教授杰森·格林奈儿（Jason
Grinnell）的"希腊哲学"（Greek Philosophy）。后两门课，由于
后来太忙，内容自己也比较熟悉，没有听到学期结束，大概听了
总课时的 2/3。

霍尔教授的课，主要是阅读、讨论、分析《爱的哲学》
（*The Philosophy of* (*Erotic*) *Love*）这本教材中所选的西方历史上
关于性与爱的经典名著，如柏拉图的《会饮篇》、奥维德的《爱
的艺术》、奥古斯丁的《上帝之城》片段、海洛薇兹与阿贝拉德
的《通信集》（Heloise and Abelard：*Letters*）以及安德里亚斯·
卡佩拉纳斯的《论爱情》（Andreas Capellanus：*On Love*）等。此
外，为此课程，霍尔教授还要求学生读当代英国著名作家阿兰·
德·波顿的哲理爱情小说《论爱情》，并在课堂上分析两性方面

的根本问题。

通过课堂听讲、讨论及课下阅读，首先开了眼界，了解到西方历史上有这么丰富多彩的关于爱与性的哲学名篇，并知道了西方爱情思想史上有柏拉图之爱（Platonic Love）、基督教的"大爱"（Agape Love）、中世纪的"骑士之爱"（Courtly Love）以及近代以来的浪漫之爱（Romantic Love）等几个大的历史阶段及各自特点，感觉颇有收获。其次，了解到美国大学生面对性爱问题时，态度非常坦然自若；讨论起敏感问题，毫不回避，可以看出他们在性爱方面都有很多经验，并能用冷静的理性进行分析。男生如此，女生亦复如此。这一点也加深了我对美国青年人性爱观的了解。再次，通过此课，也提高了自己英语听说和阅读较艰深英语文献的能力。我阅读了教材中的许多选目，也通读了波顿的《论爱情》一书，参与了一些课堂讨论，英语水平不觉有所提高。

据霍尔教授的教学大纲言，此课的目的是教导学生如何成为"智慧的爱人"（Wise Lover）。上完此课后，我对究竟什么是霍尔教授心目中的"智慧的爱人"、其严密的论证过程，没有完全弄清楚。或许是因为他授课中没有能完全廓清此问题，更可能是因为我没有学到家。以后我拟对有关文献和带回来的课堂资料做进一步研究，并通过通信手段继续向霍尔教授请教，弄清一些疑问。

德莱格教授的"伦理学史"课主要阅读、讨论代表西方伦理学中德性伦理、义务伦理和结果伦理这三大谱系的三部代表作：亚里士多德的《尼各马可伦理学》、康德的《道德形而上学基础》和密尔的《功利主义》。我主要听了讲授《尼各马可伦理学》的这部分课时。课堂所用的是此书最新英译本，晓畅易读。我读了此书部分章节，通过听讲、讨论，对亚氏伦理学的了解有所加深，进一步明白在亚氏那里，道德与政治之间是一体两面的关系，不可分割。不过此书是部大著，限于时间我没能通读，中间的委曲细节未能深究，只能俟诸来日了。

讨论康德之书的课时，由于此书的英文、汉文译本我皆仔细地看过，课堂讲授也不是太深入，所以我只听了数节。至于密尔的伦理学说，因为比较容易理解，这部分课时没有去听。

德莱格教授授课风格非常活泼，激情洋溢，表演性动作颇多，但似乎没有沉潜下来，玩味义理。他经常在教室中急速走来走去。讲课语速如倒瓶泻水，难免有吐词含糊不清的问题。很多地方没能听懂，所以听课收获也受到限制。

格林奈儿教授的"希腊哲学"课，不疾不徐，有板有眼，比较能适应。我随着课堂温习了一些古希腊哲学家的哲学观点，感觉津津有味。其中最重要的一个收获是弄明白了柏拉图洞穴之喻（allegory of the cave）的细节。二十多年前读柏氏《理想国》的汉译本时，对洞中人、火、墙、影的具体方位及其相互作用的机制，不能形成清晰而生动的画面。课堂上经过格林奈儿教授的图示，洞中情形顿时朗然浮现面前，曷快如之！

格林奈尔教授通希腊文，对希腊文化了如指掌，道之如数家珍。每遇关键哲学术语，辄举希腊原文穷其本意。听其授课，颇增见识。课后也经常与其交谈，在图书选购等方面对我帮助甚多。

秋冬学期里，除了以上三门课外，哲学人文系其他教授的课，也分别听过几次。

凯穆伯丽·布莱辛（Kimberly Blessing）是哲学人文系女副教授，并兼任系主任。她的"哲学导论"课是大课，一百来个学生济济一堂。左手板书，洗练流利，富韵律感。她选用的教材是当代美国哲学家海瑞·G. 法兰克福的名作《论扯淡》（Harry Gordon Frankfurt：*On Bullshit*）、柏拉图的《申辩篇》及笛卡尔的《方法谈》。布莱辛教授如此选材应该说是独具匠心的，三书皆是启迪"洞中之人"脱落世俗经验知识之囿、进入哲学思考高明广大之境的利器。

后两书是古今名著，不需多言。《论扯淡》是普林斯顿大学荣休教授法兰克福所撰长文。耳闻此著，可为我在凯穆伯丽课堂上的一个收获。在《论扯淡》这一长文中，法兰克福厘定了"扯淡"这一概念，并对其种种表现予以分疏。他指出"扯淡"不同于"撒谎"：撒谎者还追求真理，以便掩盖真理，方便造假，而扯淡者则根本不过问真理，只管哗众取宠，以逞己意。因此，与撒谎相比，扯淡是真理之更大的敌人。孔子说"古之学者为己，今之学者为人"，当今扯淡为人之学盈天下，法兰克福教授此文无疑是一剂针砭"后现代之弊"的良药。

助理教授朱利安·科尔（Julian Cole）来自苏格兰，获得数学和哲学两个哲学博士学位，湛深数理。来布法罗学院两年多，研究数学哲学，教授现代逻辑。现代逻辑，是我"虽不能至而心向往之"的学问。十多年前，我曾下决心自学现代逻辑。购得蒯因的 *Method of Logic* 一书"内部交流"影印本，依其章节，仔细理会其文理，逐一演习其作业。进展颇为顺利，不料某日忽然头昏眼花，如置身云雾之中，缥缈不能自持，服用"上清丸"近半个月始退。自此不敢再碰现代逻辑，而蒯因之书，理会尚不足半部。虽然如此，对逻辑之学还未全然释怀，因此结识科尔教授后，亦多次到其办公室闲谈，以广见闻，并到他课堂参观过一次。然而，当科尔教授向我推介并出借 *Modern Logic：A Text in Elementary Symbolic Logic* 一书时，我自知无力穷究，婉言谢绝了。

哲学系资深教授杰拉尔德·诺希克（Jerald M Nosich）研究科学方法论，教授"思维训练"课。在系研讨会上听过他的发言议论，私下也与之闲谈过几次。他兴趣广泛，思维敏捷，一触即发。可惜未来得及去听他的课。他所著 *Learning to Think Things Through* 是一部难得的学术思维训练教材，多年前已被译成中文，此次我购得其 2009 年新出的第三版，并请其签名，以志雅谊。

哲学人文系还有两位专事宗教研究的老教授：玛丽安娜·佛格森（Marianne C. Ferguson）和艾伦·波戴特（Allen H. Podet），都已七十开外。佛格森女士研究基督教哲学和基督教史，未遇上她的开课期，她也不常露面，故未能闻其议论，只与之略有交谈。其为人低调沉静，温雅有礼，一望即知为涵养有素的人。我曾不止一次听到他人私下对她的赞扬。此次访学未能向她请益，无疑是件憾事。

波戴特教授是位犹太人，专精希伯来语和犹太教。私下曾向我透露，他信犹太教，并在一犹太教堂兼任拉比。

一日冒昧造访其办公室，相谈甚欢，于是带我至其"世界宗教"课堂上听。这也是一大课堂，原打算坐下感受一下而已，不意开讲之前波戴嘱我对班上同学讲话。言毕，大概觉得我发言尚可，当即在班上宣布，下周要我在课堂上介绍一次儒教。于是，我借此机会就儒教何以可成一教，其教理、教义、教典及戒律若何诸问题向美国学生做一解说。讲完后又回答几个学生提问，气氛融融。课后波戴特教授谬称我讲得好，说学生反应亦不错，并要我把课件与之，言有学生欲观之。因我所讲无非儒教常识，谈不上知识产权，且不失传播国学之一助，遂欣然与之。情款之际，波戴特教授取出架上早年所购老版詹姆士本《新旧约》，以希伯来语署其名，慨然相赠。此本我留意二十余年而未得，今得之顷刻之间，喜出望外。

其间，波戴特教授还邀我去其另一"圣经研究"课堂与学生做一次座谈。大家在教室里围成一圈，侃侃而谈。我问学生们："你们是否因为信教而上此课？信教的同学有多少？"有几位学生答曰："我们大多只是想增加些关于宗教的知识，真正信奉的不多。"转问波戴特教授："您在授课过程中，是否有诱导学生走向信仰的倾向？"波戴特教授笑答："得请同学们回答此问题。"有学生言："并无此倾向。"然后，波戴特教授表示：根据法律，公立学校的课堂上授课，是不能带宗教倾向的。在美国我也明显感到，真正信教的不是很多，寓所周边有好几个教堂，大多门庭冷落。有几座辉煌壮丽的大教堂已经关闭，改作学校、场馆等他用了。在纽约市参观时，我也造访过圣派克等几个大教堂，也甚清冷。由此想到国内各地许多寺庙，尤其文庙、书院，其高大门墙内，多一片阒然，或挪为世俗之用。中国的传统正在消失，耳闻目睹西方的这种情景，其传统亦何尝不在凌替式微之中！念之不禁扼腕。

不过即便如此，基督教仍不失为美利坚之隐形国教。其不同面值的硬币上都有"IN GOD WE TRUST"一语，还有我们都知道的总统就职都要手抚《新旧约全书》起誓一事。此外，据说美国开国以来历任总统，没有不信基督教的。

我曾就此问题与专研政治法律哲学的约翰·德莱格教授交换过意见。他说："的确如此。"并补充说："即便美国总统不是基督教徒，也不敢堂而皇之公开向国人宣布之。"与波戴特教授闲谈时，我又征求他的看法，他说："我的看法还要比约翰的积极些。美国总统的确都是信教者，只有一个杰斐逊，或可存疑。"我说："《独立宣言》中含有基督教观念，而且文中也有'God''Creator'之说，实际上将其视为信教者比视其为无神论者会更稳妥。"闻此言，波戴特教授颔首然之。

与波戴特教授的这番交流，发生在随他夫妇去 Jamestown 的车中。Jamestown 是座老镇，在布法罗市南方，相距约两小时的车程。镇上有一犹太教堂，波戴特教授在此教堂任拉比。

在其课堂交流后，他邀我去此犹太教堂参观礼拜仪式，并与犹太朋友交流儒教问题。11 月 21 日是个礼拜六，晚上将举行礼拜活动。当日下午，我随波戴特夫妇来到 Jamestown。

　　当晚的礼拜活动只有十数人参加，整个礼拜仪式颇为复杂，有拉比讲解、诵经、齐唱、对唱、举幡绕室等节目。在教堂首次看到写在羊皮纸卷上的希伯来文"Torah"，并听犹太教徒用希伯来语唱赞美诗。发现希伯来语和阿拉伯语接近，皆自右至左行文。次日，住在 Bemus House 村庄上的犹太人家里，夜间向汇聚在这里的十来位犹太朋友介绍儒教的情况。在 Jamestown 与犹太朋友盘桓两日后，回到布法罗。此行耳闻目睹甚多，眼界为之一开。

　　此次访学，主要任务是听课学习，有关方面并未为我安排讲课、讲座任务。但是也随缘讲了几次。上述在波戴特教授的课堂上讲儒教是一次，此外还应邀在刑事司法系（Department of Criminal Justice）为其研究生讲一次"中国政治法律文化"。

　　此系教授宋惠龙先生是台籍华人，在其授课内容中有中国政治法律制度方面的内容。当得知我曾修习过法学后，便邀我去讲两节课。于是我临时草就上述题目的讲稿，如约讲之。不意当天授课时，宋教授说他临时患感冒，不能相陪，遂把我带到教室向学生们介绍几句后就回去睡觉了。我连讲两节，收放颇感自如，进展顺利。学生听之，神情也颇贯注，秩序井然。遂感外文授外课，并非十分难事。

　　哲学人文系有一常规性学术活动项目：邀请本系教授或优秀学生介绍自己的研究成果和心得，他们称此活动为"Colloquium"。每学期举办三四次，并对外系师生开放。应系主任凯穆伯丽之邀，我也任了一次主讲。精力时间所限，不及撰写论文，于是就把当年 4 月初在瑞典参加学术会议时提交过的 *The Rise of Political Confucianism in Contemporary China* 一文拿出来，加以修改调整，与美国同行交流了一次。自觉发言可称条达舒畅，后面的质疑问难，亦颇热烈。交流之乐，自不待言。

　　访学期间，赶上该校的第十届全校教职工学术及创造性成果秋季会展（The 10th Annual Faculty/Staff Research and Creativity Fall Forum，October 29，2009）。众多参展的教师将其学术成果制成简报，附于展板，摆放在体育馆大堂中，与前来观展的师生交流讨论。这是全校师生的一次盛会。开幕式上，校长讲话、表彰教师等活动也一并举行。熙来攘往，气氛热烈，如展销会一般。但据"精通时事"的人说，其形式意义可能大于实际意义。访问学者也被要求参与，因此我也将上文加以"提玄勾要"式地剪裁弥缝，并配以图片，制成颇为美观的彩色简报，参与了展览。

　　上述活动皆秋冬学期所为。12 月 17 日至 1 月 25 日为寒假，我乘此机会先后去圣彼得堡、奥兰多、纽约市、费城和华盛顿等地参观游历一圈。1 月 25 日周一春夏学期开始上课后，继续旁听课程。

　　2010 年 2 月底访学期限终结，深感时不我待，于是想努力多听课。新学期所听，除一门是古典和现代语言系所开外，其余皆英语系的课。哲学系诸教授，其课大多已感受过，无暇再顾。之所以决定听英语系课，一是感觉英语系教师的英语表达应该更规范，对提高英语听力会大有帮助，二是本人对英语文学比较有兴趣，在国内开有"英文诗选"选修课，听之对提高教学水平将大有裨益。

　　布法罗以冬天雪大著称。为听课及在图书馆觅书，我经常是早上踏着夜间降下的厚厚积雪出门，晚上默诵着"风雪夜归人"的诗句，顶着凛冽的寒风而归。路上展望四周，大地纯白，苍茫无际。此情此景，令人心生浩气。不无辛苦，更有甘甜。不知与孔子所谓"不知老之将至"云尔者是否相仿也。

　　开学第一周，一鼓作气听了八门课，第二周后又增加一门，共九门（Lisa Berglund：The History of the Printed Book；Michael Johnson：Beginning Latin；Jennifer D. Ryan：Introduction to Poetry；

Angela B. Fulk：Biblical and Classical Literature；Laurence J. Shine：British Literature；Gregg A. Biglieri：Introduction to Poetry；Johanna M. Fisher：Introduction to Poetry；Ann C. Colley：British Literature；Mark K. Fulk：Introduction to Poetry）。当然，九门课不可能全部坚持下来，有些课只听一次，有些听二三次。综合多种因素考虑后，最后选定安·科雷（Ann C. Colley）的"英国文学"和珍妮弗·瑞安（Jennifer D. Ryan）的"诗歌导论"两门，一直听到因迫近回国不得已辍听而止。

珍妮弗是位年轻女助理教授，其诗歌导论课讲授诗体、格律，辅以诗选。从古到今，有条不紊。每次上课总是用疾速的脚步走入教室。立定之后，手拿名册，扫一眼课堂，一一点名。略有矜持而认真的表情中，透露几分优美和高雅。出语吐词，捷利清越，赏心悦耳。语速快而音节历历可辨。滔滔不绝，而不拖泥带水、冗沓芜杂。板书勤而敏，富而工，几乎是语未出口而词已显于前。片刻之间，授课要点就遍满黑板了。然后一擦而空，再一回合。如奏乐然，一章既除，新章再起。忽已回神，已是下课时间。以前国内自学英诗，难免有节奏把握不准，抑扬轻重失当，诵读味道不深不纯诸弊。通过旁听珍妮弗的课，温习了格律，体验了英语诗歌在英语世界的本来面目，受到了一些熏陶，澄清了一些疑问，甚感欣慰。印象比较深的如莎士比亚的第十八首十四行诗的第二句"Thou art more lovely and more temperate"，以前我根据格律要求推测，"temperate"一词的最后一音节应有重读，但未敢自信。因曾听商店买回的录音，此一音节并无以重读处理之，与日常念法无别。以前的揣测现在经英语本土文学博士出身的珍妮弗印可，可得释然矣！

如前所列，加上珍妮弗，这学期英语系共有四个教师授诗歌导论课，皆去旁听过至少一次。内容浅深、授课计划互不相同。不拘一格，各领风骚。

　　与珍妮弗的课相较，科雷教授的课则是另一番风景。早年成长于英伦的她，仍操一口纯正的不列颠英语。打有音乐绘画基础，后从事文学，获名校芝加哥大学英语系博士学位，无疑是位才女。总是笑容可掬，温文尔雅。课前点名，学生应答声落，往往要再用亲切的声调轻呼学生之名而道谢之："Thank you, Jenny"，"Laura, Thank you"，等等。授课风格非常斯文，出语元音饱满，辅音清晰，慢条斯理，一丝不苟，而遣词文雅，含蓄有致，富古典韵味。不时辅以有节制的表演动作，而要强调某个问题时总是举起小臂，攥紧拳头，微笑着向在座学生轻轻挥动几下。这已成为她上课时的经典性手势。她的课堂上总是春风一片，其乐融融。

　　科雷教授不仅授课可听，而且著述甚丰。他在维多利亚时代文学研究领域，颇有声誉，获有"杰出教授"（Distinguished Professor）这一在纽约州立大学系统内教授们可望取得的最高荣誉称号。科雷教授无疑是英语系的王牌之一。

　　科雷教授的课每周两次，一次75分钟。听了近一个月，受益匪浅。Mary Wollstonecraft, William Blake, Wordsworth, Edmund Burke 和 William Gilpin 等人物的逸闻趣事、作品风格、美学思想，娓娓道来，如享盛宴。其朗诵 Blake《天真之歌》和《经验之歌》中的"Holy Thursday""Chimney Sweeper"等同名对子诗，声调饱蘸情感，其抑扬顿挫之致，一会儿把你引进天真烂漫的童话王国，一会儿把你置入严酷悲惨的人间世界，而作者看破红尘的心境和悲天悯人的情怀，不觉袭上听者的胸怀。

　　早年读这些诗，不觉有甚意趣。现在忽觉其中似有无尽的意蕴：有苍凉，有悲情，有怅惘，似乎也有超脱，实在难以言表。"此中有真意，欲辩已忘言"，在科雷教授的课堂听 Blake 的诗，亦生此感。

　　我来听课，是凯穆伯丽介绍的，可能因此之故，科雷教授不仅对我表示欢迎，而且课堂上时常向我问话，似乎怕我冷场，以示关照。讲到 Blake 的《天真之歌》时，联系到儿歌，她转身笑眯眯地问我："你们中国肯定也有儿歌吧？"答曰："有！""请背一首来给大家听听好吗？"我愣了一下，脑中搜出骆宾王的《咏鹅》诵之。接着，又用英语解释了下大意，算是应付住了差事。

　　有时可能是为使课堂气氛轻松一下，问的问题颇嫌节外生枝。一天不记得因何事提到英国人吃鳝鱼，忽然问："你们中国人是否也吃？"我答曰："鳝鱼在中国是道好菜，餐馆中相当昂贵。"接下来又补充一句："不过本人不爱吃，因此免去不少花费。"话音一落，课堂上升起一片笑声。

　　科雷教授讲解崇高（sublime）、美丽（beauty）、如画（picturesque）三个美学观念时，条分缕析，深入浅出。并出示绘画作品例示之，令人豁然开朗。这也是印象比较深的一幕。她先将三词写在黑板上，然后转身问大家能否讲出三者的所以然来。因为我以前读过柏克的《对崇高与美两个观念的来源的哲学探讨》，而且事先已知道这天的授课内容之一是柏克的美学，因此，当我看到其他学生没有作答的意思时，就主动拿出柏克的观点来讲了什么是崇高，什么是美，回答相当精确。见此情景，科雷教授笑着说："别的同学没看过柏克的书，你看过了答案，因此你的回答不能算数！"结果又是一番笑声。的确，如果不是事先看过，我是答不上来的。"如画"之说，因为没有看过 Gilpin 的论述，答不出来，就是证据。科雷教授说，"如画"的要素是"形式的粗糙性"（roughness）、"崎岖性"（ruggedness）和"废墟状"（ruins）等，是由 18 世纪英国艺术家 William Gilpin 首先揭橥出来的。讲解的同时，她将一幅"如画"的画指给大家看。如此一来，就把"picturesque"印在听者的心底了。

科雷教授的课是访学期间所旁听课程中遇到听力障碍最少的，加之授课内容也甚平易，所以听起来轻松自如，十分愉快。

寒假时我在纽约市中心世界闻名的摩根图书及博物馆（Morgan Library & Museum）观览到大量西方稀世珍藏，琳琅满目，精美绝伦，大开眼界，因此激起了我对西方书籍传统更为浓厚的兴趣。开学后，见英语系课程表上有莉萨·伯格兰（Lisa Berglund）教授开的"The History of the Printed Book"一课，就决定旁听，以期一睹西方版本学的究竟。

由于中国是印刷术的故乡，源远流长，故觉西方版本学不怎么发达，如书法艺术盛于中土而不显于西域一样。听了此课之后，才知道原来书籍版本之学在西方也甚发达，名著甚多，如伯格兰教授推荐的 *ABC for Book Collectors* 就是其中之一。

此课安排有很多"田野考察"活动，如到本校的 E. H. Butler 图书馆看特藏，到兄弟院校 State University at Buffalo 图书馆看善本，到西部纽约书籍艺术中心（Western New York Book Arts Center）看传统印刷技术和书籍装帧艺术等。

我只随班上学生去 Butler 图书馆看过两次"特藏"。第一次伯格兰拿着各种样书给我们讲解古书的各种形制、版本学上的专业术语。第二次让每位取一部 18 世纪之前的古书，观察记录其书脊颜色、封皮材质、开本、装订、字体、出版年代、行文特点、有否批阅墨迹等细节，为下次课堂讨论做准备。

我拿到的是一部题名 *Looker - on* 的古书，作者系 Simon Olive - Branch。小开本，416 页，牛皮封面，书脊用咖啡色布料包装，书中有笔墨污迹，其第 335 页上尚有一幅显然是读者漫不经心画下的肖像。1796 年出版于费城。这是我至今曾直接翻阅过的最古老的西方文献了。

伯格兰女士是位中年副教授，获弗吉尼亚大学哲学博士，通古英语，精 Samuel Johnson、James Boswell 等 18 世纪作家研究，任北美字典学会执行书记，在学术界似甚活跃。右腿有残疾，手拄拐杖上课堂，给人以敬业精进的印象。授课语速快捷而流畅，口气坚定而权威，不无几分傲慢的神情。但我作为不速之客来旁听，她并无排拒的意思。第一次课的课间与她交谈时，她表示："较远的田野活动，如果能安排得下，我也有机会参加。"又补充一句："一般是没什么问题的。"

不过她的课我上了大概三次就放弃了。主要是因为课堂所授技术性、专业性太强，无时间精力投入，也就没有参加后面的田野考察。

多日后，我只身到西部纽约书籍艺术中心参观，盘桓两个小时。与其工作人员交谈时，我提到伯格兰教授。一位满手油墨、正在一老式印刷机旁操作的中年男子说："她经常到这里来，很熟悉的。"我来参观，也可说是补了伯格兰教授的一次"田野考察"课。

告别她的课堂时，我把国内带来的影印宋代福建刊本《陶靖节诗》拿出，题上几行英语，简单介绍一下陶诗及其版本价值，赠送给她。可谓投其所好吧！

一直想学点希腊、拉丁语，苦无机会，国内教材也很难觅得。借此访学之机，猎获了几本教材。春秋学期里，留意到古典和现代语言系开有拉丁语课，便决定去听。心想，即便入不了门，感受一下，也差可为慰。

开课的 Michael Johnson 教授是位五十开外的古典学者，为人宽裕从容，坦易和乐。第一次课，只见他口未开言，先捧起手中的《剑桥拉丁语教程》（*Cambridge Latin Course*）亲吻了一下，引得学生不禁莞尔而笑。由此可见，其对古典一往情深。

课上我第一次感知了拉丁语的朗读效果：雄浑沉挚，刚而不厉，雅有高致。据说希腊、拉丁这样的"死"语言，无声音资料可以质正，故无统一读法。英国人按英语的语音读之，法国人按法语语音读之，相互不能晓谕。我以此问题问 Johnson 教授。他表示："还是有一定章法的，大抵与意大利语声音效果接近。"

讲课时，Johnson 教授的英语也与其他老师的大不相同：发音如从喉咙的纵深之处发出，胸腔共鸣显著，带着几分长者派头。元音拖得长长的，如意大利歌剧之说白，吟咏自得。乍听会怀疑他可能是在拿捏作态，再听下去会发觉他对自己的声腔已习以为常，浑然不觉其别致，大概是深受其拉丁语影响所致吧。我对 Johnson 教授拉丁化了的英语腔，听之颇感浃洽。闲处之际，有时不觉要模仿几句。室友闻之，为之忍俊不禁！

本学期的拉丁语课是接着上学期上的。上学期既没有顾及此，现在半道插入，毫无基础的我根本跟不上。而且此事既非当务之急，亦非一朝一夕之功。所以只听了两次而罢。尝鼎一脔，略知滋味而已。

访学半年，听了哲学系、英语系、古典和现代语言系的课，没有顾上听政治学系的课。春夏学期开学初，已了解到此系有一教授开保守主义课。打算听之，但未来得及，回来后颇引以为憾。

听课固然有收获，但是不易深入。相当程度上是了解其大概，扩大些见闻，感受些气氛。真正深入，还是研读。故访学期间，感觉最为受用的还是与霍尔教授一起读书这一活动。

霍尔教授年已七十有七，有纽约州立大学系统内"杰出教学教授"（Distinguished Teaching Professor）称号。在布法罗学院工作已四十余年。长期在哲学系任系主任，2009 年卸任后，又担任起美术系和设计系的系主任。同时集两系的系主任之职于一身，且仍在哲学系当教授并任课，实不多见。学问上他还是位多面手：希腊哲学、存在主义、禅学、太极、心理学、诗歌以至数学皆其用力方向。在罗彻斯特大学求学时代，他还是位运动健将。足球场、田径场上，皆留有其显赫战绩。现在虽年逾古稀，但体态之轻捷、步履之矫健、活力之饱满，非一般年轻人可及。而且心态也甚年轻，对新鲜事物充满好奇之心，在他身上感觉不到有一丝暮气。常见他手拿文件夹，昂首挺胸，大步流星现身在校园的路上，风神俊朗、风姿潇洒。其人如此，难怪现任哲学系主任凯穆伯丽称"He is unusual！"作为我的导师，他的形象颇能在我心中激起几分奋发之情。

　　上他的"爱与性的哲学"课有些时日后，闲谈中他建议一起读点《庄子》《坛经》或《会饮篇》及《理想国》等中西名著，以收互相切磋交流之益。可他一直没能抽出时间来。放寒假后，始得坐下来开始读书。

　　由于柏拉图的《会饮篇》我闻其引人入胜已久，在课堂上只读了一些选段，未睹全豹，很想将其读全。加之此书也正是霍尔教授的长项之一，可向他请教。于是我建议从此书着手。

　　1月4日下午第一次读了两个半小时，十分愉快，我俩一致表示得继续下去。但总有其他事情耽搁，不能按部就班进行。一次会读下来，临时约下一次。断断续续，直到2月18日，才将全书理会完毕。屈指算了一下，相约共读9次。每次少则一小时，多则三小时。前后历时整一个半月。地点是其在美术系的办公室，Upton Hall 502号。

　　阅读《会饮篇》，我用的是来美后购得的单行本，乃Alexander Nehamas 与 Paul woodruff 的新译。霍尔教授手拿的是1997年出版的、John M. Cooper主编的《柏拉图全集》。对照一下发现，全集所收此书正与我手中的单行本相同，不存在共读的技术障碍了。

　　我是抱着学习的态度来的，所以整个过程始终由我来朗读。由于放寒假后我为共读做了准备，先已泛读一遍，加上译本本来比较流畅，所以朗读起来也不怎么显得生涩。以致一天一大段读下来后，霍尔教授不禁赞曰："Your English is excellent!"

读的过程中，每遇有不懂的地方，就停下问霍尔教授，进行切磋。他有什么要指点的，也示意我停下来讨论一番。办公室的墙上装有黑板，他不时站起来在黑板上写几笔，如授课然。

讨论比较多的是此书中的观念与中国哲学的可比性、相关性。如在 Eryximachus 用音乐来解说"和谐"时，其意与《中庸》"发而皆中节之谓和"可相提并论。Aristophanes 将爱定义为"the name for the pursuit of wholeness, for our desire to be complete"，可与明道"仁者以天地万物为一体"之说互相启发。而其三性之说、同性恋者优于异性恋之暗示，则与《周易》"一阴一阳之谓道"之说大相龃龉。此外，我感觉 Diotima 对"纯美"的言说与庄子的"无待"之说颇有几分相通。其"人的身体和心灵都怀孕着某种东西"，产之以期不朽之说，对《左传》"三不朽"之论，也可提供另一种解释参考。其对从个体的爱发展到"忽然之间"看到"great sea of beauty"的描述，与朱子今日格一物、明日格一物，直至"众物之表里精粗无不到，而吾心之全体大用无不明"之论，似曾相识。

《会饮篇》被认为是柏拉图对话录中最具艺术性、文学性的一部。得与霍尔教授奇文共赏之，疑义相析之，曷胜快慰！遗憾的是为时已不及共赏其他中西名著了。

2月22日下午，凯穆伯丽召集哲学系同仁到校园酒屋（Campus House）为我举行话别酒会，还邀来了英语系的科雷教授，人文艺术学院院长、音乐家本杰明·克里斯蒂（Benjamin Christy）。此一荣幸是我未预期到的。克里斯蒂教授的课我虽然未听过，但是向他请益过音乐。在他办公室里，他曾吹单簧管，我吹几曲紫竹箫，相与共乐。因此，酒会上皆是良朋。我奉上带来的北京"牛栏山"佳酿，边品边谈，洋溢着愉快的气氛。

"布法罗"（Buffalo）一词英文中是"水牛"之意，故布法罗市亦名"水牛城"。话别会上，凯穆伯丽以布法罗学院哲学系的名义以一嵌有水牛图案的镜框相赠，出自该市一工艺名家之手。镜框之背面，题满了与会朋友的赠言。我则撰一副联语呈上，由同在该校访学的书画家孙涤书写。联语曰：

> 非常解义公羊传
> 微中谈言会饮篇

我在此宣讲政治儒学，其渊源出自《春秋公羊传》。公羊家解释《春秋》经义，多"非常异议可怪"之论，故出此上联，以示赴美所传。柏拉图《会饮篇》中，诸人之纵论，出语高华，细致入微。运哲思于雅谑，咏性情以妙言，雅有六朝"谈言微中，名士风流"之神韵。因对此下联，以昭来访所学。

酒会兴尽而罢。

北京同来访学者共6人，按日程2月28日启程回国。26日，离美前两天，与访学有关的诸校方人士为我们举行欢送会，会上我代表诸位来访者致辞感谢。至此，为期半年之访学活动亦落下帷幕矣！

斯文扫地

——勉仁书院寻访记

薛　超[*]

　　2010年10月3日，夏历八月二十六。经过前些日子的阴雨连绵，重庆终于迎来了近期难得的晴朗。之前就已拿定主意的我，在这一天早晨乘坐着从主城区开往北碚的高速公交巴士，前往寻访此前只在书中得以见闻的、由梁漱溟先生创立的勉仁书院。

　　高速大巴开了不到一个小时，便到达了北碚公交总站。总站周边人流滚滚，水泄不通，我在混乱中好不容易找到一条能够上缙云山北温泉的公交路线。尽管盘山公路早已平整不少，但外形略显破旧的公交车行驶起来依旧很是吃力。

　　半个小时后，我在三花石车站下车，勉仁遗迹的寻访算是正式启动。

　　深究起来，人们常说的"勉仁书院"其实是由两个不同的机构组成：一个是1940年在璧山来凤驿创办，次年迁至北碚的勉仁中学；另一个则是梁先生调停和谈失败退出现实政治，回到北碚后于1947年创办的勉仁文学院。如今大家谈及更多的，无疑是后来曾被冠以"重庆第22中学"的勉仁中学。但要是把勉

　　* 薛超：男，1984年生于重庆，陕西韩城人，法学学士。现供职于成都某国企，从事法律事务。

仁中学当作"勉仁书院"的全部，显然是不够全面和准确的。因此，我这一天的行程不仅是造访勉仁中学而已。

根据此前所查资料，我把第一站定在了三花石附近的北温泉疗养院。尽管重庆久已脱离四川省而直辖，但这个疗养院依旧属于四川省工会的管辖范围内。

顺着疗养院的上坡方向走去，便看到一幢墙壁由奇异怪石点缀的楼屋，上书"将军楼"三字。我意识到，这里应该就是寻访目标之一——梁先生曾在这里短暂居住过一段时间（从1949年5月至次年北上京师）。

穿过外墙环绕的拱门，我走进了将军楼所在的大院里。苍翠欲滴的树木灌丛，让整个楼院如百草林园般清修宁静，不难想象先生为何选择此地作为自己的作息之处，从而得以抛开外界的动荡局势，全身心投入到《中国文化要义》的定稿成书中。把楼屋外观仔细瞧后，我才明白"三花石"其实指的是这栋楼那由如花般绽放的多彩山石所装点的外壁。

虽说将军楼故物犹在，但这里成为疗养院已有五十余年，再想从中找出与先生相关的些许，想必也不太可能。我只能在睹楼思人的同时，回顾脑海中对《中国文化要义》大意的记忆。这时，我看到楼屋偏门外坐着一帮人喝茶闲聊，其中还有两个僧袍打扮的。面对我这个不速之客，他们只瞧了一眼便继续谈着被中断的话题。融汇儒、释、道三教的梁先生若还能感应世间，不知道会不会加入到他们谈佛论道当中并说上一番？

离开疗养院，我开始朝下山的方向走去。在踏上距离将军楼大约几百米处的环山公路时，我突然发觉楼屋坐落之处紧靠着山谷，真可谓是居高临下。与此同时，公路对面一片布满爬山虎的厂房区引起了我的注意。若没猜错，这里应该就是本次寻访的另一处遗迹所在。穿过公路一瞧，厂区大门旁的单位名称显示这里是原四川仪表四厂，也即是曾存在了大约3年的勉仁文学院。勉仁文学院在整体移交给新政权后，师生也被整体接收到了西南师范大学，而学院的地产则成为厂区的一部分直至今日。厂区四周凋零沉寂，书院不再，工厂不济，令我心中涌出一种莫名的辛酸。

沿着公路往下走，靠着之前在公交车上所估的距离感，我自以为接下来的路程，只需要步行就可以了。这样的自以为是让我吃了苦头。此时，近期难得晴朗的天气，在午时又冷不防变得灼热起来，我不得不卸去外套以继续赶路。靠欣赏山间景色来转移跋涉疲乏，在气喘吁吁走了大约几里路后，我总算来到了金刚碑。

不顾汗流浃背，我四处搜索着中学的存在，终于在一片桂花树丛中，看到了半山腰上两栋教学大楼的存在——这应该就是勉仁中学。只是高处那栋教学大楼上的勉仁字样，好像是被撤下去只剩了痕迹的感觉。

好不容易找到前往学校的上坡路径后，才发现校园满园凋零。山脚下体育场和升旗台的破旧不堪倒还罢了，但透过校园大门也没有见着一丝的研读生气，这究竟是为何？

走进校门，传达室只有一个看门人在。我在说明来由后，才得知一个晴空霹雳的消息：学校已在去年年中被废弃，剩下的师生被山下的学校所接收。而这位看门人，则是在学校废弃后不久受当地教育部门所雇，来与这残垣断壁做伴。

登上石阶，顺着左手方向走去，是学校的升旗台和食堂。食堂的蓝色玻璃上有由"勉仁"二字而成的校训——"仁以立志，奋勉求学"。仁曰立志，勉曰求学，上合阳明子《教条示龙场诸生》之"四事"，下接泰州心斋先生《勉仁方》之述义。梁先生由佛转儒后，便终生虔信并践行于王学当中，无论是粤、豫、鲁三省乡建，还是在巴山渝水奔走于国是与办学当中。即使是勉仁中学被新政权接收并在后来成为职业技术学校后，先生昔日培育人才之道依然生辉。今日目睹人去楼空之现状，除了心痛，还是心痛。

凭着对资料里信息的大致记忆，我还是很快找到了当初在梁先生诞辰百年之际所建造的漱溟馆。说是"馆"，实际上只是一个有五幅橱窗的纪念长廊以及一个先生的半身塑像。如今的纪念长廊早已被四处滋生的野草杂树所覆盖，至于由费孝通先生题词的半身塑像，更是到处沾满了青苔。我不禁怀疑，这只是废弃一年半就出现的状况吗？唯一让我感到些许安慰的，是先生塑像中那双坚毅神情下的眼睛。与以前所看过的先生照片相对照，塑像算是精确还原了其中的风采。

此前听说勉仁中学里有先生的一馆一碑，这馆我已经找到了，然而碑又在哪儿呢？在长廊的背后，我看到一排长长的阶梯。走上阶梯，我看到被遗弃的教室和学生宿舍四周破旧的课桌、椅子，各式各样的垃圾和废弃物，以及锈迹斑斑的大门铁锁。失望之下，我关掉了相机的电源。往上走，大概是过去的技工实习厂房，现在也不知归谁所属，并且耐人寻味地提示内有恶犬，所以禁止外人深入。这里应该不会有我要寻找的碑身，于是我朝下坡阶梯走去。

找来找去，始终没有找到有关先生的碑。于是，我重返漱溟馆再探究竟，这次终于如愿。这纪念碑原来距纪念馆不足10米，因为疯长的杂草淹没了通往纪念碑的路径而难以被发现。我拿了一根长棍在周围做了半天的"打草惊蛇"，才战战兢兢地来到纪念碑跟前。

宽大的碑身，上书着由原重庆市副市长冯克熙题词的"梁漱溟纪念碑"六个字。只是铺置碑身的白瓷砖上黑斑块块，提醒我这里已经有长时间没好生清洗过了。本想绕过纪念碑正面去瞧瞧背后的纪念碑文，但已无迹可寻的草堆让我知难而返，只好用相机在升旗台前照了下来。回去之后细看，才知碑文是以北碚区纪念梁漱溟一百周年委员会的名义起草的。至于碑文的详细内容，可以通过网络资料查询到，这里就不重复了。

从之前所看的资料中，我了解到其实在勉仁中学附近的竹林（也就是当地人称作"菩萨沟"的地带），曾经有一幢20世纪三四十年代风格的小洋楼，据说是梁先生在北碚期间的长期住所，其居住时间远长于只作为短暂停留的"将军楼"。不过，故居早在30多年前便毁于火灾，通往该地段的小径也早已为农田和竹木所阻塞，想要轻松前往探寻并非易事。望着校园主楼旁边已被竹林遮得严严实实的林荫小道，我明白凭一己之力已难以深入菩萨沟，只得抱憾而返。

穿梭于草木丛堆之间，不觉身体发痒。再一看，衣服裤子上到处是各种蚊虫，我赶紧用手一一拍掉。幸好身穿长衣长裤，否则我肯定会被叮咬得不行。正在这时，我看见几个当地人在升旗台附近打打磨磨，于是好奇询问他们在做什么。回说准备挖取一些校园的树木，这些树木在山下会有很大的升值空间……我脑子一轰：学校没有了，还有这些参天树木继续见证；但要是连它们也没有了，本就只剩下一具躯壳的勉仁书院，更是有被挫骨扬灰之感了。

向校园守门人告别时，他告诉我连他也不知道，自己会在这里守到什么时候。清风拂过，浓香扑鼻，缙云山的桂花依旧盛装绽放，这时我兴致全无，只想到马一浮先生那声"斯文扫地"的叹息。怀揣着这份凝重的心情，我离开了艳阳高照下的缙云山。

山西行记

王心竹[*]

利用五一假期，和大学好友驾车去了趟山西，不是对山西有什么偏爱，而是北京周边省份，可看的似乎只有山西。是的，夹在山河壁垒中的这个内陆省份，虽然也曾富庶，虽然也以古建筑、雕塑、壁画闻名于世，但因为飞扬的煤屑和曾经辉煌的大寨，在我心中总脱不去昏黄、暗淡的基调。

出发的那天，北京是阴天，但我们四人的心情却和我们的"宝马"——黄色夏利2000一样飞扬。韩莺在外企做公关策划，每天做不完的文案已让她"青春二度"——满脸痘痘；南西在一家商业性报纸做记者，写不退的广告类豆腐块也叫他无暇喘息；小嫚刚刚写完博士论文，等待她的是导师批阅后的裁决；而我栖身于一所大学，教着自己或喜欢或不喜欢的课，写着一些其实谁也不看的文章。所以当韩莺提出出游计划，我自然积极响应，虽然去的那个地方，并不山明水秀，但毕竟也是逃离啊！再加上我们要去亲近的还是我们在城市中触摸不到的历史。

路上的车，绝大多数是自驾出游的，其中最壮观的莫过于一个近三十辆车的车队，每一辆车上都贴着标语，号称"游遍山西

———————

　* 王心竹：女，1972年生，甘肃武都人。中国人民大学哲学系本科（1994届）、哲学硕士（1999届）、哲学博士（2002届）。现为中国政法大学人文学院教授、国际儒学院副院长。著有《理学与佛学》等。

全境"。我们四人，除了南西本身话不多，又专心驾车——男士自当担此大任——外，剩下三人，似乎又回到了大学时代，回忆往事是我们谈话的重要话题，而每一件往事，在经过回忆的包装之后，都是那么动人。甚至那些当时曾让我们气不顺的事情，也在回忆中不知不觉披上了搞笑、黑色幽默的外衣，让我们大笑不已。我也扎起了小辫，老黄瓜刷绿漆——充嫩。

我们的行车路线十分简单，穿河北进山西，直奔平遥古城。沿途的河北乏善可陈，工业化的进程在这片并不富庶的土地上留下的只是粗陋，让人不由发出"进也不知能进多远，但是退却绝对退不回来"的感叹。车过河北井陉，便进入山西境内，首先谋面的便是自古兵家必争之地——娘子关，我们行车所经可能不是娘子关关口，但停车观望四周地势，确实是一夫当关、万夫莫开之地。如果说，沿途的河北还有工业化的痕迹，那么山西则更多的是满山的丘壑，少见人烟。因为是初夏的雨中，那些丘壑竟少了许多苍凉，多了些许秀美，而这正合了从钢筋水泥中逃离出来的我们的心愿，也让我对山西的印象大为改观。但由此推断普通民众的生活，山西极有可能不及河北。《中国国家地理》曾有一篇介绍格萨尔王故乡的文章，记有一位阿须草原上的僧人说的话，大意是，你们说这种自然的风光、原始的景观美啊美，那你们为什么不到这块土地生活呢？你们为什么不跟我们调换一下呢？这片土地上的老百姓也有权利过现代化的生活，你们凭什么要我们永远保持这种样子？是啊，谁也没有权力剥夺他人对优裕物质生活的向往，我也更希望生活在这片黄土高坡上的乡亲富足安康，但在他们富足之后，还会不会有这脆弱的绿色点亮我的眼睛呢？除了让人意外的温润外，在山西境内的高速路上，见得最多的就是标语了，像门庭一样，炫在视线的前方，透着那么点幽默。

在淅淅小雨中，我们到了平遥城外。入得城来，穿行在弯弯曲曲的小巷，仿佛又回到了童年，回到了记忆中的故乡小城，而那座小城，那座在汉武帝时即设郡的小城，那座有着青石板小路和风吹雨淋的半圈土城墙两个城楼的白龙江边小城，在前两年摧枯拉朽的"城建"中，彻底地消失了。据说某些政府官员还要在撤县设市后，让它失去那标识它历史的名字，换上一个只具有地理意义的称谓。我虽离乡14年，但故乡的记忆不是越来越模糊，而是越来越清晰，正唯此，我的怅惘也就越来越沉郁。此前，我以为我的怅惘将无处释放，但踩在平遥的街巷，我快乐了，如同我梳起的小辫，童稚重温。

　　穿过几条街巷，我们来到了预订的位于古城沙巷街的旅馆——一得客栈。这是平遥票号世家侯王宾的大宅院，建于清乾隆年间，全院布局严整、结构对称、主次分明，是典型的古民居建筑。我们的客房位于这座大院中的书院，两间卧房一间厅堂，无论是厅堂的方桌、长条凳、灯碗，还是卧房中的大炕、炕桌、衣帽架、椅子均为古制，但炕头的电视以及现代化的卫生间，又无不提醒你这些古雅似乎不过是"show"。店主是一位温婉的妇人，有着周正的相貌，说话轻言细语，和这古雅的建筑极是相衬。后来的两天中，平遥人的文雅和顺给我们留下了深刻的印象。古城内店铺林立，卖着平遥三大名品：牛肉、推光漆、绣花鞋。但他们几乎从不高声叫卖，也不拉着游客非要推销出去，甚至在你谈价不拢、假装离开后，也不会喊你回来再议。最有趣的是在明清街上，在每一个旅游城市都有的着古装照相的摊位前，一位游客穿完古装照完相后却拒绝付服装费，这要在别的地方准保已经吵得不可开交了，但在这里，摊主只是说："你看我已经收了这么多钱了"，表情极是谦和，惹得我们忍俊不禁。或许当年富甲海内的晋商在做生意时就是这样一副表情吧。

　　第二天一早，我们先去走平遥城墙。平遥城墙到底筑于何时，并没有确切的记载，但据《平遥县志》记载，周宣王时这里就曾有驻兵屯守，"筑西北两面"。明朝初年，在原有城垣的基础上重修扩建，并全面包砖，这就形成了这一国内现今保存最完整的内部用土夯实、外表全用砖砌筑的砖石城墙。由于自然环境的侵蚀以及历次战乱、新中国成立后的人为破坏，平遥的城砖大多是 20 世纪 80 年代以后补铺的，许多城砖上都刻着"1979年"。城墙全长为 12 里多，东、西、北三面为直线型墙体，南面则沿着河道呈弯曲型，形如一龟甲，故又有龟城之称。共有六座城门，分别为：迎薰门、永定门、凤仪门、太和门、亲翰门、拱极门。每座城门外都有一座包围着城门的小城，称为"瓮城"，瓮城四面的墙上都吊着恐怖的兵器，看来是先诱敌深入，然后再来个"瓮中捉鳖"。城墙上还有数不尽的敌楼和垛口，据说有 72座敌楼，3 000 个垛口，以隐合孔子"三千弟子，七十二贤人"的典故。我们是从凤仪门也称下西门上的城墙，一路走过去，开始还有人与我们同行，渐渐就只剩下我们四人了。城墙上，有些地方并没有补修，有些城楼也没有开放，是为了让人们凭吊还是只修了游客常去的地方，不得而知。远观城内的一些建筑，也毁损得比较严重了。为了尽量保存古城原貌，城内似乎已禁止修新的建筑了。在古城外，已经建起了一座新的平遥城。

下午，我们的主要任务是在城内参观，看民居、观票号。据介绍，平遥古城以南大街为中轴，分为左右两部分，其中左方有城隍庙、文庙、魁星楼、清虚观，右方有县衙署、关帝庙、集福寺，而县衙则居全城中心，充分体现了传统礼制的"左文右武"的程式。城里的建筑以明清时期为多，许多保存相当完整，都饰以精美的木雕、石雕或砖雕，门窗通常为木棂花格，上面可以贴剪纸窗花。在古城内有好几家专营剪纸的商店，据店主介绍，多是剪纸世家。

从明朝以后，平遥人以善经营而闻名，最终将此地发展成为山西中部的商业中心。而票号的出现，就是平遥人的创举。我们着意参观的是"日升昌"票号旧迹以及该票号创始人雷履泰的故居。"日升昌"票号首创汇兑业务，堪称中国票号第一家。很快，平遥票号就发展为二十多家，其中，就有可以和"日升昌"抗衡的"蔚字五连号"，而"蔚字五连号"的创始人便是"日升昌"曾经的二掌柜毛鸿翙，这两大票号老板之间的恩怨，已通过余秋雨的《抱愧山西》为人们所熟知。令我惊奇的是，在当时资讯很不发达、技术相对落后的条件下，山西商人就是做到了保密及不同成色银两之间的兑换工作，在"日升昌"营业的一百多年间，从来没有出现过冒领的事件。据说，为防止冒领事件的发生，"日升昌"在一百多年间，更换了三百多个密押。更令我叹服的是，股东从不参与票号的管理工作，人们知道雷履泰，知道毛鸿翙，却不知道"日升昌"的股东李大全。所有权和经营权彻底分离。票号的分红方式也别具特色，经理的一部分红利，只有在自己死后才能由自己的子孙分批拿到，因此，作为经理，必须推荐能人，与票号共休戚同荣辱，这样才能保自己的子孙永享富贵。历史上，"日升昌"票号的经理几乎没有同姓的，这和同样闻名天下的徽商的家族式经营明显不同。

一天逛下来，人困马乏，急需饱餐一顿，但平遥的吃食实在不敢恭维。由于地处北方，自然是以面食为主，但除了在做面的花样上变化外，什么鱼鱼、剔尖、靠姥姥等许多稀奇古怪的名字，汤的口味几乎千篇一律，似乎所有的面浇的都是一种汤。

张艺谋的一部《大红灯笼高高挂》，让山西的大院名满海内，我们此行选择的是王家大院。王家大院位于平遥古城南近60公里的灵石县静升镇。隋文帝时期，天降陨石，故名灵石。王家大院始建于元皇庆年间，大规模重新修建距今也有400多年的历史。如果以面积论，它有15万平方米，是同样闻名的乔家大院的20倍，但对外开放的只有4.5万平方米。和平遥民居一样，王家大院的建筑同样以石雕、木雕、砖雕闻名，无论是在斗拱、挂落、照壁还是匾额、地砖、窗棂上，三种雕法处处可见，内容多是四季花卉、鸳鸯贵子，多取谐音，以表达对"善""忠""孝"的追求，也通过强烈的心理暗示达到教化的目的。这些雕品的刻工都精细入微，布局也充盈不杂，充分体现了清代建筑纤细繁密的风格。站在这一院落群的高处俯瞰大院，好是一个"王"字，而置身于其间，每条通道的建筑既似曾相识，又个个不同。这里也是天下王姓博物馆，供奉着王姓始祖王子乔，保存有王姓族谱216种、1 300余册，另有太原王氏系表为所有寻访者提供祖先的迁徙线索，我这一王姓后人，也在始祖像前烧香祭拜，让祖先的血液经我而绵延，如同这古老的文化。

转眼两天的行程就结束了，越近北京，心情越沉闷怅惘。在北太平庄，与他们分手，我说："挥手自兹去"。韩莺笑言："不能那么伤感，不还在一个城市吗？"虽还在一个城市，但我们一年又见得了几回，几年又能这样逍遥一回，可不是"挥手自兹去"吗？

壬编：诗文

答余樟法

刘梦芙 *

题记：余君樟法，曾用网名"东海一枭"，十年前之诗友也。君以民间学者入儒门，德艺双修，精进不已，多于网上发文阐说圣学之理，识解圆融，笔力深透。近始通函重续旧谊，承君赠诗，吟成四律答谢。

一

振铎弘吾道，乾坤浩气舒。百年悲炼狱，九域扰狂徒。
耿耿心犹在，明明德未孤。与君同有愿，霾雾待驱除。

二

夜晦观尘世，茫茫孽海深。一灯天地眼，万古圣贤心。

---

* 刘梦芙：男，1951年生，安徽岳西人。现任安徽省社会科学院文学所研究员、安徽省政府文史研究馆馆员、安徽大学兼职教授、首都师范大学中国诗歌研究中心兼职教授、安徽师范大学中国诗学研究中心兼职研究员。幼承庭训，习作诗词，中年师事中央文史研究馆著名诗词家孔凡章先生，并向缪钺、施蛰存、钱仲联诸前辈学者问学。已发表诗词千余首，获各种全国诗词大赛一、二、三等奖十多次，出版作品集《啸云楼诗词》。主持并完成国家社会科学基金项目"近百年名家诗词及其流变研究"，出版多种论著。编有《二十世纪中华词选》《中国现代词选》，主编、校勘二十世纪诗词各类文献丛书近六十种。

漆室原忧国，苍生久望霖。河清安可俟，渊默孕雷音。

注：漆室，春秋鲁邑名。刘向《列女传》载：鲁隐公时，君老太子少，国事甚危。漆室有少女深以忧，因倚柱而悲歌，感动旁人。

三

不患关河阻，音书可往还。灵犀通一点，朗月照千山。

继绝君堪任，开来路尚艰。风乎沂水畔，何日共鸥闲。

注：《论语·泰伯》："暮春者，春服既成，冠者五六人，童子六七人，浴乎沂，风乎舞雩，咏而归。"

四

身到通明界，凡间色相空。晶莹宜彻照，光热自无穷。

迦叶拈花笑，庄周梦蝶同。羡君多慧悟，吾道日方东。

注：余君著《大良知学》一书，内有《无相大光明论》，论佛道两家皆识生命本真，然皆不及儒家学说之圆满无弊。予谓"君子之道，暗然而日章"，亦即不着色相，以出世精神做入世事业，于人伦日用之中收潜移默化之效也。

附录：

读刘梦芙

余樟法

题记：刘君梦芙，不曾识面早相知，十余年前曾为拙作《逍遥山庄诗稿》作序，日前因任重君惠函，重续旧谊，兼示新作。读之甚喜，小诗一首，特以记快。十年不见，梦芙不仅诗词功夫精纯，而且儒家学养更深，冠以儒门第一诗词家和诗词理论家，诗朋儒友当无异议也。

大快人心事，通宵读梦芙。

洗尘推国士，击谬斥书奴。

祖泽传兰蕙，心光辟麇鼯。

神州纵长夜，昊帝不吾孤。

注：梦芙《陆游的儒家思想与崇高人格》一文推崇陆游并破斥钱钟书对陆诗的谬论。祖泽，祖先恩泽，特指梦芙家学渊源。麇鼯，獐子鼯鼠，形容荒芜。昊帝，昊天上帝简称。

洛阳三题

刘 强[*]

汉魏故城嵇康临刑处

伊洛伤心处，今秋似旧秋。
悲风天地起，逝水古今流。
松柏凋寒岁，英雄殒自由。
人非天不变，古墓作田畴。

谒嵩县两程故里

中年常忧患，始知敬鬼神。
圣贤道幽眇，无缘难识真。
昔有二程子，屏居在荒村。
性仁统物我，诚敬一天人。
道接子舆善，学贯濂溪纯。
一朝声名起，百川汇椷门。
为仁知难富，忧道不忧贫。

---

　　* 刘强：笔名留白，1970年生，河南正阳人。上海师范大学文学硕士（2001），复旦大学文学博士（2004）。现为同济大学人文学院副教授。

悠悠千载后，绝学岂可闻。

君子泽不斩，命驾千里寻。

哲嗣开锁钥，三十六代孙。

自言尝遭劫，书院如荒坟。

乡里成仇寇，何人哭忠魂。

漫步且唏嘘，惊起千年尘。

古柏虽干枯，人心待斯文。

断碑已修复，元气在经纶。

程门立雪处，斜照如阳春。

与洛阳国培师资班学员书

为己之学常不足，良师当有万囊书。

蜡烛虽亮难长照，经典常读是正途。

回家吧，同胞们

——《儒家邮报》新春贺词

余樟法[*][*]

值此辞龙迎蛇的传统佳节之际，谨以旧联一副，为海内外广大同仁和华人送上我们诚挚的祝福：大泽龙藏蓄远志，莽原蛇蜕蕴生机。

回顾过去的一年，潜龙虽然依旧勿用，并为众阴所凌，然而在国内外、体制内外仁人志士的努力拼搏下，一阳来复之势已成，我们有理由相信，"见龙在田"为期不远。论年份，是龙去蛇来；论儒家和中华的运势则恰好相反，是蛇去龙来。

过去的一年中，十八大的召开是一件政治大事，其报告提出的"富强、民主、文明、和谐、自由、平等、公正、法治、爱国、敬业、诚信、友善"等"社会主义核心价值观"，源自"儒

---

[*] 余樟法：男，属龙，1964年生，原籍浙江，现居广西南宁，自号东海老人，曾用笔名萧瑶，网名"东海一枭"等。著有：《大良知学》（贵阳：贵州人民出版社2010年版），《儒文化实践史》（"儒生文丛"第二辑，北京：中国政法大学出版社2013年版），新诗集《浪子吟》（香港：金陵书社出版公司1993年版）、《未必逍遥》（北京：民族出版社1993年版），《剑魂琴心》（桂林：广西人民出版社1996年版），《在命运之上——中国诗人自选诗丛萧瑶卷》（北京：作家出版社1998年版），散文集《呼唤英雄》、旧体诗词集《逍遥山庄诗稿》及续集、三集、四集（均由银河出版社出版）等，《绿城百花百鸟诗书集》（广西美术出版社2009年版，与陈政、王云高合作）。

家故物"，都是仁本主义价值观。

例如文明，此词出自《易经》，曰："见龙在田、天下文明。"孔颖达疏："天下文明者，阳气在田，始生万物，故天下有文章而光明也。"文明是一种光明，是智慧、道德、文化及礼乐制度的光明，是人类良知的开显和发露。文明是美丽的，越文明越美丽，文明中国，即美丽中国。

又如和谐，正是儒家的远大追求和美好理想。儒家的和谐是多层次全方位的，是人与人、人与社会、人与自然的和谐，还有人的身心和谐。要达到和谐境界，就必须道德挂帅，同时重视物质开发和民生建设。故《易经》云："正德、利用、厚生、惟和。"和谐是正己之德、利物之用、厚民之生的综合性结果。

中和是儒家核心理念。《中庸》说："喜怒哀乐之未发谓之中，发而皆中节谓之和；中也者，天下之大本也；和也者，天下之达道也。致中和，天地位焉，万物育焉。""和"又是"礼"的作用："礼之用和为贵"；"和"是口禾，意味着有饭吃和生存权；"谐"是皆言，意味着人人都有言论权。这样拆字解亦符合儒理。

其他价值观（如富强、民主、自由、平等、公正、法治、爱国、敬业、诚信、友善等），都与儒家思想有相通之处，或可从儒家经典中找到依据，都可统于"仁"字大旗下，为仁本主义所包容和涵盖。

马英九先生说："即使你有华人的血缘，你不懂中华文化，那就不能算是真正的华人！"说得好哇！以儒家文化为核心的中华文化，对道德的认知最为高明，世界观、人生观、价值观最为中正，堪称世界文化最高峰，中华意味着文明、文化、道德之最高，华人意味着最文明、文化、道德之人。

孔子集三代文明之大成，传《诗》《书》《礼》《易》《乐》

《春秋》之六经，名之为儒家，其实是每一个人的家，全人类的家。

小而言之，每一个家庭是一个命运共同体；大而言之，每一个民族和国家是一个命运共同体；再大而言之，全人类就是一个命运共同体，就是一家人。

"天命之谓性"，这个"性"就是本性、仁性，是每个人的本质和天性。因此，每个人都是天生的儒家，只不过，很多人迷失了本性，迷失了回家的路，甚至不知道自己是有家的人，错把各种客栈、旅馆、临时建筑当成家了。

努力啊，同道们！为个体提供安身立命的仁宅，为社会建筑长治久安的义路，这是我们光荣而艰巨的文化责任和历史义务！

回家吧，同胞们！随着回家和愿意回家的人越来越多，儒家复兴、中华回归的步子将越迈越快。

儒家与当代中国思想之创生

——"儒生文丛"第二辑出版座谈会发言记录

　　编者按：2013 年 11 月 24 日下午，"儒家与当代中国思想之创生暨'儒生文丛'第二辑出版座谈会"在北京举行。会议由弘道书院主办，弘道书院学术部主任、中国人民大学政治学系任锋副教授召集并主持。本次会议采取了对话方式，一方是许章润、高全喜、任剑涛、胡水君、程农、张旭、张龑等来自政治学、法学和哲学等学科的学者，一方是陈明、姚中秋、梁涛、唐文明、慕朵生、任锋等北京儒家学者以及张晚林、林桂榛和陈乔见三位"儒生文丛"第二辑的作者代表，双方围绕儒家与当代中国思想之创生会议主题，在跨学科、论辩式的讨论中展开激烈的思想交锋，新见迭出，精彩纷呈。经与会者订正，现将会议发言记录公开发表，以飨读者。

主办：弘道基金／弘道书院
时间：2013 年 11 月 24 日
地点：北京
参加人员：

　　许章润（清华大学法学院教授）

　　高全喜（北京航空航天大学人文与社会科学高等研究院教授）

任剑涛（中国人民大学政治学系教授）

陈　明（弘道基金理事长，首都师范大学儒教研究中心
　　　　主任）

姚中秋（弘道书院山长，北京航空航天大学人文与社会科
　　　　学高等研究院教授）

胡水君（中国社会科学院法学研究所研究员）

张　龑（中国人民大学法学院副教授）

唐文明（清华大学哲学系教授）

程　农（中国人民大学政治学系副教授）

张晚林（湖南科技大学哲学系副教授）

张　旭（中国人民大学哲学院副教授）

林桂榛（江苏师范大学政法学院副教授）

梁　涛（中国人民大学国学院教授）

陈乔见（华东师范大学哲学系副教授）

慕朵生（中国儒教网主编，儒教复兴论坛总版主）

会议召集暨主持人：任锋（中国人民大学政治学系副教授）

◆致辞

　　【姚中秋】"儒生文丛"是儒家思想在当代中国思想场域
　　　　　　　登场的标志

◆作者代表发言

　　【张晚林】作为儒教的儒学有利于儒学之推行

　　【林桂榛】"亲亲相隐"问题的研究与礼乐刑政的儒学
　　　　　　　道路

　　【陈乔见】邓晓芒式的反儒者思维和文风是典型的"文
　　　　　　　革"式

◆评议和回应

　　【许章润】儒生事业，家国天下

　　【胡水君】重启道体，再造文明

【张龑】当今中国法律体系应该以家为基础
◆儒家学者代表发言
　　【陈明】重建儒教也要有理性的态度和科学的精神
　　【姚中秋】在中西相互阐释中发展和扩展儒学
　　【梁涛】我为什么要参与"亲亲相隐"问题的讨论
　　【唐文明】推动儒学复兴，凝聚儒门力量
◆评议与回应
　　【任剑涛】大陆儒家的价值自觉与积极应对
　　【程农】文字背后的使命感与政治伦理关怀
　　【张旭】政治儒学的新方向
　　【高全喜】儒家与自由主义大同多于小异
　　【慕朵生】儒家：不要盲目乐观

附录："儒生文丛"第二辑书目

学术指导：蒋庆　陈明　康晓光　余樟法　秋风

主编：任重

出版社：中国政法大学出版社

出版日期：2013 年 10 月

书目（7 册）

一、《儒家宪政主义传统》（姚中秋著）

二、《儒家文化实践史（先秦部分）》（余东海著）

三、《追望儒风》（米湾著）

四、《赫日自当中：一个儒生的时代悲情》（张晚林著）

五、《"亲亲相隐"问题研究及其他》（林桂榛著）

六、《闲先贤之道》（陈乔见著）

七、《政治儒学评论集》（任重主编）

"儒生文丛"是儒家思想在当代
中国思想场域登场的标志

姚中秋

各位下午好！首先欢迎各位朋友。

我们今天举办会议的契机是今年刚刚出版的"儒生文丛"第二辑。去年，"儒生文丛"第一辑组编出版，是3本关于当代儒家、儒学、儒教的争论集，分别是《儒家回归——建言与声辩》《儒学复兴——继绝与再生》《儒教重建——主张与回应》。今年的第二辑有7本，其中一本是我的《儒家宪政主义传统》。

说到这套书的出版，特别感谢任重先生。任重先生在繁忙的工作之余，利用业余时间组织编辑这套书，组稿，筹备出版，很辛苦，非常艰难。今天非常遗憾，因为他在外地出差，不能参加这个会议。但是，我想，我们应该向任重先生表达一下敬意。确实不容易，因为这是纯粹的学术著作，而且注定是小众学术著作。

今天来了三位作者，一直致力于恢复儒教和弘扬儒学。在喧嚣时代，他们写了很多文字，而著作的出版可能遇到一些问题。在任重先生的努力下，最后他们的书能够出版。祝贺他们！

现在两辑加起来，"儒生文丛"一共10本，荦荦大观。这套丛书出版，标志着儒家思想在当代中国思想场域中登场了，虽然步履蹒跚，但还是坚定地登场了。这是一个非常重要的思想史事件。

现在看起来，儒家思想的力量并不是很强大，但我认为，它会由溪流变成洪流。所以我们决定组织这次出版座谈会时，想把这套书的出版放到一个更为广阔的视野中讨论。所以我拟定的题目是：儒家与当代中国思想之创生。今年北航思想年会的主题也是当代思想之创发，今天的讨论算是一个预演吧。

我的基本看法是，当代中国面临着一个思想主体性确立的大问题。我们正处在对于中国、对于人类来说都非常重要的一刻，就像去年在北航思想年会提出的，世界历史的中国时刻。中国思想该如何面对这样的时刻？我想，作为读书人、作为自诩为思想者的人士，不能不面对这个大问题。

借此丛书出版之际，我想把这个问题提出来，请大家围绕儒家在当代中国思想之创生过程中所能发挥的作用，来探讨中国思想创生的问题。请大家从这个角度进行探讨，并不是要每个人都做儒家，只不过希望大家从一个中国自身文明演进或重生的角度思考我们自己的思想生长之方式。这个题目看起来有点大，因为是个大问题，所以请大家从自己的立场畅所欲言。

（许章润：如果儒家不谈大问题的话，难道让刑法学家谈？）

没错，今天参加会议的朋友也是多样的，有践行的儒者，有研究儒家的学者，最重要的是，有几位研究法学、哲学的朋友。这些年来，我组织儒家的会议，都希望这几拨朋友聚在一起讨论。具有不同知识背景的朋友相互刺激，思想相互碰撞，我以为，这就是中国思想生产的一种重要机制。因为在以前，我们各方隔绝得太严重了，现在到了中国思想生产的时刻，需要消除隔阂，需要对话、沟通。

我大概说这么多，期待听到大家精彩的发言。再次谢谢大家！

作为儒教的儒学有利于儒学之推行

张晚林

"儒生文丛"第二辑收录了在下的一本专著《赫日自当中：一个儒生的时代悲情》，非常荣幸，也非常感谢弘道基金能够给我提供这样的机会来跟各位先进一起切磋、一起学习。在任重先生主办的"儒家中国"网站和《儒家邮报》里面，我经常看到任锋老师、任剑涛老师的文章，今天第一次见面，非常高兴。儒家的机缘使我们走到了一起。因为今天发言时间有限，我说三点。

第一点是关于"儒生文丛"第二辑这套书。就我自身的书来说，写的质量怎么样，这个不好评价。但是因为我的正式身份是湖南科技大学哲学系的老师，我还是湖南湘潭传统文化的副会长，是湘潭传统文化研究会知行国学讲堂的首席讲师，所以当我把这个书送给我们的会长，他看了以后，觉得很好。于是，我们传统文化研究会骨干成员一共买了20本，每个人送了一本。所以，我觉得这个反响还是可以的，因此，这套书我觉得可以继续往前推，因为底层那些人对太深的东西看不太懂，但是太通俗的东西又觉得不够，我们这个书比较适度一点。这是说到书的问题。

第二点是汇报一下我这些年来做的工作，我的正式身份是湖南科技大学哲学系的老师，教"中国哲学"和"中国哲学原著选读"的课程。平时在课余时间组织学生读经，从 2009 年到这个星期五已经组织了 161 次读经活动，每次两个半小时。我们跟大学生一起读经，几年来我们把四书读了一遍，现在在读第二遍。我们是一字不落地阅读，不是选读而是每个字都要精读，并且以学生为主讲，老师只是对不懂的地方进行讲解或疏通。这个活动在我们学校小有影响，一些学生也因此对中国传统文化有了正面的看法。

另外，我还是湘潭传统文化研究会副会长，每个星期六到我们知行国学讲堂讲经，老百姓讲授国学，我也把《论语》给他们讲了一遍，现在正在讲《孝经》。

这是我在推行国学的时候做的两个事情。

但是这里面有一个困惑，大家可以探讨这个问题。在座的都是受过正规学术训练的人，我有一个观点，儒学复兴不能寄希望于大学教授，不知道大家同不同意这个说法。因为大学教授研究很深，但力行不够，但是我在跟百姓讲的时候，他们就是要力行，不要讲太多的理论，讲太多的理论他们不愿接受，也不懂。我应该怎么做得更好？这是我遇到的一个困惑。我们三个人都是武汉大学哲学系毕业，都是正规学术训练出来的。我们一开讲就要比较规范、比较学术化一点，但是老百姓不愿意听，他要践行。那么，我们如何推行国学，使它真正成为我们生命中的一种力量和老百姓生活的一部分，而不是纯粹的学术研究？

第三点，联系到这个问题，我想就提出第三个问题跟大家讨教一下，也是我跟秋风老师意见不一样的地方。秋风老师说儒家不是宗教，我说儒家应该成为宗教，因为不成为宗教在老百姓中很难推行。上个星期我在深圳大学开新儒学的国际会议，也是有人说儒学不是宗教，我反问他，如果儒学不是宗教，怎么会有这么多文庙？怎么解释文庙的问题？当时，来自台湾的林安梧教授就跟我说，儒学首先要上升到宗教的高度，然后儒学才不是宗教。我们之所以说儒学不是宗教并不是贬低儒学，而是儒学比宗教更高的意思。但是他说儒学还是首先要上升到宗教，然后才不是宗教，不能一开始就否定其为宗教，这不利于儒学的推行。他给我举一个例子，他说人分为男人和女人，男人和女人是人之二种，是平等的，他说在英文里面男人是 man，女人是 woman，那么人是什么呢？也是 man。这样，man 一方面是人的一种，即男人；另一方面又不属于人的一种，它高于男人或女人。他说儒教应该这样才行。一方面儒教跟佛教、基督教平行，不然儒家很难推行；另一方面，我们再说它不是宗教，即它高于一般的宗教。儒学如果仅仅作为一种文化或者人格教育，我觉得这个有点困难，不易推行。所以我在我们学校里也有一个外号叫"教主"，这个是好的意思，也是坏的意思。好的意思是得到了儒学之真义；坏的意思，别人认为这样比较专制。他们所认为的专制这里因时间关系不能展开，但有一点可以肯定，古典文化，无论中西，都比较专制，因为它们要求人们成为圣贤，而不是一般的守法的人。要求一高，就显得比较专制。

我们学校的许多老师和同学对我很有意见，把儒学讲成宗教，好像不能反对、不能质疑，但是他们从思想自由的角度思考这个问题，明显看出他们这些人只把儒学当成了知识或理论，尽管他们也看儒家的书、也读儒家的经典，但是自己不信，不力行，这样能有什么推动的力量呢？

今天在座的很多人说要有开放的心态，把儒学看成儒教是把儒学看小了，大概是说宗教都有排他性，而儒学的胸怀不具排他性。但我还是赞成首先把儒学上升到宗教高度，再说儒学不是宗教，这个思路才是对的，这里应该有一个正反合的过程，也就是否定之否定的过程。如果直接讲儒学不是宗教，而没有这个正反合的过程，那是对儒学事实上的贬低。牟宗三说儒学是人文教，不是正式的宗教形态，这似乎是一否定，但最后他依然说儒学是至大中正的圆满之教，即圆教。所以，牟氏通过正反合最后还是肯定了儒学为宗教，且是最高的宗教。

我写过一篇文章"为什么宣扬儒教而不是基督教"，有一个学生问我，张老师你总是说儒教好，难道基督教不好？答曰：从教的角度看不能说它不好，因为基督教的历史也很悠久。但是即使如此，我还是要宣扬儒教，他问为什么？我给你打一个比方，中餐和西餐，你说西餐不好吃，西方吃了那么多年还在吃，并且西餐也传到中国来，中国人也偶尔吃一次西餐，麦当劳、比萨都偶尔吃一吃，但是你永远不可能让所有中国人都吃西餐，即使有人偶尔吃一吃，但不可能所有中国人都吃西餐。作为一个老师，我不能宣扬个别的东西，如果你信仰基督教信得诚，也非常不错，但是我作为一个老师依然要宣扬普遍性，让所有中国人都可以接受，儒教基本是所有中国人接受的东西，所以我说我要宣扬儒教而不是基督教。当然，这里还涉及民族感情问题，不必深讲。

总之，把儒学作为宗教确实有利于儒学的推行，学者通过学术或许可以养心乃至安顿生命，但一般百姓却需要宗教。岂不闻，当康德要否定上帝的存在时，其仆人老南佩满脸泪水，极度不安，因为他需要上帝。因此，康德觉得，宗教不能否定。所以，儒学如果不只是一种学术，而是一种生活，那么，它一定以宗教形态存在最容易推行。

"亲亲相隐"问题的研究与
礼乐刑政的儒学道路

林桂榛

我大概讲三点。

第一，非常感谢任重先生、弘道基金、弘道书院还有在座的各位同仁，尤其我在网上熟悉、景仰的一些政治学家、法学家，尤其许章润教授。任重先生编这套书不容易，很艰辛，很辛苦，非常感谢他。

第二，谈一下专业问题。我的《"亲亲相隐"问题研究及其他》这一小册子有幸列入本辑"儒生文丛"。我这个集子主要是讨论"亲亲相隐"问题的。"亲亲相隐"这个问题在法学界早有讨论，法学界的老师都知道俞荣根、范忠信老师讨论过这个问题。在哲学界，甚至在史学界，都有专家在讨论这个问题，讨论最激烈的是刘清平、邓晓芒教授和郭齐勇教授等。最近梁涛老师、廖名春老师又和郭齐勇老师耗上了，又在辩，刊物级别也很高。

我做问题研究的方式是考证，首先求思想史、制度史真相，以求厘清这个话语或话题本身。爬梳文献史料研究这个问题很费劲，花费的时间也很长。我收集了不少批判儒家的"文革"时代的书，很有趣。我给大家读一个材料，1974年人民出版社出版的北大哲学系 72 级工农兵学员写的《孔孟之道名词简释》一书，在第 86 页处，词条"父为子隐，子为父隐"说："'父为子隐，子为父隐'，出自《论语·子路》。意思是说，父亲做了坏事，儿子要隐瞒；儿子做了坏事，父亲要隐瞒。"说"要隐瞒"的"要"字，或许就是"必须"的义务意，这是否符合孔子的意思暂不论；但这里解"隐"倒是对的，此"隐"是"瞒"的意思，瞒不是骗，也不是包括窝藏、藏匿等在内的笼统的"包庇"。部分法学词典解"相隐"词条的"隐"为"隐瞒"也是正确的，解为笼统的"包庇"则是错误的。

　　但这北京大学哲学系工农兵学员解完"父为子隐，子为父隐"词条接着又说："（孔丘）他说：'父为子隐，子为父隐，直在其中矣。'就是说，父子做了坏事，应该相互包庇，这才是正直的人。孔丘企图用这种说法，巩固奴隶制的宗法关系，防止人们'犯上作乱'。这充分暴露了孔老二是一个两面三刀、惯于说假话的政治骗子。孔丘鼓吹的'父为子隐，子为父隐'，为历代反动阶级所继承，成了一切反动派大搞宗派、结党营私、互相包庇、狼狈为奸的信条。"——好家伙！我怎么在刘清平、邓晓芒批判儒家"亲亲相隐"的大作里读到了这种款式的词语和烟火啊，哈哈……

　　我研究"亲亲相隐"问题坚持独立原则，不盲从任何人，一切都从自己的考证所得而来。我认为郭齐勇老师所编集子《儒家伦理争鸣集》等里头的一些辩论是有问题的，赞成"亲亲相隐"立场者跟刘清平、邓晓芒等的辩论也有问题。所有参加辩论的人，无论正反方，除了我，对"隐"的理解都是暧昧的、含糊的，都理解为包含窝藏等积极行为的笼统的"包庇"等。所谓"父为子隐，子为父隐，直在其中矣"的"直"，也多被望文生义地理解为"正直""率直"，包括最近梁涛老师的辩论文章。我通过文字学研究，通过字源和字义考察，已解决了这个问题：

经学里的"父子相为隐"即"相为对方隐"的"隐"，律典里"同居相为隐""亲属相为容隐""亲属得相容隐"的"隐"，这里的"隐"是"瞒"的意思，是言语上"不说"的意思。"直"则是"看""视"的意思，尤其是"明辨是非"的意思，《说文》所谓"直，正见也"，《荀子》说"是谓是，非谓非，曰直"，帛书《五行》曰"中心辩而正行之，直也"。这个问题，我在《何谓"隐"与"直"？——〈论语〉"父子相为隐"章考》一文说得最清楚。

最近廖名春老师说《论语》"父子相为隐"的"隐"字是《荀子》说的矫正弯木的"檃栝烝矫"的"檃"字的意思。这个解法，王弘治早说了（《浙江学刊》2007 年第 1 期），而且王四达早驳斥了此说（《齐鲁学刊》2008 年第 5 期）。用《荀子》"檃栝"的"檃"来解释《论语》"相为隐"的"隐"当然是不成立的，这完全是舍近求远、舍本逐末的解经路数。解经首先要用内证，外证是不能作为基点的，否则离谱解法可敷衍、发表的太多了，貌似有道理，还旁征博引，实则不可靠，甚至往往谬以千里。

解《论语》"父子相为隐"的"隐"字，不能跳墙式甚至跨时代式，否则对古书往往是"强奸文义"还自命真相或真理。我们应首先考察《论语》同书里的"隐"字用法或字义，这才是内证法。《论语》该"隐"是什么意思？《论语·季氏》有句话说："言未及之而言谓之躁，言及之而不言谓之隐，未见颜色而言谓之瞽。"所谓"言及之而不言谓之隐"，就是知情但不说叫"隐"。孔夫子的定义很清楚，为什么要理解为窝藏包庇呢？

这些字怎么个来龙去脉，我做了非常详细的考证，考证的结果就是这个小册子内收集的我的相关论文。以《论语》本身的文字或定义来解《论语》"父子相为隐"章的"隐"，据我所知今人中首见于我的硕士导师陈瑛先生，他以笔名秋阳发表在《道德与文明》2003 年第 2 期的《从孔夫子的"直"说到"作证豁免权"》一文就简单提及此。我在中国社会科学院硕士毕业后，到杭州待了几年，收集了大量的文字学文献，我赞同经学家"由字通经，由经通道"的致思道路，先把字搞清楚，别望文生义搞笑话或当笑料。后来有些学者写文章说"父子相为隐""亲亲相为隐"的"隐"是"知而不言"的隐瞒义，其实都后见于我考证性的文章。

邓晓芒说："（林桂榛）他堆积如山的考证却被我三言两语就摧毁了……他本以为我会和他一起纠缠到那些烦琐的史料中去，他就是不相信逻辑的力量。"哈哈！逻辑是逻辑，历史是历史，历史否定不了逻辑，逻辑也否定不了历史，此二者根本就是"八竿子打不着"。维特根斯坦《逻辑哲学论》说："逻辑命题不仅不应该被任何可能的经验所否定，而且它也不应该被任何可能的经验所证实。"哲学家陈康说不要"混逻辑与历史为一谈"，罗素说不要"混自然与价值为一谈"，周谷城说形式逻辑"对任何事物都没有主张""对于事物自身并没有增加什么说明或解释"，但邓晓芒不懂这个。

关于我的文字考证，我认为我的证据是可靠的，观点是成立的，但"信不信由你"，我只能借这句俏皮话来说这个意思。"父为子隐，子为父隐"的"隐"就是知情不说的意思，这可以连接到古代的"亲属得相容隐"法律、法典问题上。中南财经政法大学范忠信教授对中国古代"亲属容隐法"很有研究，他的文章发表在《中国社会科学》上，相关的书也出了一两本。但他解"亲亲相隐"法制史也是有错误的，他也不明白这个"隐"是什么意思。从唐律"同居相为隐"到明清律"亲属相为容隐"，这些容许亲属"相为隐"的律条说的都是亲属对某亲属犯案而知情不说可免罪，甚至走漏消息也可减免罪责，当然前提是某些案、某些罪除外，"不用此律"。有一个北京大学法学博士后跟我辩，他把"亲亲相隐"理解为"强调亲属间隐匿犯罪证据的义务"，居然把中国容隐律理解为"义务"！

理解为"隐匿"尤其是通俗说的"藏匿"，更是有问题。"父为子隐，子为父隐"解为"父亲为涉案儿子藏匿儿子，儿子为涉案父亲藏匿父亲"还是"父亲为涉案儿子藏匿父亲，儿子为涉案父亲藏匿儿子"呢？不犯罪的父亲藏匿父亲自身，儿子藏匿儿子自身，不是什么"窝藏犯人"吧。至于"父为儿藏儿，子为父藏父"，汉语语法上就狗屁不通，要说这种意思必说成"父隐子，子隐父"六字简单了事，而非说成"父为子隐，子为父隐"八字这么啰唆，即"隐"是个及物动词，可说"父隐子，子隐父"。"父为子隐，子为父隐"的"隐"，明显是个不及物动词的用法和语义，"父子相为隐"说的是自己隐，而不是隐非自身的亲属等，否则不会有介词性质的"为"（wèi）字在。自己隐什么，自己隐言行（尤其言），即不作为（尤其言的不作为），故孔子自定义说"言及之而不言谓之隐"，如此而已，此"隐"就是"不显现""不张扬"的意思。

知情"告奸"是人类的普遍伦理义务甚至是法律义务，这是惩恶扬善的方向。韩非曰"设告相坐而责其实"，李斯曰"见知不举者与同罪"，《汉书》曰"知而不举告与同罪"，举告义务甚至发展为《盐铁论》所说的"亲戚相坐"，亲属无举告之功则坐收或坐诛。知情、告发一般的他人倒好说，但所知、所告是亲属尤其是近亲属就复杂了。知悉亲属涉案，自己于之是隐默不举告还是不隐默而告，还是其他，这是个棘手的伦理难题；若积极地帮助逃匿或帮助湮灭证据等，则有别于消极不作为性质的沉默不告了，其伦理是非、法律是非问题比沉默不说更复杂、更严重。《左传》里孔子对叔向"不隐于亲"赞为义直，《论语》里孔子对攘羊事"父为子隐、子为父隐"赞为有直，可见要据亲属案件轻重情况及正义情况等酌情处理，就言说与否方面，或告或隐，当谨慎区分处理，把握分寸，以求中道，斯所谓"是谓是非谓非曰直"。

《论语》"父子相为隐"章里说的"攘羊"不等于偷羊，不等于今天我们说的"盗窃"。马融曰"往盗曰窃"，陆德明《经典释文》曰"因来而取曰攘"，赵岐曰"攘，取也，取自来之物也"，高诱曰"凡六畜自来而取之曰攘也"。"攘羊"是对误入自家羊圈或羊群的羊不驱逐、不声张，顺便占为己有，而非进入别人领地盗窃或抢夺。"攘羊"性质，当然没盗羊、窃羊这么严重。于亲属"攘羊"，劝谏亲属终止该行为及补救之，或自己行动把该羊放出或送还，这是正路；若自告奋勇首先向外人或失主告发和宣扬父亲或儿子盗羊了，这就又过分或过急了，不告之"隐"及其他补救措施才合理，看情况嘛。

第三，就是刚才张晚林老师讲的儒家与儒教的问题。"儒"这个名号很复杂，很庞大，儒有宗教关怀、宗教形式也是历史事实；说儒家要成为宗教，想必是为了解决体验人、情感人的精神安顿的问题。

《乐记》有一句话大家应该重视，它说："明则有礼乐，幽则有鬼神。"儒家是不是宗教不重要，儒家要不要建成宗教也不重要，萝卜青菜各有所爱，随大家的便。我当文明来拜孔子、祖先、山川，你当鬼神来拜孔子、祖先、山川，这都无所谓，荀子说"君子以为文，百姓以为神""其在君子以为人道，其在百姓以为鬼事"。重要的是礼乐形式、礼乐文明、礼乐建制及礼乐实行不能没有，这才是儒教存在或儒教功能、儒教作用存在的关键处。儒家解决个体体验性的精神、情感的问题，主要靠礼乐，靠礼乐来养性涵心，这个礼乐可以是鬼神向度的，也可以是艺术美向度的，参与者可以自己发挥和选择，余地很大。基督教也主要是靠仪式，卡西尔《人论》说了这个问题。礼乐仪式能统摄心灵、鬼神、超越甚至是美与艺术，周谷城评蔡元培"以美育代宗教”论时说如果美育代鬼神信仰，"代"是不可能的；如果是要代仪式或生活方式，则宗教仪式或宗教生活方式它本身很美，根本用不着代了。礼乐是明的，是确定的；鬼神是幽的，是不确定的。鬼神或美，与参与者个性体验有关，说有就有。所以"幽"的起点或基础是礼乐活动或礼乐形式，方向或去处则是开放的，是玄远的，是无穷尽的，上天入地，比皇齐帝，随体验者自便吧。

另外我比较重视《乐记》讲"王道备矣"的"礼乐刑政"四字。《乐记》说："礼以道其志，乐以和其声，政以一其行，刑以防其奸，礼乐刑政其极一也，所以同民心而出治道也。"又说："礼节民心，乐和民声，政以行之，刑以防之，礼乐刑政四达而不悖，则王道备矣。"礼乐与刑政在社会治道上相关，但又有别，各有侧重和路径。可能秋风老师及在座的其他法学家更多的是在重视和发挥"刑政"问题，也就是法律与政治问题。而在座的张晚林、慕朵生老师则比较关注礼乐与心性问题或礼乐与心性路径，所以倡导儒家宗教或儒教。教化、精神当然要寓教于礼乐尤其祀礼等，但刑政却不是礼乐所能处理或对付得了的，礼乐和刑政各有自己的领域和功效，彼此替代、覆盖不了。不要以"礼乐"价值、路径来否定"刑政"价值、路径，也不要以"刑政"价值、路径来否定"礼乐"价值、路径，应该"礼乐刑政四达而不悖"，这样才是"同民心而出治道"，这样各个方面才都有"安顿"。心灵安顿是安顿，秩序安顿也是安顿，总而言之是《乐记》说的"治道"吧，这样看儒家才全面，才真实。

我也感觉一些法学家对儒家思想有比较到位的理解，理解"礼乐"，也理解儒家于"刑政"的追求，能全面理解"治道"问题。"礼乐刑政"的"刑"本来从"井"从"刂"，就是"法"的意思，从井是秩序、条理，井井有条是秩序。荀子说"礼者，法之大分、类之纲纪也"，"礼"本来就是自然法、习惯法，"法"是"礼"的延伸，正义之"法"当符合"礼"；"礼"则反映道理的"理"，反映道义的"义"，荀子和《乐记》说"礼也者，理之不可易者也"，《礼运》则说"礼也者义之实也，协诸义而协，则礼虽先王未之有，可以义起也"。法若协诸义，也是"虽先王未之有，可以义起也"，这就是礼法的因革损益问题。儒家讲礼与法的关系，讲礼法与理义的关系，不正是罗马人、西方人说的"法律是善良与公正的艺术"吗？《论语》说断狱、司法也是"如得其情，则哀矜而勿喜"，荀子说"故公平者，听之衡也；中和者，听之绳也"。如此等等，这都是法律或司法的善良与公正问题。

儒家认为"人道政为大"，讲"刑政"是现实主义——不能无政府主义，也不能超政府主义，家庭之外的大社群、超级社群需要政府管理存在，但现实主义讲"刑政"也并非要法西斯主义，因为真正的儒家要"治道"之效率与正义兼容并举。关于礼法及法的理义问题，荀子有很多阐释，荀子说"礼义法度""仁义法正""师法之化，礼义之道"，说"之所以为布陈于国家刑法者，则举义法也；主之所极然帅群臣而首乡之者，则举义志也"。又说："有法者以法行，无法者以类举。以其本知其末，以其左知其右，凡百事异理而相守也。庆赏刑罚，通类而后应；政教习俗，相顺而后行。"

荀子的思想是政治家型的思想，不同于思孟宗教心性一派的思想。荀子思考社会、政治比孔子大大推进了一步，应该值得法学家、政治学家重视。求"治道"的智慧应该向荀子靠拢或讨教，两三千年的儒家思想史里，荀子才是"陈王道善易行，疾世莫能用其言"，荀子才是讲"生民非为君，立君以为民"的民主政府论。时间关系，就说到这里，谢谢大家！

［对学者相关评议后的回应］

谢谢大家的批评，但是从我个人的角度，我觉得有些批评，其批判的对象不是这样，事实不是这样。譬如，某老师说"儒生文丛"这套书是力行派而没有什么"学理"，我看未必。我的书全是考证为主，你没看我的书就发表评议，这一点我要回应一下。其次，新儒学是否在固守自己立场而没有回到现代情景尤其现代民主政治大道上，如高全喜老师所说的，我看也未必吧。我就不是这样，自由、民主、宪政我都赞成，看我的书就知道了。

不要用自己笼统印象中的东西来充当自己批评、批判的对象，要具体而言。无论对儒家还是对儒生，有些人说的只是自己印象中的儒家、儒生，说"亲亲相隐"也是印象中的"亲亲相隐"，对很多东西都是印象中的而已，事实是不是他印象中的那样，不一定！所以，要具体、深入地考察清楚对象再来做评价，所以一定要具体地谈，要具体化去研究对象，否则笼统发言没有意义，胡乱批判更是恶劣。我胡说八道了，抱歉，谢谢！

邓晓芒式的反儒者思维和
文风是典型的"文革"式

陈乔见

首先感谢"儒生文丛"的主编任重先生，以及弘道书院的秋风先生，使得我有机会来参加这个座谈会。除哲学外，我最有兴趣的就是法学，我的文章中也经常涉及法学问题，今天这里有很多法学界的先进，非常开心，相信能获益良多。

拙稿忝列儒生文丛，实在有些惶恐。需要纠正的是，书名《闲先贤之道》，本应该为《闲先圣之道》，出错之由，是我把"圣贤"二字一并打出，把需要的"圣"字不小心删掉，而留下了不要的"贤"字，等发现时，因涉及书号问题，已经来不及改正。所幸尚成文义，只是把孔孟由圣降格为贤，实属有罪。

下面我就简单介绍下这本书的内容吧。任重发短信让我主要讲讲与邓晓芒先生的论战。这本书有四篇文章是与邓先生的商榷性文章。我觉得邓是他那一代人乃至现在整个中国学界一个"凡儒必反"的代表性人物，跟他论辩，澄清一些事实、观念和思维方式，具有普遍的意义。我在来京的高铁上，用手机上网查看了最近邓先生批评刘小枫先生之"学理"的一篇文章，看了不到几行，实在看不下去。倒是再三品读了刘先生对邓先生的不是回应的回应，甚有趣。其中，刘先生说他想来想去，邓先生批评他的一个理由是，因为邓先生认为他从来不是一个基督徒，而是一个儒家士大夫。可见，只要是跟儒家挂上钩，邓先生就批，呵呵。在邓先生的许多文章中，他一直标举"理性""逻辑""学理"的旗号来批驳别人。我的文章中，除了澄清一些事实和观念外，最着意的就是揭示其"理性""逻辑"和"学理"的虚妄性。刘先生给邓先生的回信中有这么一句话："你的学理水平和言辞品质如何，明眼人都知道。"我在拙文中也表达过类似的意思。我很欣慰，学界从来不乏明眼人，只不过许多人懒得出来讲。邓先生之前谓我等为儒家辩护，是要为"文革"重演恢复意识形态基础；最近他说刘小枫必然走向纳粹主义——"文革""纳粹"，多么可怕的大帽子，这就是邓先生所自诩的"学理"。这样一顶大帽子扣下，你哪有喘歇的余地，百口莫辩。邓先生很擅长这一套。邓先生每每标举反思"文革"，但其思维和文风却是典型的"文革"式。当然，我有时候也反唇相讥，言辞颇为激烈，之前也有几位师长建议我删去一些，这次出版我删掉了一些，但还是保留了一些。我觉得之所以有必要保留，主要有三个理由：首先是拜对方所赐；其次是借用苏格拉底的反讽，既然你标榜如何如何，我就要向读者展示其实并非如此；最后是儒家所说的"以直报怨"，如果"以德报怨"，那么我们"何以报德"呢？

　　一般认为儒家公私不分，家国不别，情理不辨。根据我的研究，儒家实际上对公与私、家与国、情与理的区分有非常明确的意识。儒家说"门内之治恩掩义，门外之治义断恩"，家庭家族之内的管理（齐家）主要以恩情为主；家族以外的公共领域，比如社会领域和政治领域的治理，就应该根据公义公正的原则，而且要斩断情感的牵绊。不是说儒家注重家庭情感和血缘关系，就一定支持社会和官场上的裙带关系。这是两码事，没有必然联系。我看过秋风老师的一些文章，他对社会上对儒家的一些流俗之见，做了很多拨乱反正的工作。我的很多观点与他很接近，比如说儒家是不是集体主义，义利之辨到底在辨什么等。我觉得，儒家需要更多像秋风老师这样的学者，写一些通俗的文章，来纠正人们对儒家的一些根深蒂固的偏见和成见。

回到"亲亲相隐"的问题，我觉得法学界人士对此问题理解很到位，对于"亲亲相隐"的合理性及其法律制度安排，没有什么分歧。我曾引用过一位法学学者王怡讲宪政主义的一本书，他说，以今日标准看，全世界的宪政民主国家，无一例外地会支持孔子"亲亲相隐"这一判决。

讲到儒教的问题，有一次我给任重回信说："重建儒教，既无必要，亦无可能。"但我绝不会否认儒家具有宗教性，而且我也赞同应该尽快恢复文庙、书院等制度。没有实体性的建制，儒家的影响不可能发挥太大的功用。但我以为，"儒教"的旗号太大，容易招致攻击。

儒生事业，家国天下

许章润

刚才听了"儒生文丛"第二辑作者代表张晚林、林桂榛、陈乔见三位哲学家的正面阐释，此刻由我和胡水君、张龑三位法学者侧面回应。此情此景，使得法学家们仿佛一开始便处于不利位置，正所谓实践理性之于纯粹理性多半理屈词穷也。

置此语境，略做五点陈述。

第一，从一个名词讲起。这个名词不是别的，就是"儒者"。这几年，秋风教授无论到哪里开会，开口闭口，辄言"我作为一个儒者"如何如何。区区侧耳，颇不以为然。你怎么是儒者呢，你就是一介儒生嘛！一字之差，境界有别。但凡读儒家书、习儒家典籍、按儒家典范做人，就是儒生。而儒者，在我以为，则需达到一定境界，而且，其境其界低了不行。不仅正心诚意，而且具备人格气象，反映出内心的良知良能。到了这般境界，才能说是儒者，而且自己不能说，乃口碑也。以梁漱溟先生为例，梁公是儒者，大儒，外表柔弱，而性格刚强，危难时刻拍案而起，体现着儒者的刚健风骨。所以，你自号儒者不恰当。今天刊行的这套著述题为"儒生文丛"，定位准，志趣高远，也就是儒家学统语境中书生事业的意思。希望下次你跟我们见面时，最好自我介绍"我作为一介儒生"如何如何，好歹顺耳。在下教书谋生，也以教书为业，在知识分子的传统语义上，也可以说"一介儒生"也。

说到梁公，有件事颇能说明其学思人格。对于法制、民主和宪政，梁公早年、中年和晚年，理解和态度并不完全一致，盖因时代有别，而"中国问题"呈现不同，所需应对不同。梁公晚年目睹极权专制为祸惨烈，挺身疾呼法制民主。1975年，撰有《英国宪政之妙》一文，喟言单纯依靠人是有指望而无把握的事，非得靠法治，冷冰冰的法治不可。这是他晚年的想法，虽说跟20世纪30年代时的立场有别，但本于"中国问题"的理路，则一般无二。还有，他从事"乡建"并非意味着反政治，而恰恰是一种基于政治的政制。梁先生说中国问题的最大毛病是政治不上轨道，盖因宪政建立在社会发育的基础上，而中国社会是乡民社会，无此基础。故而，首要花大力气，把社会搞起来，然后在此基础上，宪政不请自来。此非革命进路，恰恰是常态政治的路子，怎么能说是反政治呢！

第二，刚才秋风开场致辞，其中一句话，大意是"儒生文丛"的出版标志着"儒家思想登场"，太谦虚了。在我看来，儒家思想在中国思想场域中从来就不曾退场。过去有儒学三期说，说明儒学没有退场，相反，却在持续精进。即便"十年浩劫"，儒家也没有退场，因为儒家作为"反面教材"，历遭歪曲丑化，却始终"在场"。像我们这批20世纪60年代初出生的人，小学时赶上"批林批孔"，方知吾国文教之初，有一种读书人儒家，而孔子是民办教师，以求知问道为职志。"真理的声音常常借助魔鬼的翅膀而翱翔。"证诸吾侪幼年之开蒙睁眼知道儒家儒学，乃至于通过"大批判"的方式亲炙儒门原典，进而对于中华文教的质朴、雄厚与博大，多少有所感受，真是一点不假。所以说，儒家从未退场。相反，经过百年文化冲击，新文化运动的批判，特别是后来的浩劫，迄而至今，其实已死而后生，而发扬光大，格局泱泱矣！

从亿万芸芸众生的生活经验层面来看，儒家作为全体中国人的生活方式，尤其是乡民社会的生活方式，也从来没有从中国人的洒扫应对、言谈举止中退出。吾父吾母，吾兄吾弟，在我观察，基本做人的一面，因循的还是儒家的路子。毕竟，讲究宽厚待人，与人为善，向上心强，这些都是儒门千年教化的结晶。进而，即便是在中国政治结构和思想层面，儒义也从来没有退出过。恰恰相反，不论是救亡图存，还是"五四"新文化运动和后来仿佛西学一统的格局下，"天下兴亡，匹夫有责"的士君子担当，"明道救世"的儒义风骨，是鼓舞万千士人奋起救国救民、传播新思想新文化的道义源泉。时至今日，到了将儒义儒学发扬光大之际，假以时日，好自为之，或许有一个"新儒生时代"者也。

第三，如果说在相当长的时期内，我们主要是通过西学视角，尤其是自由主义与共和主义，特别是政治自由主义来批判中国传统资源包括儒家资源的话，那么，最近十来年，随着中国制度主体性之日益凸显，从思想主体性之儒学传统思想资源出发，反过来剖析、反思、反驳西方晚近以来的主流文明，可能时机已到。是的，不仅"地中海文明"以来的现代文明本身存在着巨大的紧张，它的可持续性到今天来看依然存在深重的问题，而且，从"地中海文明"到"大西洋文明"以来，尤其最近三十多年，这一套价值理念和生活方式，尤其是资本主义生产关系所表现出来的贪婪与无耻，华尔街式的巧取豪夺，真可谓登峰造极。包括西方高等教育在内，其近年来的堕落是令人惊讶的。诸位看看，现下英美大学的教授数量不比中国大学少，其世俗化与势利性亦且强化，工具主义盛行，可堪讶异者也！置此情形下，如何从中国文明包括儒家文明的原道原旨出发，于批判这一波西方文明中抉发新机，从而有可能找出更具可持续性、切合当下人心的中庸中道的文明路线，实为时不我待。换言之，在发掘和提供中国的生存智慧的同时，发现分享的普遍真理，是儒学的当代使命之一。

比如，刚才讲到的几个问题中，"亲亲相隐"为一端。其实，这是一个普世做法。以美国的一些州立法为例，夫妻双方免于当庭指证对方有罪的义务，精神实质概莫如此。前一段秋风在北大做讲座，谈到民本与人民主权等问题，涉及政治上的第一立法者究竟为何这一问题，由此牵扯天命与正当性，天人、神俗之间经由"德"而上传下达诸题。所以，以德配天、法天配地这样的思想，与现代自由主义政治正当性理论，基本上可说同理而异名。在此情形下，刚才讲到的"家国"概念，就需重新梳理，而见其精髓。在下愈加揣摩，愈发感到"家国天下"，实在是汉语文明留给我们后世子民的绝佳修辞，既把家、国、天下有效分离，同时又做有层次的勾连，形成了由近而远、由远及近的境界。如此一来，则华夏大地，齐烟九点，蔚为我们亿万子民诗意地栖居的公共领域，有效解决了共和主义和社群主义意图解决的国家、社会与家庭的集体认同，同时又秉具自由主义的个体意识，更为难能可贵的是，它展现了中国传统文明极其高蹈的超越性。总之，这是一个极其高妙的修辞，多少意蕴尽可于此生发、延伸和演绎出来呀！

由此伸展开来，所谓"正名"非常重要。既然各位以天下为己任，道统意识又如此强烈，则"正名"确实也是一种理路、一种方法。所以，如何在代际思想传承之间，通过每个人对于当下生活困境的体认，对于时代和大众苦楚的感受，而汇聚于新的阐释，则中国思想之发扬光弘，不愁无路无力也！毕竟，对于传统的任何解释，反映的总是当下的焦虑，而恰恰接济现实生活以精神的活水源头。

第四，虽说儒义儒学是中国文化中最具深厚功力的课业，但在当今中国思想场域，多元一体，儒学也只是其中之一也。既然如此，则如何通过思想市场，使儒学与其他思想阵线多元对话，而展现思想解释力量与文化传承力量，从而确立平等的真理观，比强调儒学是宗教，可能更现实，也更容易为人们所接受。这也更有利于儒学的普及，进而发扬壮大，最终沾溉亿万华夏子民大的心田。

在此情形下，比方说刚才张晚林教授讲"君子以为文，百姓以为神"，道出了精英文化和草根文化的分野，今天实在不可不察。士大夫主要回应制度难题，若要践履，落实为生活实践，把制度转型、文化创新表达为生活方式，则属另外一个方面。而"多元一体"与"平等的真理观"，则为另一个方向。

第五，三位教授展示了儒生意气、儒生气象，尤其是对于邓晓芒教授的批评，尤见生气。但似乎温柔敦厚不够，而躁切有余也。

以上是对三位"儒生文丛"作者代表发言的评议，下面，对在座其他儒家学者的观点，讲六点看法。

第一，秋风教授过去属于比较激进的自由主义者，后来转为激进的文化保守主义者，开口闭口"俺是一个儒者"。但据刚才你的发言来看，立场似有变化，变得比较中道、比较平和，也比较开放、比较包容。嘻，不让你自诩儒者而叫你儒生，可能稍有警醒之效，亦未可知。

第二，过去三代新儒家，面临国破家亡、中国文明花果飘零之颓势，感时伤世，悲情太重。其间，多有文化自辨和文明捍卫的激切而急切之论，打动了亿万人的心。他们为了证明中国文明的正当性，时常比附西学，而无法脱离文明比较与文化论战的语境。时至今日，三十年河东三十年河西，时代文化悲情可以休矣，但我讲我的，正面阐释无妨也。

第三，在下同意这一观点，即把儒家当作宗教，实际是把它做小了。中国文明从来是一种世界文明、天下文明，具有普世文明的品格。尽管中国文明近代惨遭打压，但是，其世界文明、天下文明的性格未变。对此世界文明，却委屈成一种宗教，这不是把它做小了，又是什么？

第四，诸位伸言现代社会学方法、社会学理论来创造性阐释儒义儒学，在下极表赞同。在此，修辞实在太重要了。此刻我们运用的现代社会科学术语，多半舶自西方，如何使中国本土术语在社会科学的营造下焕发新意，这才是换汤换药，否则，就是换汤不换药。

第五，将来儒义儒学的全面复兴，不是指儒学作为一个学科之建制化。那样做，其实是把它博物馆化了，又把它做小了。毋宁，儒义儒学贯通延伸于每一个现代学科，而于其理论和思想阐说中显圣显灵。比如法哲学中关于正当性的问题，宪政讨论中的主权问题，凡此种种，都牵扯儒学解释。总之，将儒学儒义渗透于每一个学科，恐怕是今日开始的未来中国学术的发展方向。

第六，陈明，你说我不时透露"嬉皮"，却不知此为在下所秉持的古典态度。无他，无他，"君子游于艺"也。

重启道体，再造文明

胡水君

儒家，在我的印象里，大多是正人君子，甚至是明道的高人。我今天来其实主要是想听一听，看一看。座谈会在议程中安排了我发言，我在此不得不说几句。我谈三点粗浅看法。

第一，对于中国乃至世界的发展，中国传统文化非常重要。我主要从事法理学研究，在儒学方面是一个外行，但我对中国传统文化有一种特别的喜好。在这几年的研究中，我发现法理学有一个中国传统学术路向。法理学，按照西方的讲法，通常包括法律科学和法律哲学。不管是科学还是哲学，都不必以道德理论为前提。但中国传统学术，就其主流而言，一定以道德理论为前提，有道德的根源。所以，沿着中国传统学术路径看，法律哲学和法律科学可能还盖不住法理学的范围。传统中国有"理学"这种学术形式，我觉得，法理学在中国也可能成为"法律理学"。其实，政治研究领域也出现了"政治儒学"的讲法，这在很大程度上弥补了政治科学和政治哲学两分的不足。作为"大学"的儒学，主要是养大体、成圣贤的学问，它与一般的知识门类不太一样。现时代，时常被中国近代知识分子称为与春秋战国遥相呼应的"新战国时代"。这是一个可能产生新法家、新儒家、新孔孟的具有特殊历史意义的年代。而"冷战"结束后的近

20 年，是中国近代以来少有的一段相对持续平稳发展的历史时期。在此时期，中国日渐呈现出一种文化复兴的态势，所谓的"中国模式"或"中国道路"也备受瞩目。目前中国各方面仍处在发展过程中，很难说已固定化或模式化，但中国的发展一直给人以特别印象，也确实表现出中国的因素。这种因素值得审慎琢磨。至少，在文化方面，它包含有不同于西方文化的内容。中国应该努力让这些文化因素重新生发出来乃至推向世界，特别是其中为中国传统学术所承载的普遍文化因素。看到"儒生文丛"中有一些学者在自觉地朝这一方向努力，我觉得很好。

　　第二，儒学在现时代寻求发展仍然面临着很多问题。就传统社会来说，不是所有的中国传统形式或民族形式都是好的。事实上，诸如纲常、礼教、裹足、娶妾等旧的形式，时常使得儒学在现代遭受猛烈批判和抵制。即使到现在，很多学者也明显表现出对儒学的隔膜和排斥，更不要说对古典文献的自觉开发和利用。现时代有一个比较普遍的现象，看古书，文字可能认识，但意思究竟是什么很难懂。而且，在难以精准理解传统文献的情况下，现代学者容易以现代思维曲解或误读古人，甚至采取一种不知而以为知、以现代理解代替原初认知的态度。我有一次在书店看到一本书，封面写着"去圣乃得真孔子"。孔孟自古被视为中国的圣人，但到现代人这里，理解那种明了心性和生死的圣人似乎是越来越难了。像《论语》，黑格尔、韦伯这些外国学者读起来觉得很浅显琐碎，形而上学味道不够。读懂《论语》，可能需要先读通《大学》《中庸》和《孟子》，明了儒家的道德心性系统。例如，《论语》何以以"学"字开头？"学"的是什么？"学"究竟是"大学"还是"小学"？"学"何以成为一种乐趣？编者何以将在现代人读来可能觉得逻辑联系不是很紧密的三句话放在开篇？开篇三句话究竟何以一以贯之？这些问题，可能需要切身通晓了《大学》中的"明德"、《孟子》中的"大体"，才能解决。这样一个道德心性系统若是不能打通，儒学在现代的生发终会受到一定限制。

第三，以现代学术和认知方式推动儒学发展在现时代固然需要，但就儒学的长远存续和全球推广而言，道德形而上学的开通和维护仍是根本。我个人理解，中国文化通常包含有三个层面。一是心体。这是"体"，也被称作道体。所谓"道统""明德""大体"，所指向的就是这个"体"。儒家十六字真言"人心惟危，道心惟微，惟精惟一，允执其中"中的"道心""一""中"，也指向这个"体"。在这个"体"上，儒释道可谓同源相通。二是德教。这是"用"。《中庸》开篇"天命之谓性，率性之谓道，修道之谓教"，指出了从"性与天道"向德教的转向。与德教相联系的主要是道德律或善恶法则，也就是所谓的"积善之家，必有余庆"。西方古代的"自然法"与此相通。三是知识。这也是"用"，但直接用以解决政治、国家、社会、家庭层面的问题。人的直观经验和抽象理性都处于这一层面。将人的经验和理性作为权衡标准的现代人文浪潮，主要流于这一知识层面，而且以此对德教和心体形成冲击。现代社会其实也具有一定的道德特征，但它主要在经验和理性基础上展开。这特别表现在西方自然法从以自然正当为核心的古代自然法，向以自然权利为核心的近代自然法的转向上。中国传统的法家，很明显地流于知识层面，而在认知渠道和知识范围上割舍了德教和心体。儒学在现代的发展，不应仅流于第三个层面，而应努力提升到心体和德教层面。这是儒学值得在现代生发、向世界推广的两个根本、独到而普遍的层面。

当今中国法律体系应以家为基础

张　龑

首先非常荣幸受邀参加这样一个从未参与过的学术会议。但是，儒家或者传统文化，我想对于每一个中国读书人来说，都是你自身存在的合法性，是一种常识，不需要论证。我们需要问的只有一件事情，你有没有足够的能力把这样一种存在重新活出来，如果没有能力把自己的生活方式活出来，那就不如去国外某个空气好、环境好的地方，安安生生、孤独地过一生也挺好。中国现在进入移民时代，在移民时代，人们已经不把生养自己的这片土地当成值得眷恋的祖国，这是从最近几十年开始的，而之前无论去哪里，中国人还都有家园故国情怀，到今天这种感觉没有了。让我回到法律论题上。说起来，讲传统我们这一代几乎已经失去运用优美、半文言的语言讲中国问题的话语能力，所以只能用大白话讲一下。

刚才许章润老师讲了很多有意思的话题，我尝试在此基础上做一个解读。我们的过去，从法律人的视角来讲，我们的历史很短，从1949年开始，最多追溯到1911年。从我们的眼光来看，中国这一百多年，所谓人民出场，换成许章润老师的话说就是文化人民出场，换成政治法学术语就是主权人民必得出场。那么，人民究竟是什么人民呢？人民其实是脑子里头虚构出的一个意向，这个意向是因为上帝观念整体失去合法性，我们要有一个填补。可是，用人民来填补到最后并不知道你这个人民是什么人民，欧洲人将人民主权落实为日常生活人民时，显得过于简单，德国人直接落实为血缘人民、种族人民，直接从天上到地上坠落（中间失去任何的文化阻拦，没有能力从天到地提供一个中间环节）。这个中间环节如果用文化一词，我觉得还是比较抽象。我们今天讲文化、讲文明，问题是你的文化是指什么样的文化？对中国人来讲就是具有多重内涵的儒家文化，我们的儒家文明这个时候能不能在我们的政治和法律生活里出场？一旦在政治和法律生活中出场，是否意味着它进入我们生活里边本身就暗含了一些法则，而这些法则可能就是我们的法律必须加以规定的行为规范。

如果从这个角度去想的话，让我们观察日常生活，不管中国这 30 年法律进步多快，它最典型的特征我们称为法律移植，特别是从 1994 年到 2011 年，每年出台若干部到十几部法律。这些移植来的法律几乎不考虑中国人自己的生活，那些文化的、文明的生活或者说传承了几千年的中国人的生活。法律上能看到的人民就是一个空洞、抽象的人民，没有任何的文化内涵。在生活实践中，这些法律不太起作用。我们日常生活展示出自身特有的法律，无论潜规则还是日常生活中的习惯和伦理。真正的潜规则并不是价值上被否定的东西，只是表明，现有法律制度尚没有能力挖掘出其价值上的好。

我们再看立法对于生活秩序的影响，一方面它并没有发挥多大作用，另一方面也给日常生活带来一定的困扰。当我们看到立法实践对日常生活并没有产生有效的规范治理，我们就要想想，传统里边的合法性究竟在哪里？我们有没有能力把中国传统，如许章润老师讲的家国天下，背后真正具有的普遍性的东西揭示出来。我们可以这么讲，如果儒家文化具有生命力，那么它就不应该是一种单纯的地方文化，还应该具有一种普遍性，只不过这种普遍性在不同国家展示的面貌略有差别，即对特定人群、不同人群之间的生活都有其作用力，只不过文化差异、各种文化面貌显示不一样而已。中国文化所展示的这个面貌能不能通过剔除一点经验性的、属于特殊性的东西，从而找到具有普遍性的东西。

　　我办过一次工作坊，请过张祥龙先生、旅美学者杨笑斯，最后讨论的结果是：两千年儒家文化一言以蔽之，就是一个"家"文化。用"家"这个词可以充分揭示儒家思想及其制度最内核的东西。我们看家国天下如何贯通起来？其实就是一个家，怎么个家？祖国之家，我们的天下、我们的天地都是阴阳创生的天地。我们所谓的天，一种解释就是，天是我们祖宗、祖先的名字，天就是天子的父亲，他是我们的祖先，我们都是天子之子，从天子之子到家国就是祖国，一直到个人的小家庭。这样，就发现了内在很核心、讲得通的一以贯之的道理。

　　回到今天，与儒家思想中的各种关键词相比，直观感更好的词其实就是"家"。家表达的是中国古代社会的制度原理和基石。那么，家在今天的生活中是否还是一个必要的概念，是否还具有普遍性？我们看西方最典型的真理观，当我们把 truth 翻译成真理的时候，如果对应 truth 的只是"真"，那么我们增加一个"理"字其实已经将 truth 这个词相对化、世俗化以及儒家化了。因为"理"是多元相对的东西，所以"真"一到我们中国文化里，"真"就不是绝对的而是相对的东西。讲完真理，我们就问自由。我们今天的中国人，包括大部分法学者，那些在中国非常有影响力、非常有政治力量的群体，他们所讲的都是自由秩序，那么，自由是"真"的东西还是只是一种理？我认为，自由只是理而不是真的东西。康德把它放在实践理性下来探讨，将其作为实践理性的指引，这给我们一个启示，自由本身肯定是一种世俗化的表达，而不是基督教中上帝意志的表达。我们如果讲要激活儒家，首先要问，生活里边除了自由作为立法的基础以外，还有没有别的基础在这里？儒家带给我们的 2000 年治理经验里边，其背后真正具有法则性、原则性、基础性的内涵，也就是能够成为散漫、游离、漂泊无根约束性的法则是什么？康德哲学上的自由绝对是有法律的自由，有约束的自由，那么我们中国人提供的约束实际上是怎样的一种合理性呢？我们中国人提供的基础性法则就是从家出发这个法则。这个时候，我认为如果在中国法律体系里边找到一个能够让自由变成一套合乎中国人日常生活行为，合乎我们情感的一套法则的话，那么找到的那套对他具有约束力，和自由具有共同作用、共生性的法则其实就是"家"。从"家"这里，我们看到了儒家秩序原理。

说实在的，我认为今日再用传统儒家的话语讲儒家已经没有什么生命力了，我们也很难具备足够的能力去这么讲。所以，我只是从法学角度来观察。我认为在当今中国法律体系里边，如何彰显出以家为基础的、儒家这几千年历史带来的基本社会规范，并给予这些规范以法律上的正当性和约束力，使它成为我们日常生活中实用的法律规则。这就是儒家思想在中国当代思想和实践中应呈现出的面貌。

重建儒教也要有理性的
态度和科学的精神

陈　明

　　"儒生文丛"第二辑出版了，甚是感慨。任重不但主编"儒生文丛"，还主办儒家网。而且，《儒家邮报》主要是任重在编，我只是挂个名，虽然有时也提提意见、把把关。任重是为儒学复兴默默工作的人，付出的精力和心血在当代儒门几乎可以说是最多的一个。我经常提醒他多花点时间将自己的思考深化提纯，现在，发现这些事务性工作居然如此辛苦艰难，真是不知说什么才好！

　　今天的研讨会，我应该是被视作儒家阵营代表出场的吧，因为在邀请通知上规定我有回应性发言。但是，当我听到张龑和胡水君他们这些法学家的发言，真有点莫名惊诧——是不是秋风找来的托儿啊？比我还要儒家！

　　要是以前听到你们这么说，真的会要琢磨半天，他们是不是搞什么欲抑先扬的修辞，但是今天不会了。因为就在昨天，我在中国人民大学一个海峡两岸青年法学家论坛已经跟张龑他们一帮年轻的法学家们聚过了，可以说是喜出望外，因为法学家几乎先天地就跟自由主义契合，他们学科的知识性质、社会中的精英地位以及与制度环境的内在紧张都倾向于使他们选择自由主义的思想立场。但实际上我看到的却是，"这个自由主义的精英群体实际很有家国情怀，不仅十分关注并且颇重视儒家立场与资源。这不仅预示着中国自由主义者的成熟，也预示着儒家思想层次的丰富"——这是我在微博上讲的。甚至田飞龙，那个在"较量无声"中影像清晰的年轻人居然说要重建家庭以重建儒学。他说的家庭可是带有宗族性的大家庭。这在儒家内部也是一种激进或极端的观点。我是不赞成的，因为我并不认为作为一种社会生态的家庭就是儒教构成的终极基础。我是主张儒教的，我认为"有天地然后有万物，有万物然后有男女，有男女然后有父子，有父子然后有君臣"。家国天下，都是天地所生，都是生生之德的产物，所以那个天才是终极存在，才是最高位格。把家庭绝对化存在本末倒置的嫌疑。但是，飞龙，还有张翼都表现出了对自由主义原子个人作为思想起点和理想目标的质疑和超越性，这是叫我喜出望外的。

　　个体、家、国、天下都是真实的存在，在儒家的思想脉络里各有其位置、意义和价值，与西方基于原子个体的契约组合完全不同。实际上西方社会理论也是多元的，希腊传统与希伯来传统都在发挥着作用。中国出了问题，或者要解决问题，自由主义者总是从某种单一的思想逻辑出发做批评、做方案。这如果不是态度上的不负责，就是心智上的不成熟。张翼在新的论域、新的立场基础上讨论祖国与主权国家的关系、民族与民主的关系，我看到的是思想上的深化，是作为此刻当下的中国人之存在、之情怀的显现。政治学甚至法学，应该都允许甚至需要这种历史感和情怀存在的。与此相应的一点，就是儒家思想正式进入了他们的学术视野，不仅是作为知识资源加以利用，同时也是作为价值原则加以尊奉。那个会议上有个苏州大学的女博士，她研究吴经熊有很深的体会。有意思的是，她说自己认信皈依的是儒家、儒教！（许章润先生插话：说明自由主义不能解决人生意义问题。）

但是，选择基督教的还是更多。不过，我有观察到另外一种现象，那就是，一些基督徒或者倾向于基督信仰的人，虽然把基督教作为个人生命问题的解决方案，但在公共领域，他们还是承认儒教能够也应该发挥更大的影响。有一个北大社会学教授，属于海归吧，他就说宗教里基督教是比较好的宗教，可是他给孩子读的还是《三字经》《弟子规》。他认为在中国如果要是票选国教或者公民宗教的话，他会把票投给儒教。孙中山、蒋中正当年就是这么做的。这里可以思考的地方很多。但却说明一点，儒教或者说儒家的历史价值和现实意义越来越得到尊重。

说了半天都是另一个会议的内容。这实际是有我的考虑的。我向来这样，面对儒家的批评者，我总是为儒家辩护；面对儒家的信仰者，我总是提醒一种理性的态度、科学的方法。我觉得今天这几本书的作者，不同程度地存在这些问题。退一万步讲，儒家在历史上的意义作用是居功甚伟不容抹杀的，但历史的有效性不等于现实的有效性；现实的有效性是需要证明的，由可能到现实是需要做工作的，既包括实践的工作，也包括理论的工作。这里就包含对现实的观察，现代性、全球化、多元性，等等，是古圣先贤所未曾经历的情境。因此他们的思考必然有它的历史性，需要发展反思。从政治哲学角度讲，孔子生活的周代是分封国家形态，他坚持的是周公的政治理念。后来董仲舒与汉武帝合作，做出了巨大调整。宋代太祖立有祖制，士大夫参政获得保障，道德心性成为问题关键，于是形成了宋明理学。今天，我们弘扬儒教，首先要对现实的问题有真切把握，对历史文献做准确定位，就是在情怀和立场之外，也要有理性的态度和科学的精神。近代的"中体西用"很多人批评保守，实际他也被儒门保守派批评为鲁莽灭裂、离经叛道。现在看这还是一条正道，是儒家的正脉。我希望大家把自己的谱系接到曾国藩、张之洞、梁启超包括康有为这个正脉上。我的即用见体实际就是给这一命题做发挥。

刚才许章润教授也谈到这点，可谓所见略同。它的后劲，将来大家会看得到。但是，在今天的几本书上，这点还不太明显。

今天的自由主义者对儒家很友善，我就向儒家内部开炮，把他们想说又不好意思说的东西替他们说出来。我可以对两方面的发言做回应！

在中西相互阐释中发展和扩展儒学

姚中秋

听了刚才几位的发言，我的感受与陈明兄一样，我们今天邀请的法政学者，似乎都是托儿啊，大家跟儒生群体的理念非常接近。我觉得，从今天开始，你们都可以自称儒生了。我觉得，这是一个非常可喜的现象，也是一个非常重要的文化现象。我现在经常跟别人说，中国过去 10 年中发生的最重要的事情是儒家的复兴。这是具有世界历史意义的事件，因为它会改变中国，进而会改变世界。

我们从学界这些年的变化，都可以看到这样的大趋势。陈明对此会有很深的感触，我们明显感受到学界对于儒家的态度，对于儒家的立场，在过去 10 年来，发生了非常巨大的变化。想来也不奇怪，这是中国人的一种自然反应，我们每一个中国学者都是在中国文化的环境中、在中国的大地上成长起来的。很自然地，当我们遵循生命的意义、遵循个体生命和文化生命的意义生活的时候，就会很自然地回到儒家。或者换句话说，其实我们从现在学界的这一动向中可以看到中国思想界或学界的文化自觉。2011 年，我曾写过一篇文章，其中说过这样一句话：也许再过若干年，中国的思想争论会在儒家内部展开。我们现在看到儒家在和其他各家争论，而随着思想界的儒家化，在不久的将来，思想争论将是儒家左派和儒家右派的争论。现在已有一定的端倪，很多左派把自己说成儒家，还有我这个自由主义者打入儒家，这就是中国思想、文化演进之大势。

这个时候，我愿意讨论另外一个问题：作为一个儒生（我接受章润兄的封号），作为一个儒生，如何应对这样的局面？从儒生立场上如何使儒家复兴在更广泛的领域中、以更健全的方式来展开？

首先，我们看看儒家在中国历史上所发挥的作用，简单地说在两个层次上，刚才章润兄讲到，文化有士大夫精英的文化、有普通的贩夫走卒的文化。如果放在底层文化的层面上，也许，关于儒家是不是宗教的争论，不是那么重要。事实上，对普通老百姓来讲，儒家经常以宗教的方式发挥作用。但我想强调，这不等于儒家变成了宗教，以宗教的形态教化民众，而是儒家借助其他宗教发挥作用。我在《同济学报》上发表一篇文章，明确提出《儒家非宗教论》，之后又写了一篇文章《一个文教，多种宗教》，试图揭示中国文明非常重要的特点。这个特点也是中国文明能够成为普遍的世界文明之要害所在。这个特点就是，儒家不是一个宗教，儒家是一套价值体系。恰恰因为儒家不是宗教，所以它的价值可以渗透到所有宗教中。所以我们看到，在中国，所有宗教都会有一定儒家化的过程。这样一个文教、多种宗教的架构和机制，使中国文明始终保有宗教宽容。我觉得，这一点对于儒家的前景、对于中国文明的前景，都是非常重要的。这时，如果我们儒生一定要让儒家本身成为一种宗教，那实际上是把儒家做小了。

比如我们看看现在的台湾，传播儒家的主体是谁？是人间佛教，他们运用建制化的力量传播儒家所守护的价值，并不主要是儒生在传播儒家的价值。所以，儒生们需要对儒家存在的社会形态有一个更理性的看法。

那么，儒家的核心价值由谁来守护、准来阐明？尤其在一个大变动时代，怎么向民间、向这些宗教渗透、灌注儒家的价值？要靠士人，靠儒家精英。这就是当代儒学必须承担的任务。当然儒家需要承担儒之教化，但是，对普通民众的教化也许并不是儒教所能完成的，而需要借助其他更为成熟、影响极大的宗教完成。在我们这样一个时代，儒生主要的工作其实是发展儒学，用儒学回应我们这个时代的大问题，不仅是中国人的问题，而是整个人类的问题。从这个意义上说，儒学在这个时代面临的挑战是非常巨大的。

而根据我的观察，我们儒学还没有做好这个准备，因而尚没有这个能力。问题在哪儿？问题就在于儒学的视野和知识结构本身存在很大的问题。我们的抱负、我们的视野没有达到普遍主义的程度，我们仍然是把儒家或者把儒学义理视为地方性知识，我们自己限制自己，包括以封闭的态度去对待现有的知识，以对抗的心态对待其他文明和它的价值。我想这样的心态会严重妨碍儒学在这样一个时代创生、扩展、应对中国和人类的大问题。

我自己一直想解决这个问题，所以，这些年，我组织学术活动，就像今天这样，都是把从事儒学研究的学者、儒生、从事各种人文社会科学研究的学者聚集在一起，让大家对话，相互分享、相互刺激。也许，我们最终能够共同生产一个普遍性的知识。我自己认为，这是我们这个时代儒学以及整个知识群体或者精英群体回应中国人天命的唯一可取的心态。

简单地说，儒学如果要有效地回应时代之议题，就需要以开放的心态，进行中西的相互阐释，不管是从价值的层面还是从知识的层面上，都需要双向的阐释。当然，双向阐释也有一个主体性自觉的问题，也就是说，对我们自身文明的自觉，包括逐渐唤醒汉语的思想表达能力，唤醒扎根于中国文明的思考方式。但是，你在立定主体性的同时，也许要以开放心态，展开双向阐释。否则，所谓主体性也是站不住脚的。刚才胡水君教授讲到，现在拿《论语》、四书五经，字似乎全都认识，却不一定理解其意义。我相信，这是个问题，如果我们把自己封闭起来，是无法解决的。坦率地说，如果你不借助现代社会科学知识，我不认为你能把经解通。要解通经，需要智力达到最锐利的程度，而我们现在接受的教育都是西式人文与社会科学教育，所以我们智力最锐利的程度，在很大程度上是你对西学掌握最锐利的时候。事情变得非常有趣了。当你特别深入掌握西学思考方式的时候，你大概才能理解我们自己的经典最根本的含义。

　　有朋友可能担心，你这个理解，跟孔子的用意、跟孟子的思想一致吗？我说，肯定有不一致的地方，但是我相信，这样的解释，孔子、孟子也会赞成的。对于普遍性，是可以进行独特的阐释的。这种阐释中，自有普遍性在。我们要对自身经典的普遍性具有坚定的信念，对基于自己立场所做出的阐释之普遍性，也需要具有一定信念。而这样的双向阐释，恰恰可能扩张孔子、孟子思想、价值之普遍性。我们进行双向阐释，就在更大范围内把中国经典、中国精神、中国价值引入世界文明、世界知识之场域中，从而探索真正人类意义上的普遍性。

　　我们时代的儒生应当具有这样的抱负。经历 20 世纪太多的挫折、太多的负面事件之外，我们儒生群体中难免有太多防卫性、防御性的反应和心态。我觉得，这可以理解，但并不健全。我们要改变自己的立足点，不只是为自己辩护，而是积极地阐明自己，阐明我们是什么，在想什么？阐明的过程一定需要借助开放的知识体系，才能完成。我们考察历代经学之演变，它是怎么演变的？为什么汉儒的解释和战国时代的儒者不同？为什么宋代儒者和汉儒不一样？因为，时代变了，问题意识变了，知识环境也变了。孔子之道就是学，儒生是最好学的，学习各种知识。今天，我们需要一种知识的开放态度，主动地从事中西之相互阐释，其技术表现就是儒学与现代人文科学之间的双向阐释与互动。

我参与过若干次儒学圈内的会议，有一个深刻的感受，知识太封闭。即使由此生产出一些知识，恐怕也没有多大意义。如此封闭的儒学不能帮助人们理解我们这个时代，也不能参与这个时代的创制立法。在现代知识体系中，儒学是特别的，儒学是边缘的。真正有影响的是政治学、法学等。儒学必须深入这个学科领域，发展这些领域紧迫需要的东西。今天胡水君、张龑、许章润等各位先生都讲到了一个非常重要的问题，这些学科内部其实都有强烈的知识需求。以法理学为例，不少学者已经感受到，现在的中国法理学实际上是无源之水，是建筑在沙滩上的大厦。因为，当代法理学的核心概念跟我们的文明、跟中国人的生活、中国人的价值、信念之间，没有任何关联，由此发展出来的法律概念、法律推理方式，其实很难被中国人理解和接受，以这样的法理为根基的法律体系，不可能被中国人信仰，中国人都看不懂，还怎么信仰？

其实，现代诸多人文与社会科学是需要儒学提供一些基本预设，提出一些基本思维方式的。这就需要儒学做出回应。儒学需要进入这些知识体系中。那么反过来，这些知识也会进入儒学体系中，儒学可由此丰富自己。也就是说，在我看来，中西相互阐释的具体形态就是儒学与当下各种人文、社会科学的相互渗透、会通。也许，当儒学真正实现复兴的时候，就是儒学不复单独存在的时候。它无所不在，所有学者都是儒生。到了这个时候，中国思想、学术之主体性，才算确立。

我为什么要参与"亲亲相隐"
问题的讨论

梁　涛

　　前两天任锋打电话，邀请我参加本次活动，请我谈谈"亲亲相隐"的问题，但我觉得这个问题没什么好谈的，故打算讲儒学复兴中的经学研究问题，正好最近出版一本小册子，是讲"新道统"和"新四书"的问题。不过刚才林桂榛、陈乔见都提到"亲亲相隐"的问题，我也谈一些看法吧。

　　"亲亲相隐"的争论，刚开始我并不是十分关注，后来有一次在中国社会科学院宗教所开宗教论坛，很多人提出你作为儒家有必要对这个问题做出回应，于是我就查阅了相关的讨论，结果发现其中的确有很大问题，尤其是他们的论证方式。刘清平对于儒学的批评固然是简单、外在的，但儒家学者对"亲亲相隐"的辩护方式并不足以说服对儒学不了解的人，另外，双方在作为讨论基础的文字方面下的工夫也不够，对很多作为讨论前提的字词、字义的理解并不是很准确。比如说"隐"字，什么是"隐"？刚才有讨论说"隐"是知情不说，那么隐瞒也可以是知情不说，还有更激进的包庇，采取行动，这样的行为算不算是"隐"？还有就是"证"字，"证"是主动告发的意思，这和官府来询问，我如实回答的情形又有所不同，程度显然不一样。

　　当然，核心的问题并不在这里，而在夫子"父为子隐，子为父隐，直在其中矣"这句话。刘清平认为"直"是"普遍正直的原则"，他认为儒家突出血缘亲情，将其置于社会道义之上，其根据就在这里。在这一点上，郭齐勇先生的理解与刘清平差不多，他是把"直"理解为正义、诚实、公正。这样，在认为突出血缘亲情，将其置于社会道义上，二人的认识是一致的，所不同的是，一个认为很好，一个认为很坏，即两人事实判断是一样的，而价值判断不一致。这样大家就陷入立场之争，你可以讲你的道理，我可以讲我的道理，谁也无法说服对方。这里有一个问题：作为一个儒家，一旦他的亲人做了什么不好的事情，他在为亲属隐瞒之后是否可以心安理得，内心没有焦虑、冲突？显然不是的。从《论语》《左传》以及新出土文献中我们可以看得很清楚，儒家不是这个态度，所以"父为子隐，子为父隐，直在其中矣"的那个"直"字只能理解为"直情"。

　　在《论语》里，孔子提到"直"的地方有 22 处，其中有的地方讲的就是"直情"，有的地方讲的是"直行"，而作为孔子理想中的"直道"就是把两者统一起来，既有率真之情，又有正直之理，这是最理想的直道。"直情"意义上的"直"，《论语》中出现了两次，显然"直情"就是人的率真感，是人的真实感情。孔子所谓"父子相隐"是针对"其子证之"说的，儿子去告发父亲显然不合适，在这里互相隐瞒才是真情流露。不过除此之外，还有一个问题，就是孔子对于"其父攘羊"应该如何回应？事实上，孔子主张儿子要劝告父亲。既然如此，如果孔子认为"其父攘羊"是绝对合理、公正、正义的行为，那为什么还劝他？道理上讲不通。首先要向父母进谏，那么父母不听怎么办？所以我在一篇文章里面就根据出土文献指出，孔子实际上主张一旦儿子劝谏无效，就应当"隐而任之"，主动把父亲的过错承担起来，这样既照顾了亲情，又维护了普遍正义，这种兼顾情理的中道立场可能更符合儒家的真实态度。这篇文章出来以后认可我的很多，关键儒家认可、自由派认可，当然也有部分儒家同仁不是很认可。

这里边还有一个问题，我这个文章出来以后，引起对"亲亲相隐"问题讨论的一个转向，大家认为可能以前理解错了，都是想往"隐"字上做文章，比如廖名春教授把"隐"解释成"纠正"，他也认为郭齐勇先生对《论语·子路》章的认识实际与刘清平是一致的。又比如台湾中央大学的岑溢诚教授把"隐"解释成"隐痛"，父亲为儿子感觉到心痛、儿子为父亲感觉到心痛，"直在其中矣"。还有更新的说法，这些说法我认为都不准确。但是这里边至少反映了一个问题，即对这个问题的认识发生了一些变化，大家开始注意到我们可能没有真正理解《论语》中孔子那句话的内涵。郭齐勇先生主张将"亲亲相隐"写入刑法，这个我也是认可的，没有问题。但是这里面有一个问题，任何民族都承认"亲亲相隐"有普遍价值，但我们也不能忽略另一方面，其实很多国家也认可亲属作证的义务，也有这方面，我们仔细看刑法也有很多规定，没有说父母不可以作证，包庇窝藏也没有把亲人排除在外，这里边其实还是一个中道原则。你认为合理就出现问题，比如亲人一方做严重危害社会安全的事情，比如像天安门爆炸这样的事情，作为亲人你如果事先知道，是知情不报，还是有责任和义务来承担起你的社会责任？如果认为凡是与亲情有关就应当隐瞒不报，道理上讲不通，你把社会道义放哪里去？我不是法律专家，我请教过很多搞法律的人，很多国家法律都有这样的规定，一定是在二者之间保持中道，这是我讲的立场。

现在我们来看孔子就是这样的态度，以后古代刑法也是这样，犯了谋反、谋逆之类的大罪，如果知情不报一样会受到严惩，事实上今天刑法也是这样规定的。把"亲亲相隐"写进刑法我认可，但我们需要搞清楚它背后的理据是什么？是出于对人类天然情感的保护，还是认定"亲亲相隐"作为一种正义、正直、诚实的行为而具有绝对的合理性？正如孔子所说，"直"是一种真情流露，对源自天然的亲情予以适当保护是必要的，但不能绝对化，这才是儒家的态度。有关"亲亲相隐"的长期讨论解决了不少问题，确实很有价值，但是在最核心的前提上，大家其实并没有什么差别，无非是价值判断截然相反，你找一个理由我再找一个理由，这样可以无穷辩论下去，但是解决不了问题。

推动儒学复兴，凝聚儒门力量

唐文明

我只讲一讲对"儒生文丛"这套丛书出版方面的一些意见。特别遗憾的是这套丛书及《儒生》的主编任重兄没有来。首先，我要向丛书的几位作者和主编表达我衷心的祝贺！这套丛书的意义我在去年"儒生文丛"第一辑出版座谈时也说过，最基本的是两个方面：一是反映儒学复兴的状况以及与儒学复兴相关的一些思考；二是通过丛书出版这件事，凝聚儒门的人气和力量。

这一辑的形式基本是个人文集，里边的很多内容非常有意思，反映了当下中国社会关于儒学复兴的很多有现实意义的话题，可以说现实感很强。不过，我还是觉得有一些方面有继续改进的余地。

首先，《儒生》和"儒生文丛"的定位似乎还是不够清晰。上次我已经将我的意见表达得非常充分了，就是说，我觉得儒生书系应该定位在民间，而不应定位在学术界，或者说，定位在儒家复兴的实践领域。这有两方面考虑。一个方面，儒家学者身处学术界，可以充分利用学术界的资源，特别是个人文集的出版，完全可以利用学术界的资源。另一个方面，从目前的情况来看，如果"儒生文丛"定位在学术界，那么，第一很难反映学术界的新成果，第二反而使这套丛书变得不重要，因为儒家复兴这个主题和大学人文学科的研究状况可以说在很大程度上是非常不同步的。在这方面，学术界是走在了民间的后面而不是前面。所以我觉得，"儒生文丛"接下来如果要再做的话，一定要使自己的定位更加明确。我知道这套丛书过去做得非常艰难，特别是主编任重兄，非常不容易。现在既然有弘道基金支持，相信以后会得到更多的支持，应该更正规一些了。定位明确在民间还可能释放出一些力量，比如这一辑有一部分古文写作的内容，就非常值得尝试和鼓励，这是不需要考虑现代大学人文学科的限制的。

其次，"儒生文丛"的策划还可以更加主动、更加有力。上次我也讲过，一定要设定议题，这才符合策划之名。把中国社会里与儒学复兴有关的重要议题提出来，把相关的思考、特别是前沿性的思考呈现出来，"儒生文丛"就能够取得更大的成功。如果只是采集式的组稿模式，就比较被动，难以发挥更大的作用。关于这一点，我还是要建议，"儒生文丛"尽量不要出个人文集，最好是以专题为主。

最后，编辑把关还是要更严格、更严谨一点，标准也不能太低。

总之，希望这套丛书能够越办越好！

大陆儒家的价值自觉与积极应对

任剑涛

今天的发言在安排上有点怪，让人憋得难受。主要是许章润坐在旁边，我一直抢不到发言机会。我觉得奇怪的还不仅仅是这点，这一发言单元，由家、国、天下变成校园文化，发言者全都是中国人民大学的；第二比较奇怪的是，主持人任锋明显想搞成两派对立，自由派和儒家派，我对外说自己是儒家学者，结果被剥夺资格，被归入自由派阵营；第三就是感觉失语，秋风今天发言的表态，表得比较好，把"火"灭了，而我想表扬秋风的话，也被许章润说了。

我的评议，我想说的东西，就不得不换一些词儿说。我想将我的发言简单归纳为六个字。

第一，从"主题"上看，"儒生文丛"究竟想做什么？这套丛书的重要标志，就是特别强调价值认同，这是"儒生文丛"跟此前包括陈明所编的"原道丛书"在定位上一个很大的不同，不谈价值或者侈谈价值的时代，怎样定位著作者的鲜明价值偏好，是很重要的。因为大家都以为，价值多元就是价值混乱。其实这是错的。所谓多元，就在于各个有价值偏好的人，站在自己的价值立场上，能够把自己的看法谈得清楚。在一个完成价值重建的时代，儒家中人与儒生的任务，就是明白晓畅地申述自己的价值偏好。就此而言，"儒生文丛"算是价值自觉的产物。从主题来讲，不管力行派还是书斋派，这套文丛表明，儒学在主题意识上有一个转向，儒家不再隐讳表达自己的某种价值立场，或者担忧表达这个立场会被社会所拒斥。这是一个重大的转变。

从主题上看，因为儒家要参与当代中国思想创生，要阐明其中的关键问题，因此应该学理回应和社会回应双重意识确立起来。尽管当代儒学的生态，明显是力行派压倒学理派，但我认为，大陆儒学首先应把港台儒家学理承接过来。港台儒家做了非常了不起的事情，因为他们面对西学压力，自觉承担起了应对学理压力的责任。需要强调，现代儒学面对的不是一重压力，而是两重压力。假如儒家在现代学理上立不起来，就无法成功回应西学压力，一切言述就是自言自语。至于儒家力行派怎么有效地行？我以为也应该多元应对。譬如成立从省到县的儒家学会、建立书院、组织论坛、介入社会活动等。但毫无疑问的是，儒家的重建，应当从实践和理论两个方面回应外部压力。我觉得，"儒生文丛"对当代中国思想创生、双重压力的应对，都有积极表现。但丛书作者代表的发言，基本属于书斋派言论，尽管张晚林在湖南有力行的尝试，但毕竟你还是大学教授，社会影响有限。儒生怎么做到对西方的理论和实践共同回应，还是一个问题。当年在世界历史上出现所谓德国时刻的时候，德国古典哲学对之的理论回应，是真正世界级的回应，产生了世界性的反响。可见理论建构是非常关键的，没有这个东西不行。另一方面，浪漫派的回应也是不行的，尽管不能说浪漫派的主张导致了德国纳粹，但要避免相关走向。肯定"儒生文丛"出版具有鲜明的时代意义，但我们这个时代不是满足于时代回应的时候了，需要突破时代的局限，超越时代的回应，才是对各位更有挑战性的期待。我相信儒家的回应，可以呈现普遍性和特殊性同具的卓越性。我历来反对把儒家特殊化。

第二，从儒学"谱系"上看，"儒生文丛"的出版是一个很大变化的标志。今天作为作者代表发言的三位，是儒生的中坚力量，将会在儒家当代谱系中占有位置。1949年以来，大陆的当代儒学经过了三次转化，出现了三代学者。第一代人可以称为"红儒"，最重要的代表当然是李泽厚和庞朴，张岱年、方克立也是红儒。红儒一代的理论标志，是以马克思主义的辩证唯物主义和历史唯物主义作为理论支撑，并用以解释儒家学说。第二代可以叫"粉红儒"，代表人物就是三位发言人的导师郭齐勇、陈来、李宗桂这一批60多岁的学者。所谓"粉红儒"，一指他们受教于红儒，二指他们立学初期的价值根底，三指他们与国家的亲和性。1989年后，中国学术界没有办法再凝聚成一个阵营，于是道术分裂，各自寻找价值信念，这一方面驱使知识界自我寻找价值标准，另一方面确立新的价值信念。目前走得最远的应该是郭齐勇兄。我认为，今天发言的诸位，已经进入大陆儒学发展的第三代。这一是从辈分讲的，二是从主张上讲的。以你们出版"儒生文丛"为标志，一种比较鲜明的儒家立场建立起来了。虽然你们的这种儒家情怀将来会怎么样，知识建构的成就会怎么样，来自不同价值立场的人、甚至来自儒学内部的人都还有不同看法，但说秉持儒家立场的学者出现了，还是能够成立的。"儒生文丛"出版讨论会，应该作为思想史事件记录下来。

第三，在"问题"意识上，今天所讨论的问题，非常丰富，层次非常鲜明。儒家学术圈内部，从微观的文字、辞章到宏观的义理，都有讨论。在现场，林桂榛和梁涛就"亲亲相隐"有互动，陈明与秋风就儒家是不是宗教也有不同看法。这证明儒家内部是有张力的。我觉得这种张力是好的。如果儒学内部没有张力，理论阐释就没有活力。儒学积极应对外部挑战，需要刚烈的理论性格。但仅仅是金刚怒目的感觉，虽然可以被表扬为有儒生气象，但是像孟夫子一样，凌厉气有余，敦厚象不足。整个说来，在儒学发展问题上，今天有一个重要的进展，就是把问题扩展，从家、国、天下宏观统纳。但在逻辑上讲，理论的自洽性还不够。家、国、天下的分别呈现是自足的，但由家而国的逻辑还需要推敲。至于国家情怀，还是过强。如果将天下、国家向家庭递归，家本身如何化解"浓情化不开"的亲情血缘关系？其对社会建构会不会有负面影响？这都是需要进一步考虑的问题。尽管对之可以正面阐释，但负面的难题不能回避：今天中国困于血缘关系，是不是跟儒家太过重视家庭价值有关？比如太子党的问题，就是因为困于家庭关系，很难建立抽象规则。人们可以把家庭谈得抽象，处理得非常棒，但家庭血缘关系与人的家园感不是一回事。从家到国家再到天下，递归性的解释需要自洽，不要把家说成一朵花，这样的话，儒家的逻辑自洽性会有问题。不是说这些问题会颠覆儒家立论，但需要儒家给出更有公共说服力的论证。

文字背后的使命感与政治伦理关怀

程　农

　　我不敢以儒生自居，但是从 20 世纪 90 年代到今天，作为读书人我还是从整个儒学复兴中获益。我是学史出身，一开始完全是从历史的角度看待儒学，将儒学理解为历史的现象。然后从新儒学那里知道要从内在的理路看儒学，不过重点局限在心性儒学。一直到 1995 年看到蒋庆先生的《公羊学引论》，才开始意识到政治儒学的问题，才去看了《公羊传》，翻了康有为的《托古改制考》。所以我对儒学理解的进展是直接受益于儒学复习的。

　　但是为什么我不敢讲自己是儒生？我完全找不到信仰的感觉，尽管断断续续一直在接触这个东西，我想我现在可能更像斯特劳斯所描述的那个状态，即复活古今之争，问题被复活了，原来只是当作历史知识的那些思想，有可能有真正的智慧或者真理成分在里边，我现在要认真对待它们，努力体会它们。但同时，我对其他非儒家的重要思想也同样要认真对待。

　　我能感受到谈儒学复兴的热情。我看了秋风兄的《儒家宪政主义传统》，其他几本书也挑着翻了一下。从我学史的背景，以及描述的那个状态，很容易感受到任剑涛说的学理要深入的问题。学理上挑刺是很容易的，同时我又意识到，这样挑刺似乎没有意义，文字是使命感的文字，是一锅开水滚的东西，学理上挑刺有意义吗？但毕竟准备说这个，我就简单说吧。

　　第一个是看秋风兄关于《儒家宪政主义传统》的一些文字（也补充看了蒋庆先生的《政治儒学》），我强烈感觉到不同的路数搅在一起，作为读者有别扭感。比如，你们说儒家思想意图抑制君权，或者抑制绝对君权，这个表述把儒家思想从伦理谈问题的路数，与现代谈制度约束权力的路数搅在一块说。权力根本上是一个现代概念，是在现代思想语境里和在现代社会科学语境里的概念。当然，我们可以运用现代社会科学的概念来分析古代的事情，但这是从外面来分析，是将古代的事情客观化为对象来分析。但如果谈论儒家思想，则是从内在理路上谈问题。这两个路数搅在一块就会产生别扭感。收在"儒生文丛"第二辑的张晚林著作《赫日自当中：一个儒生的时代悲情》，书里有一篇评论说明三纲五常伦理的正面意义。他的观点是：不能用权力和服从这样的概念来理解三纲五常，纲常伦理谈的是道德之理。这个我们同意。但这个例子与君主问题的例子正好可以构成对照。谈论儒家的君主理解或者封建理想，也同样不能随意使用现代的权力与专制的概念。我举一个例子，张载《经学理窟》谈封建，他设想先弄井田，井田制度的基层管理人员叫田大夫，其中挑贤者就可以予以封建，为什么封建？因为事情简单就好治理，但他紧接着说如果有周公这样的大才，能够"揽天下而治之精"，就可以不封建。可见他讲封建不是为了什么限制绝对权力。一人统治的制度本身不是问题，关键是什么样的人统治。

　　再比如蒋庆先生政治儒学讲的三个合法性，前面两个没有问题，第三个谈儒家能够给政治秩序提供历史文化的基础，里面一边说儒家是天地之常经，古今之通谊；另一边说儒家是中国民族的历史文化。这是两种表述搅在一起说。典型的文化概念、民族概念、社会概念都是18世纪的产物。文化概念牵涉到现代的历史主义、相对主义、民族国家等问题。这样两个路数不应该就这么合并到一起，而应该对它们的关系有一个处理和讨论。

　　第二个谈谈秋风兄书的最后两篇文章，就是以张君劢为主要案例，想论证真正的儒家与现代宪政存在某种内在的联系，或者说真正的儒家在近代中国反而最能坚持对宪政的追求。近代政治思想里能避免激进和非政治的选择，而比较中道追求宪政路数的人，你会发现他实际具有儒家精神或者儒家思想背景，你大概想证明这么一个逻辑。但从史实上说，要证明这个看法，必须高度选择性地使用材料，对不太协调的内容置之不顾。你论证现代新儒家能够以政治的方式追求宪政，而这种政治性与儒家传统直接有关。所依据的是张君劢与梁漱溟两个典型例子。但梁漱溟的救国方案在整个现代中国思想里不仅典型地非政治，甚至反政治。他说实践证明，直接从政治上想走通救国之路没有前途，必须从基层乡村建设做起。梁漱溟后来参加民盟等政治活动，是策略性的，因为无论日本人入侵，还是内战都使得他的根本解决办法缺乏起码的实施前提。

　　我充分意识到你们文字背后的使命感与政治伦理关怀。说这些问题只是期待你们可以在观点上更有力，更能正视各种差异与紧张的表达。

政治儒学的新方向

张　旭

"儒生文丛"两辑我拿到之后拜读了一遍，令我比较感兴趣的是第一辑中的《儒教重建》和第二辑中的《政治儒学评论集》。从这两本书来看，整个"儒生文丛"的立场基本上是围绕蒋庆的"政治儒学"来组织的。不过在我们这次会上，我却感觉到蒋庆的政治儒学后来那种日趋闭塞的取向并不被大多数学者所接受。今天在座的几位学者许章润、任剑涛、姚中秋、陈明等所表达的立场，都是比较开放和开明的立场，这也纠正了我对一些政治儒学学者从文字中得到的模糊印象。

我首先要谈的一个问题是政治儒学中出现的两种取向，一种取向是"学院派"，另一种取向就是"力行派"。当然，这两个概念可能并不妥当，我权且简单地借用这种区分，好接着前面秋风的讲法继续讲。"力行派"的立场可能出于很多种因素，有的出于儒教宣讲传教的立场，有的出于走向社会儒学或民间儒学实行行道的立场。我看到，很多政治儒学学者都倾向于"力行派"立场，认为在大学里搞儒家的"学院派"在政治儒学上是没有指望的，他们不能理解政治儒学的抱负。政治儒学的生长点实际上在大学的学院之外，在民间，在社会中。这种讲法可以理解，但很成问题。前面秋风讲，儒家的根本还是在"儒学"，这个讲法与他自己在书中的一些表述还是有很大的不同。讲儒家的根本在"儒学"，而不在于"儒教"或"力行"，并不是否定政治儒学在社会实践中的意义。的确，"力行派"可以纠正"学院派"过于哲学化和学科化的倾向，在社会实践中，同时也在个人的实行体悟中，去深入理解儒家学说的工夫与实践因素以及儒家学说的社会政治因素。但是，儒家的核心毕竟是"儒学"，是对儒家经典与儒家文化的传承与创造性转化，是尝试从儒家的教诲和立场以及儒家文明的视角去思考我们今天遇到的问题。儒家不是对神圣启示救赎原罪的信仰，也不能提供什么"灵性复兴运动"的资源，儒家的工夫与实行和宗教的信仰与传教有着本质的不同。儒家的根本和生命力在于"儒学"，在于士大夫或者有传统士大夫情怀的人们对社会责任和文化使命的承担，而不在于所谓的"儒教"及其宗教活动。没有"儒学"的复兴与开拓，没有"大儒"或儒家学者群体的兴起，"力行"是没有方向且行之不远的。儒家的复兴主要还在于"儒学"，在于能不能把儒家在政治哲学上"极高明"的东西讲出来，讲得比较令人信服，讲得比西学的东西更切合现代中国人的生活处境和现实处境，甚至讲得比西学的东西更深刻。不能用"反正我信了，你信不信由你"的态度自欺欺人。如果儒学讲不出来什么高明的东西，讲得也不能令人信服，光靠对儒教的信仰或文化自觉或"力行"实践是不够的。文化的自信力不是单凭对文化的信仰和良好的愿望就能确立起来的。儒家的根本还是在于"儒学"，当然，其中的政治儒学是儒学中最有活力的部分，而不是"力行"或推行"儒教"信仰。这是关于政治儒学的一个基本问题。

其次，我想要谈的是政治儒学中的开放与保守的心态问题。所谓的"心态问题"，一方面是随着儒学和西学在学问和体认上的常年积累，逐渐产生了中西学问力量对比情势上的变化，一方面是时代变迁的风云际会，还有一个方面就是政治哲学场域中各种立场分化日趋明朗所导致的态度和心态的变化。前面的几位朋友也讲过，从 20 世纪 90 年代以来，经过 20 多年的历练，大陆新儒家已经慢慢摆脱了 20 世纪 80 年代对港台新儒家的学习和依赖，从无到有，从一两个人发展到几个群体。这期间最重要的变化还是心态上的变化。港台新儒家及其学说充满了"悲情"的心态，这一方面与他们痛失大陆的文化神州有关，另一方面和他们"内圣开出新外王"的纲领有关。所谓"内圣开出新外王"的纲领实际上是继承了"五四运动"的基本取向，承认西方科学民主的新外王的优先性，要让儒家在这个"新外王"的历史挑战面前证明自己能与"新外王"相容。正是这种委曲求全的取向导致了港台新儒家在中西冲突中的"悲情"心态，不管如何奋起努力，心中实际早已全盘接受了儒家在西方现代性冲击下全面溃败的前提。大陆新儒家的兴起最重要的一个事件就是 20世纪 90 年代蒋庆以公羊学的"政治儒学"批判牟宗三的"心性儒学"，起到了对港台新儒家进行清算的作用。没有蒋庆提出的"政治儒学"的转向，大陆新儒家恐怕一时还不能摆脱对港台新儒家的依赖，找不到自己的方向和信心。今天"政治儒学"在大陆新儒家这里已经发展得蔚为大观，蒋庆当初所做的工作居功至伟。

然而令人颇感遗憾的是，蒋庆本人的"政治儒学"后来发展到以建立"儒教"、设计"三院制"、推动"王道政治"为主的方向上去了。这个取向在当下现实的语境中无疑是非常非常激进的。也正是这种激进主义的实质，使得蒋庆学说遭到了全面的抵制，响应者寥寥。在《政治儒学评论集》中，我们可以看到来自儒学内部和外部以及中立立场三个方面对他的批判。对蒋庆学说的抵制在很大程度上是人们不愿意接受蒋庆那种激进主义的乌托邦。这种乌托邦背后多少仍然未能摆脱一种儒家处在末法时代的悲情心态。此外，这种不切实际的儒教重建和王道政治将很多同情儒家的人挡在门外，一方面他的学说不能以理服人，另一方面他的立场心态又陷入一种自说自话的闭塞状态之中，全然不管儒学在面对现实问题与各种学科知识的研究中所遭遇的种种困难。这些困难既有学理和话语上的困难，还有处理现代社会各种现实问题的困难。如果政治儒家能深切体会到儒学在自我表述和以理服人上所遇到的各种困难，如果政治儒学学者能有一个中道的、自信的、对左右两派开放的心态，而不必采取像蒋庆那种既极端保守又极端激进的姿态，或许对儒家事业的开展会更有利一些。蒋庆曾经推动了大陆新儒家的兴起，但是现在看来，他不再能推动政治儒学的健康发展了，他已成为一个必然要被超越的"路标"。

我接下来要谈的第三个问题就是，政治儒学现在出现了超越蒋庆的政治儒学方案的新方向。刚才任剑涛讲大陆新儒家已经经历了三代人，我觉得这个讲法落下了一代，那就是比你更年轻的少壮派一代。这一代人现在做得风生水起的要数来自上海的一群学者，我们可以把他们称作"海上新儒家"。目前这一"海上新儒家"群体看起来代表了政治儒学的新方向，蒋庆的"儒教宪政"或者其他人的"儒家宪政"相比之下就像是一套过时的方案了。在"海上新儒家"群体中，又以深受蒋庆的"公羊学"影响的曾亦和郭晓东为代表，他们的政治儒学是更有代表性的一种发展方向。

曾亦等"海上新儒家"的政治儒学与蒋庆的政治儒学的根本区别何在呢？首先，他们在经学的大方向上推进了蒋庆的公羊学的研究，但他们的经学研究的路数又不局限于公羊学，他们也会旁及三礼之学以及经学的其他门类。蒋庆在《公羊学引论》之后在经学研究上就没有什么实质性的进展了，其结果就是，据称是得到了"公羊学的精神"，其实并不一定符合公羊学的义理。此外，尽管他们的侧重点在公羊学上，但是他们并不认同简单将"政治儒学"就等同于公羊学一脉正统单传。显然，蒋庆当初在"心性儒学"和"政治儒学"之间做出区分时，并未充分考虑到这种政治儒学的观念是否以及在何种程度上已经限制和扭曲了儒家的政治哲学传统。儒家的政治哲学或政治儒学不可能仅仅局限于公羊学一统独尊。如果按照那种激进主义的政治儒学，恐怕连余英时的《朱熹的历史世界》都不能被当作政治儒学之作了，它不过是一种北宋政治文化史的实证研究之作而已。

其次，他们对儒家在制度建设上的理念与蒋庆的政治儒学的理解与阐释模式有很大不同。这一方面涉及对儒教的态度，另一方面涉及儒家制度建设的理念与方案。我先讲蒋庆的政治儒学制度设计的争议性，然后再谈曾亦等人的新思路。

蒋庆的政治儒学有一个根本性的焦虑，也就是所谓的"制度性焦虑"。就像余英时以及我的同事干春松的研究所显示的那样，"制度化的儒家"以及儒家所依托的政治制度与文教制度，统统都解体了；儒家的主要承载者儒生和士大夫，作为一个阶级也已经解体了。而且，在现代社会的冲击之下，儒家的解体比任何的宗教都更彻底。"制度化的儒家"已成为博物馆的化石了，现在寄托在学院中的儒家成了不绝如线的一缕"游魂"。儒家要想复兴，就要寻求制度性依托，这是大陆新儒家兴起以来最焦虑的事情。然而，最值得怀疑的是：儒家的制度性支撑是否需要一种宗教的建制，即儒教？是否需要一种新的载体，即儒教徒或儒教士？甚至是否还要赋予这个尚不存在的虚拟群体以拯救儒家甚至是拯救儒家文明的使命？儒家的儒教化能否为儒家找到制度性支持呢？人们不禁还要问，这套制度设计在何种程度上还是"儒家"的？可以说，最早提出这套设计方案的是康有为，他试图效仿路德的宗教改革的壮举，建立儒教来实现保国、保种、保教的目标。蒋庆试图重建儒教的动机也与此相似。因此，我们可以将蒋庆的儒教重建的路数称为"新康有为主义"。

　　我们且不谈康有为本人创设儒教的问题，这方面曾亦、唐文明、干春松等人的争论已经把问题展开得相当充分了。蒋庆的"新康有为主义"其实是一套非常西方化的方案。从根本上来说，蒋庆的"儒教宪政"无论如何都摆脱不了对"基督教宪政"的效颦。然而，"基督教宪政"这个一度在中国学界非常流行的概念，是对西方政治思想一知半解空想的产物，因此"儒教宪政"就显得加倍地狂想了。第一，蒋庆的政治神学的思路是非常"不儒家"的。蒋庆早年曾受刘小枫之邀翻译了一本基督教政治神学，这可能是他的政治神学隐秘的思想渊源。儒家会像西方那样单独提出一种神圣的合法性的维度吗？如果有天命所归，那也是天子或君。至少儒家不会讲政治的神圣合法性的承担者是儒生。第二，蒋庆的三院制设计也是非常"不儒家"的。这可能与蒋庆仍未摆脱其早年某种根深蒂固的自由主义理念有关。儒教宪政的三院制设计堪称是古今中外未曾一见的"理论怪胎"。试想，基督教教会会希望自己成为议会建制中独立的一院吗？再试想，儒家传统政治制度及其理念中何曾有过这种荒唐的制度设计呢？这种深受基督教政治神学与西方自由宪政影响的"理论怪胎"，我们翻遍《通典》，查遍公羊家著述，包括廖平和康有为的著述，恐怕都找不到。第三，蒋庆的"儒教宪政"方案的前提还是"儒家的宗教化"，这条"新康有为主义"路线也是深受基督教影响的。它一方面以基督教作为假想敌人，另一方面为了与这个假想敌人针锋相对又不得不以基督教的教会制度作为自己的模版。基督教的教会在西方存在近2000年了，而儒教自古以来就不曾有类似西方教会式的建制，现在想要完全凭借人力去建设一种本是自发而非人力所能为的"宗教"，其痴心妄想的程度可想而知。

　　像唐文明等人可能会说，儒家的宗教将不同于基督教的宗教，儒教本来就有自己的教，它的原则是"敷教在宽"等。但是，这种观点的"新康有为主义"立场与蒋庆基本上是一致的，那就是认为儒家应对的主要挑战不是来自以科学与民主为核心的现代西方文明而是来自基督教，儒家的复兴在于儒教而非儒学。前面秋风也讲过，他非常不同意把儒家进行儒教化，他认为将儒家变成"儒教"，变成我们现有的五大宗教之外的"第六大宗教"，那不是把儒家发扬了，而是把儒家画地为牢地"做小"了。把儒家进行儒教化，那是一种"小人儒"的儒家而非"君子儒"的儒家。搞不好把儒家弄成一种乌烟瘴气的半民间宗教和半官方宗教的杂交，或者弄出一个不中不西、不古不今、非驴非马的东西，恐怕到时候那些"新康有为主义"者就成了儒家的罪人而不是儒家的功臣了。"新康有为主义"者，就像康有为当年一样，可能心里面极其羡慕基督教在西方社会中或在现代性建设中的重要角色，另一方面又对儒家在传统中国中那种文化整合的强大功能不能忘怀，因此就有了他们刻舟求剑式的"儒教宪政"或儒家的儒教化的狂想。

实际上我们仔细考察一下就会发现，秋风的"儒家宪政主义"与陈明的"儒家公民宗教说"都明确抵制蒋庆的"儒教宪政"方案。我们可以把秋风近两年在做的"儒家宪政主义"称为"新梁启超主义"，以与蒋庆的"新康有为主义"路数相比照。不过在此，我不想对它做进一步的讨论。我还是回到曾亦与郭晓东等人的政治儒学的取向，他们与新康有为主义的"儒教宪政"或新梁启超主义的"儒家宪政"的取向都不同。显然，无论是"新康有为主义"，还是"新梁启超主义"，这两种"宪政化"的路数都太西方化了，都是以西方的制度为模版，都不是从儒家自己的政教制度和政治观念的传统资源出发探讨当下语境中儒家的政治性关切。他们都是为了"宪政化"而牺牲了儒家自己的政治观念和政治制度的传统。在《何谓普世？谁之价值？》一书中，曾亦和郭晓东等人是从书院制、科举制、宗族和家庭等角度探讨儒家的制度建设问题，根本没讨论"儒家宪政"或"儒教宪政"的问题。一言以蔽之，宪政的观念本质上是以公民个体为本位的，也就是以个人自由为本位，这是儒家政治传统中很难与它接合的地方。在他们看来，"儒家宪政"或"儒教宪政"这套路数，一方面对西方政治制度和观念的弊端估计不足；另一方面对自己传统的价值认识不够。因此，曾亦在《君主与共和——康有为晚期政治思想研究》中提出："人类社会就其理想而言，必须限制自由，以便为自然留下地盘。"

　　什么是曾亦所讲的"自然"呢？曾亦在书中从两个方面讨论了儒家政治中的"自然性"：一个是君主制；另一个是宗族自治。这两种在现代社会中根本不可能再恢复的制度，实际上是儒家政治观念的体现和载体，也曾在很大程度上体现了某种人类社会普适的政治价值。曾亦并不认为恢复君主立宪制还有任何可能。当然，重建宗族自治还是有一些指望的。他想要做的主要在于，通过君主制与共和制之争以及宗族自治，来指出儒家的政治观念是什么，它的合理性、普适性。或者用他的话说，它的"自然性"是什么，我们在现代社会的建设中应该如何限制自由以便为这些"自然"的要素留出足够的地盘。正是基于这种考虑，曾亦等人并不热衷宪政化的方案，也没有提出像蒋庆的"新康有为主义"那种激进主义的乌托邦设想，尽管看起来君主制与宗族自治也已经是历史了。

　　不过，曾亦等人在"夷夏之辨"的问题上倒是与蒋庆有一脉相承的渊源，这一点能看出来他们深受蒋庆所推崇的公羊学的影响。曾亦等人不再纠缠于"中体西用"或"西体中用"或"互为体用"问题，而是直接提出要"辟异端，除杂草"。这里所说的"异端"，不仅是自由派和新左派这两派的异端，而且还有港台新儒家的异端。这个立场倒是一反过去一个世纪以来儒家那种防御性的甚至是怨恨性的保守主义姿态，摇身一变而成为一种"战斗的文化保守主义"。这种"战斗的文化保守主义"不仅是一种政治儒学的新姿态，而且也极有可能会成为未来政治儒学的新方向，成为"儒家与当代中国思想的创生"的一个生长点。

儒家与自由主义大同多于小异

高全喜

我觉得这个会名为"儒家与当代中国思想之创生",很有意思,因为我们北京航空航天大学人文与社会科学高等研究院下个月召开第二届思想年会,题目是"中国时刻的思想创发",秋风(姚中秋)在此之前特意先搞这个"儒家与当代中国思想之创生",并结合"儒生文丛"第二辑出版,一起讨论,别有深意,我表示支持。我认为,当代儒家、儒学、儒生在中国社会的大变革时期,扮演什么角色、发挥什么作用、担负何种使命,值得在理论上深入探讨,在实践上锐意履行。下面我谈三点体会。

第一,我本来想说,刚才张旭已经说了,我认同这个看法,即现今一波的中国新儒学,应该改变学风和心态,或者说要树立更加高远的学风和气象。因为此前的儒学,无论是李泽厚时代还是蒋庆时代,在当时的社会大背景和意识形态之下,确实是处于被打压的境况,十分凋敝,由此表现出悲愤乃至偏执的激进心态是可以理解的。但是,经过二三十年的社会演化、文明化育,现今的儒学乃至儒家文明,社会层面已经被基本认同,儒家倡导的价值和礼仪已经成为中国人的共识,在此情况下我觉得儒家或儒学应该展示宽容和开放的心态。在这点上,我要对秋风先生的某些不像儒家的言辞有所批评。在中华文明的演进中,儒家并不是被生硬地镶嵌在里头的，而是活出来的，以中庸的态度来积极建设，要与时俱进，在现代社会的文明肌理中把握与儒家的契合之道，而不是用儒家覆盖、化约现代之价值与义理。

第二，我想谈一下学理上的看法。你们这一波以秋风为代表的儒家，大力倡导读经的重要，注重经学在儒家传统乃至中国文明的根本性地位，我是赞同的。但是，我要提醒的是，中国文明历来是经史互动，历史的重要性也不能忽视，如果不重视史，会把人读死的。古人云：读经曰刚，读史曰柔。刚柔俱备，才是正道。说到读史，就不能六经注我，尤其是关于中国近现代文明史，还要有一个世界的视野。秋风的《国史纲目》写得很好，但某种意义上还是经学的写法，不是真正的史。读经以儒家为主体没有问题，如果读史，古代有儒法之争，近现代有共和创制，儒家的理论与实践在这里头到底处于什么位置，值得好好检讨与反思。

第三，我一直认为，儒家的基本价值，与自由主义非常相关，无论在制度层面还是价值层面，儒家和自由主义都能够找到很多的共同之处，尤其是在社会转型过程中，他们之间的大同多于小异。所以，希望两派，多在大是大非上求同，而不是在鸡毛蒜皮上扯淡。在这点上，当然自由派应该检讨，儒家也应该检讨。儒家希望中国的转型是和平的，不希望采用大砍大杀的暴力转型，而是寻求循序渐进、改良更化的路径。自由主义从本质上也是诉求这个转型的途径。所以，我觉得至少上述三点，两派是完全可以相通相容的。

儒家：不要盲目乐观

慕朵生

　　今天，参加"儒生文丛"第二辑出版座谈会，很高兴有这么一个向各位师长朋友学习的机会，但很抱歉我事先没有做好发言的准备，因为中午才得知任重兄无法参加。我和他是16年的老朋友了，平时见面也很多，所以紧急赶来，以便把座谈会现场的情况转达给他。

　　首先祝贺我的四位老朋友，秋风兄、晚林兄、桂榛兄、讷言兄（陈乔见）大作出版。晚林兄、桂榛兄、讷言兄的一个共同点，就是皆为郭齐勇先生的高足——晚林兄虽不及门，但至少也算半个弟子。刚才，任剑涛老师说郭先生是"粉红儒"，我不同意。我认为郭先生是一位非常纯正的儒家，培养的数十位弟子几乎都是坚定的儒生，在座的三位就是其中的佼佼者。荀子说，大儒"在朝则美政，在下位则美俗"，我续一句，"在学则教儒"，以自己的人格和学问影响和塑造弟子为儒生，使中国文化"代有儒生传道统"。大学中做儒学研究的教师，都能像郭先生一样，儒学何愁不复兴？

　　同时，尽管任重兄不在场，我也要祝贺他主编的"儒生文丛"第二辑出版！我觉得，"儒生文丛"的出版，是中国儒生的集体亮相和公开表态，标志着中国大陆文化复兴由"国学"到

"儒学"、由"知识"到"信仰"的方向性转变。文武之政，布在方策；道不苟行，待乎其人。有了儒生儒者，才会有真正的儒学儒教，才会有真正的文化中国、儒家中国！

　　今天下午，聆听诸位师长朋友发言后，我最大的一个体会是，大家都对儒家、儒学、儒教复兴表现出一种前所未有、前所未见、前所未闻的热情和乐观。的确，近年来儒家境遇有所改善，特别是"道在我身"，且立乎其大，其小固不能夺，儒家必须有这种"家国天下"不出我范围的自信和决心——这是儒家老祖宗留给我们的气概和使命。因此，我非常赞同各位提到的，现在的儒家不能自艾自怜，不能怨天尤人，而是应该奋发进取，勇往直前。但是，我也不同意有人把儒家近代以来的耻辱感、忧患感、悲苦感视为"怨妇心态"。坦率地讲，用"怨妇"形容近代以来儒家的心态是个很糟糕的做法。

　　关键的问题是，我觉得大家对儒家的生存境遇有些太乐观了——如果不是盲目乐观的话，至少是对儒家文化作为一种文明体复兴的整体性诉求看小、看低了，同时也对儒家复兴面临的严峻挑战认识不足。我前面提到，近年来儒家的确出现一些复苏的苗头。但是，儒家这种上升的趋势，远远不及"西方化"或说"现代性"上升得更快——西方化和现代性已经成为一种不言自明的精神预设和价值预设，深入到每个中国人的骨髓。1935 年，王新命等十位教授就在《中国本位的文化建设宣言》一文中，开门见山地说："在文化的领域中，我们看不见现在的中国了。"

　　总之，我尊重、欢迎来自儒门内外的各种批评意见。我想，我们大体都认同这样一种观点，即儒家文化在古代是一种发挥多种功能的文化生命有机体，其在当下的展开也必然是多维度、多路径的。我非常赞同刚才任剑涛老师所说，即儒门内部的分歧是儒门张力或者生命力的体现，表明了儒门的博大精深和气象万千。儒门之大，就大在能"一分为八"，但又都能"宗归孔圣"。因此，儒者在不能证明自己的言说是完美无憾和唯一可行的情况下，宁可对他者尤其是儒门内部的言说，采取一种包容和尊重的态度。

附录:

中国大陆儒门大事记

〔孔子 2564 年暨耶稣 2013 年〕

【编者按:2012 年,我们开始组编儒门年度大事记,获得儒门同道和各界朋友的支持和好评。2013 年,由薛超主笔编写初稿,在公开征求意见的基础上,由任重统稿并最终定之。本年度大事记所提及之,仅仅是编者对中国大陆(内地)各地的儒家活动公开报道力度较大者之选录,或有遗漏,在所难免。现予公布,以飨需者。——《儒家邮报》暨儒家中国网站编辑部】

1 月

【中国儒者就《南方周末》新年献辞事件告天下书】1 月,广东"南方周末新年献辞事件"发生。1 月 8 日,由中国大陆儒者姚中秋、任锋共同发起与执笔,向社会发布"中国儒者就《南方周末》新年献辞事件告天下书"一文,儒者蒋庆、陈明、郭齐勇等签名响应,社会各界联署参与者近 60 人,共同声援,表明关切。此举得到知识界和公共舆论的高度关注。(吹剑)

【第三届儒家文化修身营举行】1 月 1 日至 3 日,由弘道基金、弘道书院主办,继光书院(北京怀柔)、儒士社协办的儒家文化修身营义理班暨第三届儒家文化修身营在北京怀柔继光书院举行。此次活动以"重新认识儒家"为主题,对中国历史(历史观）、天下（世界观）、三纲（价值观）、宗族社会及儒家公民观（社会）和义利之辩（经济模式）等方面进行了重新理解。本次活动共集结修身营学员和义工70人，来自四川、湖南、江西、浙江、湖北、河北、山西、山东、北京、天津、黑龙江11个省市。随后的19日至21日，广州儒家文化修身营在广州黄石中学开幕，通过义理讲解，正本清源，通过礼乐体验，演示儒门庄严，引起当地媒体的广泛关注。（薛超）

【儒家思想与当代中国文化建设国际学术研讨会在深圳举行】该活动由深圳大学主办、深圳大学国学研究所承办、深圳市宣传文化事业发展专项基金资助举办，于1月19日至20日在深圳大学举行。来自国内外高校和研究机构的近130名儒学研究者，就"儒家思想与中国社会的变迁""东亚现代化进程中的儒学""儒学的当下境遇和未来发展""当代都市化生活中的儒学""儒家经典与现代生活"等议题展开了讨论。其中，儒家的核心价值、儒学与当代社会的关系、儒学的发展路径等话题，尤其是如何将儒家思想融入当代中国的文化建设赢得了大会最多的关注。（薛超）

【《经学研究》第一辑出版】该书由干春松、陈壁生主编，以"经学的新开展"为主题，由中国人民大学出版社出版。该书认为，传统思想资源最重要的就是经学资源，进一步强调经学研究，是这个时代学术研究最为迫切的任务。通过重新开启经学研究，是反思今天学科建制的不足，为分裂的学科寻找共同的灵魂；是接续中华文明的主流，为往圣先贤的学问探求现代转化的方式；是重新回到什么是政治，什么是好的生活方式等人类永恒面对的根本性问题的关切，为生活方式的构建寻找新资源。经学的重新开展，意味着重回古典，再造文明。（薛超）

【贵州大学中国文化书院成立十周年暨学术研讨结集《萤火集》出版】该书由巴蜀书社出版，集结了为庆祝贵州大学中国文化书院成立十周年而举行的"中国文化的继承、发展与开新"国际学术研讨会（该活动于 2012 年 11 月 8 日至 10 日在贵州大学举行，主要就中国文化的开拓与创新、清水江文书、儒学对中华文化历史之影响等中华传统文化的传承与开新进行了研讨，出席会议的正式代表约 80 人，提交论文 60 余篇）的纪念文章与学术论文。贵州大学中国文化书院成立十年来，先后创办《阳明学刊》和《人文世界》两大刊物，出版学术文库丛书一套。（薛超）

【邓洪波编著《中国书院史（增订版）》出版】该书由武汉大学出版社出版，分书院的起源与初期形态、书院教育功能的彰显、书院制度的确立、书院的推广与官学化、书院的繁荣与辉煌、书院的普及与流变、余论七章，附有分布图、统计表、插图，全面、系统地探讨了中国书院自唐初至清末 1 200 余年的发展历程。该书以历代书院发展为主线，强调文化性、阶段性的书院特点，并注意各个时期典型书院对中国教育、文化、学术、出版、藏书、伦常观念、思维习惯、民俗风情、中外文化交流等方面的贡献。（薛超）

【束景南著《阳明佚文辑考编年》出版】该书由上海古籍出版社出版。作者十余年来一直致力于王阳明佚文的辑佚和考订工作，从方志、石刻、碑拓等材料中，辑出了大量的佚文佚诗，对这些佚文佚诗的真伪和创作时间做了严密的考证。全书共收录王阳明诗文 400 余首（篇），可分为三类：一类是对《王阳明全集》中部分诗文文字收录不全、断句标点问题较多的诗文的考订和编年；一类是对永富青地、钱明、计文渊等学者辑佚成果的考订和编年；占书稿绝大部分篇幅的是作者新发现的阳明佚文佚诗的考订与编年。（薛超）

【邓艾民注《传习录注疏》出版】该书 30 年来首次在大陆问世（此前曾于 2000 年在台湾出版），由上海古籍出版社出版。邓著的特色在于对《传习录》与《阳明全书》做了严密的对照比勘，同时将《传习录》上、中、下三卷打通，对其中互有思想关联的条目做了统一之观察和考辨，这就为从整体上把握阳明思想提供了极大方便；其视野从阳明学扩展到阳明后学，通过对王门各主要弟子著作及其思想的了解，进而观察王门弟子对《传习录》有何评论或新的阐发，由此向人们"立体"地展示出阳明学的思想展开之进程。（薛超）

【郭齐勇著《熊十力传论》修订版出版】该书由中国社会科学出版社出版，是作者 1994 年旧著《天地间一个读书人：熊十力传》的修订新版本。此次修订，增补了一些内容与章节，重新订正了传主的有关史实，每章每节都有变动，又一一核对了引文，并据《熊十力全集》标明了新的卷册页码，以便读者全面准确地了解熊十力先生其人与思想。（胡治洪）

【罗新慧著《曾子研究》出版】该书由商务印书馆出版，是关于春秋战国时期思想家曾子的专著。该书对曾子生活的时代进行了描述，对他生活时代的士和儒士进行了论述，并对曾子的家世和生平进行了考证；对曾子的著作、曾子的理想人格和修养方法、曾子对于儒家伦理思想的发展、曾子关于孝的理论和社会意义、曾子的阴阳学说及其与《易传》的关系等内容进行了研究。同时还附录了作者对于《大戴礼记》"曾子"十篇的注释。（薛超）

【现存明代四版本《孔子圣迹图》集结问世】由安徽出版社出版的《中国历代绘刻本名著新编》，以《孔子圣迹图》和《孔子圣迹图传》集结出版了现存的明代四版本《孔子圣迹图》——张楷本、木雕本、彩绘本和仇十洲文徵明版。《孔子圣迹图》是我国现存最早的反映人物事迹较全、具有完整故事情节的连环图画，图文并茂、绘制精细、形象传神，对孔子的生平事迹进行了具体描绘，是一部形象化的孔子编年史，是我国文化艺术宝库中的珍贵遗产，具有较高的历史价值、审美价值和收藏价值。（薛超）

【《读经》杂志实体出版】该杂志是以"读经教育"为主题的专向型公益性原创杂志，旨在传播读经理念，分享读经故事，解决读经问题。自 2013 年开始，应广大读者和读经界同仁需求，除免费电子版之外，增印纸质实体刊物，以利于线下推广、传阅和收藏。（薛超）

2 月

【《孔子与道》短剧引发儒耶争议】1 月底，学者石衡潭编写《孔子与道》剧本，把耶稣塑造成孔子所追慕的王者，而孔子则是一个无缘见到真正的王者、真正的道最终遗憾而死的慕道者，引起传统文化研究者的不满与驳斥。有评论称，事件表面看是因对孔子形象的不同理解引发，但反映出的问题则是中国文化如何面对外来文化的挑战。（薛超）

【章太炎先生讲习《尚书》遗稿出版】该书以《太炎先生尚书说》为名由中华书局出版，最初名为《章氏尚书学》。《尚书》是章太炎先生晚年在"章氏国学讲习会"生前完整地讲授完毕的最后一本书，由弟子诸祖耿先生记录并整理成文，分为《尚书故言》《尚书略说》《书序》《尚书二十九篇全文讲义》四个部分，并有四个附录。该书是研究章太炎先生学术思想的重要新资料。（薛超）

【鲍鹏山著《孔子传》出版】该书由中国青年出版社出版，是作者继《风流去》、百家讲坛讲授《孔子是怎样炼成的》后第三次面向孔子。该书简明扼要，风格平实，对孔子生平的叙述，抓大放小，重点突出，短小精微，为读者梳理了孔子一生的重要事件和人生际遇，并发掘其思想深度，澄清近百年来对孔子无数的"曲解"和"误解"，在阐发孔子思想之于现代意义的同时，也力求告诉读者，思想的更大价值在于判断是非。（薛超）

【费穆编导《孔夫子》修复"回归"】1940 年由"电影诗

人"费穆编剧并导演的爱国主题影片《孔夫子》，经香港电影资料馆的重新整理修复得以重见天日。电影《孔夫子》拍摄于抗战时期，是一部借春秋时期鲁国抵御齐国侵略的历史背景来直抒抗战情怀的爱国影片，期间仅短暂公映，随之胶片便不知去向，直至十多年前才在香港被发现，同时还重新发掘出一批剧组的原始剧照。（薛超）

【"乡村儒学讲堂"开讲】该讲堂由中国社会科学院与泗水尼山圣源书院联合举办，旨在以十八大精神为指导，弘扬优秀传统文化，从传统文化中汲取营养，促进乡村精神文明建设，提升乡村道德水平，建设和谐乡村。学习主体以广大农民兄弟为对象，有计划有步骤地普及推广优秀传统文化、科技知识，先行试点，由点到面，为新农村建设助一臂之力。据悉，该讲堂每月举办二至三次，通过对村民的宣讲和互动，普及和践行传统文化，在孔子故乡建设儒家文化示范区。（薛超）

3 月

【"刘静窗青年教师奖"暨"王蕴聪纪念奖学金"第四届颁奖】3 月 6 日，由刘述先先生以其私人积蓄在武汉大学孔子与儒学研究中心设立的"刘静窗青年教师奖"和"王蕴聪纪念奖学金"第四届颁奖仪式在武汉大学哲学学院举行。武汉大学哲学博士、西南政法大学哲学系副教授周恩荣以论文《论牟宗三"超越的自由主义"——牟宗三哲学思想论纲》（载《孔子研究》2012 年第 1 期）荣获"刘静窗青年教师奖"，武汉大学哲学学院博士生李强以论文《牟宗三先生思考自由问题原因探析》（载《鹅湖月刊》2012 年第 6 期）荣获"王蕴聪纪念奖学金"。（胡治洪）

【正定文庙祭孔释奠礼迎来第九年】3 月 22 日，按照传统春秋仲月丁日祭祀制度，由河北省儒教研究会与正定县政府联合主办的"河北省癸巳年春祭至圣先师释奠礼"在正定文庙隆重举行。原省领导、省儒教研究会会长陈秀芳先生，国际儒学联合会副理事长、香港孔教学院院长汤恩佳博士及夫人汤甄得萍女士，北京市台办高振生副主任等领导和来宾出席了本次礼仪活动。来自北京、天津、上海、杭州及省内各地的儒生、传统文化爱好者及孔氏宗亲等 300 余人参与了礼仪和现场观礼。传统释奠礼献官由汤恩佳院长及 11 位省内外儒教学者担任。79 岁高龄的汤院长在赞引的引领下礼拜致祭，正定弘文中学和渤海琴社的 100 多名师生敬献了《大成乐》和六佾舞。9 月 28 日，正定文庙再次举办秋季丁日祭的释奠礼活动。此次秋祭释奠礼，在大陆发起并推广"诵读经典"的教育运动近 20 余年的王财贵教授也应邀作为主献官之亚献向先师献祭。此次春、秋二祭，分别为自 2005 年恢复祭孔礼仪活动以来河北省举办的第十次和第十一次释奠礼活动。（薛超）

4 月

【黄开国著《公羊学发展史》出版】该书由人民出版社出版，梳理了公羊学 2000 多年的发展历史，从翔实的第一手资料出发，有选择地吸收前贤尤其是当今学者的研究成果，以公羊学的发展历程为经，以公羊学理论内涵为纬，经纬交织地剖析公羊学理论的历史变化，还原历史，还原人物，使其各归其位，力求准确地说明公羊学在不同历史阶段所具有的独特内容，并公允地评价其理论得失。本书依据汉代以来的社会历史变化以及社会政治、文化的相互作用，分六个阶段——战国的形成阶段、西汉的兴盛阶段、东汉的成熟阶段、汉后至清中期的衰落阶段、清代的理论复兴阶段、晚清与近代的嬗变阶段——对公羊学的理论变化进行了全面的整理分析，为读者和研究者呈现了公羊学 2000 年的发展大观，具有重要的学术价值。（薛超）

【癸巳年儒家文化修身营暨北京文庙祭孔活动清明举行】该活动由儒士社、中国儒教网与朔州国学会联合举办，于清明期间在北京怀柔继光书院举行，营员来自陕西、山西、北京、黑龙江、四川、贵州、广东、河南、河北、江苏等地。4月6日在北京文庙举办祭孔典礼，康晓光先生领祭，王瑞昌、杨汝清、邸继文、戚占能诸先生陪祭，齐义虎先生撰写祭文。本次参营人员达到115人，参祭人员超过150人，是儒教网与儒士社组织的祭祀活动中参祭人数最多的一次。（薛超）

【北京大学"儒学与马克思主义"研究项目启动】该项目于4月18日在北京大学启动，由北京大学儒学研究院和北京大学高等人文研究院联合规划和主持。11月28日，举行了研究项目的工作会议，来自北京、上海、广州、武汉、深圳等地多所高校和研究机构的从事儒家哲学、西方哲学或马克思主义哲学研究的近20位学者参加会议，围绕课题的重要意义、开展思路和研究团队的组织等方面，集中对儒学与马克思主义关系的历史、现状及其前景展开讨论。北京大学儒学研究院成立于2010年6月，是在北京大学哲学系中国哲学教研室、《儒藏》编纂与研究中心、中国文化哲学研究所的基础上，联系多方面儒学研究力量建立而成。北京大学高等人文研究院于2010年9月正式成立，是集研究、交流与人才培养于一体的跨学科人文学术机构。（韩星）

【读经教育宣导培训启动】该活动由王财贵读经教育推广中心（即北京季谦教育咨询中心）主办，包括宣导讲师培训和宣导员培训，旨在最大化推动读经教育的广度、深度发展，满足各地读经教育的宣讲需求，中心从宣导团队的长远发展着想，将逐步建立从宣导员、宣导讲师、高级宣导讲师逐步成长的三级进阶模式。4月19日至21日，首期宣导讲师培训在北京举行，所有学员均由王财贵教授在现从事于读经教育的人士中定向甄选，总计学员40余名；6月21日至23日和11月15日至17日，分别

在北京举办了两期宣导员培训，总计学员170余名。（薛超）

【纪念马一浮先生诞辰130周年暨国学研讨会在浙江大学召开】4月23日，由浙江大学、浙江省文史研究馆、北京大学高等人文研究院联合主办的马一浮先生诞辰130周年纪念大会暨国学研讨会在浙江大学开幕。与会者就马一浮思想的特色、马一浮的国学观、国学与现代化的关系等问题进行了研讨。纪念大会上，"浙江大学国际马一浮人文研究中心"正式揭幕。会议期间，相关专家学者及嘉宾还参加了"马一浮与国学研讨会主题报告""'千年国粹，一代儒宗——马一浮书法作品展'开幕式""马一浮与国学研讨会分组报告"等一系列相关活动。（薛超）

【国内首家孟子研究院在邹城成立】4月28日，孟子研究院在孟子故里山东省邹城市揭牌成立。出席2013年孟子故里中华母亲文化节的专家学者、孟氏宗亲代表、新闻媒体记者等共200余人出席了揭牌仪式。孟子研究院系经邹城市委市政府批准成立的学术型事业编制单位，山东师范大学齐鲁文化中心主任王志民教授任院长，北京大学高等人文研究院杜维明教授任名誉院长，清华大学国学院院长陈来教授任学术委员会主任，聘请汤一介、牟钟鉴、张立文、张岂之、李学勤等著名学者担任研究院顾问。孟子研究院成立后，将定期举办国际学术研讨会，孟学高峰论坛、孟子公开课、儒学礼仪传播推广等活动。目前已于5月11日举行首届孟子文化国际学术研讨会，并将于2014年正式启动《孟子文献集成》的编纂工作，不断加大对孟子思想深度研究和传承弘扬。（薛超）

【首届海峡两岸汉服文化节在福州举行】该活动由福建省文史馆等单位联合主办，于4月29日至5月1日在福州举行，共吸引了两岸70余家汉服社团近200名代表参与。台湾知名人士宋楚瑜先生送来亲笔致庆题词："推广汉服文化，展现民族特色。"本届汉服文化节内容包含了首届海峡两岸汉服论坛、海峡

两岸各地社团文化展、先秦两汉服饰复原展、汉服集体成人礼、
"汉服倾城"福州展演等多个汉服文化推广活动。活动以"汉服
十年——传承与复兴"为主题，回顾了汉服运动 10 年来的发展
历程，通过了《迎接汉服文化的春天》的"福州宣言"，提出了
汉服运动今后发展的"四化"方向。

5 月

【李景林著《教化视域中的儒学》出版】该书由中国社会科
学出版社出版，是作者《教化的哲学》（黑龙江人民出版社 2006
年版）一书的续篇。该书以"教化"为宗趣，从形上学与心性
论、德性论与价值观、儒学与中国文化、儒学与哲学研究方法等
方面，提揭儒学作为一种哲学的个性特质，对于富有当代启示意
义的相关儒学论题进行深入探讨，提出新的解读，重点阐发了这
些论题的哲学内涵和价值意蕴，凸显了儒学作为一种"教化的哲
学"的文化意义及其实践的性格。作者提出，儒学的未来开展应
持守"顺取而逆守"的文化立场，立足于"文脉"（思想学术）
和"血脉"（文化生命和社会生活）之融汇，努力创造儒学的当代
形态，以重建儒学与当代社会和民众生活的内在关联性。（吹剑）

【吴龙灿著《天命、正义与伦理：董仲舒政治哲学研究》出
版】该书由人民出版社出版，是关于董仲舒学术思想研究的最新
成果。作者从政治哲学的视域重新诠释董氏，深入分析董仲舒政
治哲学的逻辑建构，从参通天命（天）、正义（地）和伦理
（人）三个维度的儒家王道观考察和诠释董仲舒的政治哲学体
系，认为董仲舒立足汉初，承先启后，继往开来，涵摄华夏上古
政治文明，创造性转化先秦政治哲学智慧，以天命为政治正当性
根据，以正义为政治运行原则，以伦理为社会行为规范，开辟了
2000 年以儒家王道政治为主流的中国古代政治哲学基本模式，
奠定了中国传统政治哲学范式和主流文化学术形态。（吹剑）

【"五一"儒家文化体验营分别在北京和西安举办】该活动于 4 月 29 日至 5 月 1 日由弘道基金、弘道书院、北京七宝阁书院、陕西西安生物医药学院孔子学院暨儒书院、儒士社和长安弘文馆联合举办，分别在北京和西安两地举行，邀请了姚中秋、马一弘、陈泽贞、温厉、杨汝清、任锋、韩星等知名儒学学者前来授课，进行了儒学讲授研讨、汉服礼仪研习、艺能训练和游学体知等内容，践行儒家生活。（薛超）

【西安举办第二届中华母亲节活动表彰西安好母亲】该活动由陕西汉服协会、西安市妇女联合会、西安长安文化研究会在西安汉城湖天合雄风浮雕广场举办，王彩英等 12 位由市妇联推荐的西安好母亲受到了表彰奖励。设立中华母亲节，最初是 2006 年 10 月由全国政协委员李汉秋首倡，紧接着他又和陈瑛、钱逊、王殿卿、骆承烈等 16 位专家学者联合发出倡议，并于当年 12 月成立了中华母亲节促进会。次年，李汉秋同 60 位全国政协委员提交了关于创设中华母亲节的提案。当年农历四月初二孟子诞辰前后，全国 20 多个城市的几百万人参与了首届中华母亲节活动。今年北京、山东曲阜、山西太谷、南京、武汉、上海、兰州和西安等地市同时举办了中华母亲节倡议活动，以此机会更好地传承传统文化，增强中华民族的凝聚力。（薛超）

【天津文庙举办孟氏家祭大典】该活动于 5 月 11 日在天津文庙举行祭孟大典，纪念"亚圣"孟子诞辰 2385 周年。这也是孟氏宗亲举办的"家祭"大典，参加此次家祭的有来自本市市内及各郊县的孟氏宗亲共计 60 余人。（薛超）

【《新诸子论坛》创刊】该刊于 5 月 12 日正式创立，每月发行网刊一期，其中重要文章将集结为以书代刊的《新诸子论坛学刊》。主要采取网络发行的形式，在数量不断增加的学术论坛上设立专版，并在论坛及学术群提供文本下载，同时还对一些著名学人进行点对点的推荐与赠阅，力争做到对活跃在网络上的广大学人及学术爱好者进行覆盖式的发行。该刊采取中立的价值立场，内容以传统学术与现代人文社科类为主，同时对任何学科的任何论题，进行视角独特、有深度的人文言说。（宋大琦）

【都江堰文庙重建开园】开园仪式由成都都江堰市人民政府、北京大学文化资源研究中心主办，于 5 月 13 日在历时 2 年重建修复并正式对外开放的都江堰文庙举行，包括"奉主安庙"和传统"成人礼"等环节，是成都地区首次大型传统成人仪礼（冠、笄礼）活动。为配合成人礼仪式及开园活动，文庙还举办了国学论坛。2008 年汶川地震后，文庙受到严重破坏。2009 年，都江堰市决定在原址上恢复重建文庙，并与北大文化资源中心龚鹏程教授和北京天德堂都江堰分公司等合作运营。（薛超）

【第二次大同学术会讲"儒家宪政与西方宪政对话"在长沙举行】该活动由大同思想网、湖湘人文读书会和湘商研究会联合承办，由湖南大学法学院院长杜钢建教授和加籍华人企业家、加拿大 McGill 大学博士林炎平在湖南大学法学院模拟法庭展开。本次会讲的主题为"儒家宪政与西方宪政对话"。杜钢建院长在陈述中认为，宪政不应只有西方的一种传统，中国自古以来就有宪政，尤其是以儒家为代表的宪政——"儒家仁学宪政主义"。他从"儒家宪政：贤人政治""自古存在的中国宪法""古代中国存在的司宪制度""宪法依靠国民的人格觉醒""湖湘文化与古代宪政"来论证他的观点。林炎平先生与之进行了对话和辩论。（枕戈）

【大陆中学首次引入台湾国学和传统文化教材】5 月 18 日，两岸高中中华传统文化教育交流研讨会暨中华传统文化（高中）教学研究基地共建启动仪式在北京中华书局举行。会上，中华书局宣布正式引进台湾高中必选课教材《中华文化基本教材》，并在此基础上修订为《中华文化基础教材》。该套教材于 7 月正式面世，并于新学期在全国近 30 所中学高中环节开展试点教学。

这是台湾国学教材首次进入大陆课堂。台湾地区从 1954 年开始便在高中课程中安排《中国文化基本教材》科目，与《高中国文》并列，属于必修科目。此次中华书局引进版教材与原教材内容、体例基本一致，内容以儒家经典"四书"为主进行分类讲解，分上下册、22 个单元。上册为"论语选读"，下册为"孟子选读"与"学庸选读"，共计选入《论语》168 章、《孟子》50章、《大学》4 章、《中庸》4 章。（薛超）

6 月

【儒家宪政主义暨儒家治道研讨会在北京召开】6 月 8 日至 9日，由北京航空航天大学人文与社会科学高等研究院主办的"儒家治道"学术研讨会在北京召开。出席会议的有杜维明、成中英、林安梧、陈弘毅、高全喜、陈明、姚中秋、任剑涛、干春松、彭永捷、赵法生、韩星、李若晖、白彤东、高超群、王利、任锋、陈壁生、张旭、明辉、任文利、赵荣华、田飞龙、时亮、乔飞、吴欢等从事儒学、政治哲学、法律史、法理学各领域研究的学者。与会学者围绕儒家宪政之基本理念、儒家宪政之历史形态、儒家宪政之现代阐释等主题展开讨论，充分激活儒家政治传统的宪政资源，在理性的交流中不乏激辩。（薛超）

【儒家文化与中国宪政建设研讨会在南开大学召开】中国儒学与法律文化研究会 2013 年年会于 6 月 7 日至 9 日在南开大学法学院召开，由南开大学法学院、南开大学比较法律与文化研究中心承办，来自全国 34 家单位的 53 位代表齐聚一堂，同议儒家思想，共谈中国宪政。本次会议持续一天半，分为四个单元：第一单元，儒学与宪政；第二单元，政法思想论衡；第三单元，政法制度探赜；第四单元，政法制度与思想。该学会是中国法律史学会下面的二级学会，参与者以法律史学界学者为主，是一家对儒学、法学和传统文化等开展综合研究的学术团体。（薛超）

【秋风著《政府的本分 II 》出版】该书由中央广播电视大学出版社出版。作为时隔 3 年的续作，该书对准中国社会经济中的地权配置问题，并将其中撰写的大量时评结集，从不同角度简要地描述了其中的不公，探讨了走出不公陷阱之路。（薛超）

【2013 年读经教育推广城市巡回公益演讲在全国开展】该活动由王财贵读经教育推广中心（北京季谦教育咨询中心）主办，旨在开展公益讲座和教育交流会，弘扬中华文化，向世人倡导教育之本质，促进读经教育纵深发展。巡回演讲自 4 月 28 日至 6 月 18 日历时 52 天，途经 10 个省份 15 个城市，期间还受邀参与 5 个城市主办的教育论坛，共计讲座 44 场，每场演讲听众数 400～2000 人不等。（薛超）

【海峡两岸朱子文化交流活动在福建举行】第五届海峡论坛·两岸朱子文化交流活动暨朱子文化与现代文明高峰论坛，于 6 月 18 日在福建南平武夷山市拉开帷幕，来自海峡两岸的百余位专家学者与朱氏宗亲共襄盛会。开幕式上，两岸同胞齐声高诵《朱子家训》。论坛结束后，又相继开展了"海峡两岸传承弘扬朱子文化座谈会"和"朱子文化书法笔会交流"等活动。与会代表还参观了朱子文化遗迹，深入感受朱子"琴书五十载"的教化故里武夷山。（薛超）

【腾讯儒学频道正式上线】该专题网页于 6 月 26 日以"腾讯网儒学频道"的名义（域名为 ru. qq. com）正式上线。包含资讯、圣贤、典籍、明德讲堂、儒学会讲、儒学神州、正蒙学堂、礼乐文华、格物致知、翰墨丹青等版块。其中，圣贤介绍古今儒学人物，典籍介绍儒学主要著作，明德讲堂为视频讲座栏目，儒学神州则通过文庙、书院、宗祠、名儒遗迹、博物馆等几个系统直观具体地介绍儒学。12 月 12 日，儒学频道的官方微信也正式上线。（薛超）

7 月

【第六届全球中华文化经典诵读大会在曲阜开幕】该活动由中国孔子基金会、山东省中华文化学院、中国孔子研究院等联合主办，于 7 月 13 日在山东曲阜举行。来自泰国、柬埔寨、日本、马来西亚、印度尼西亚、新加坡、中国大陆及香港、台湾等地的专家学者代表、大中小学学生代表共计 1 500 余人参加。本届诵读大会主题是"诵读国学经典，提升人文素养，传承中华文明，共筑中国梦想"，主要活动包括中华文化经典诵读优秀节目汇报展演会、中华经典教育经验交流会、"全球中华文化经典诵读日"倡议宣言、"国学与企业成功之道"高端分享会等十项内容。主会场设在山东曲阜，另设有湖南长沙、浙江、云南三个分会场。自 2004 年开始，第一至五届全球中华文化经典诵读大会分别在香港、北京、台湾、深圳、长沙等地举行。（薛超）

【弘道书院成立典礼暨"儒家的命与运"研讨会在北京召开】该活动于 7 月 14 日在北京举行成立典礼，由姚中秋教授任弘道书院院长。弘道书院为弘道基金的执行机构，首都师范大学哲学系教授陈明担任弘道基金理事长，来自清华大学、中国人民大学、北京航空航天大学等高校的数位学者接受聘书担任学术委员会委员。20 多名儒学研究学者出席了书院的成立大会。成立典礼后，书院举行了"儒家的命与运"的论坛研讨。（薛超）

【第六届海峡两岸"朱子之路"研讨活动在鹅湖书院举行】该活动于 7 月 16 日在江西省铅山县鹅湖书院举行。来自台湾"清华大学"、东海大学和北京大学、厦门大学等 20 所海峡两岸高校的 60 余位学者、教授欢聚鹅湖书院开展论坛活动，交流朱子文化学术研究成果，研究朱子思想文化，弘扬朱子精神。这次朱子之路研习营由厦门大学国学院和台湾朱子学研究协会共同举办，沿着朱子出生、拜师、求学、讲学、著书的地方重新走一

遍，亲身体验朱子的个人魅力以及朱子学更深的内涵。（薛超）

【莘杭书院"礼乐人生"讲会在嵩阳书院举行】该活动由莘杭书院主办，于 7 月 29 日在河南登封嵩阳书院举行。讲会邀请了清华大学、中国人民大学、北方工业大学、牛津大学、郑州大学、河南大学等诸多学者，以中华礼乐为依皈，以现实当下为落点，以诸儒同道为懿范，分讲了包括相见、居家、修身、衣冠等各方面的"常礼"，意指于中华礼乐之常礼常乐得以普及，使古圣贤之行为、进退、交友之礼得存于现代社会中，要将其本身与现实社会相结合、相关联，从而创造真正的"礼乐"生活环境。面对现实社会中的礼乐缺失，与会学者呼吁中华礼乐的回归和再释放，以及重现由身及心的"礼"性人生。讲会前，还举行了莘杭书院嵩山游学基地的揭牌仪式。（杭之）

【知止堂义学成为首都师范大学儒教研究中心实习基地】本月，江苏省南通市知止堂义学与首都师范大学儒教研究中心签署合作协议书，成为该中心的实习基地。今后，首都师范大学儒教研究中心将通过网络对知止堂义工老师进行传统文化知识体系的培训，提升教学能力；为知止堂开展的传统文化公益项目提供师资等方面的支持，协助知止堂做好传统文化在基层的推广工作；组织知止堂义工老师参加由他们组织的各类传统文化公益培训班、夏令营等活动。同时，知止堂将为首都师范大学儒教研究中心理论研究提供相应的课题资料、实践分析、收集相关资料；为首都师范大学儒教研究中心机构人员参加社会公益实践提供工作岗位，协助传统文化公益项目调研与推广工作的开展。（薛超）

8 月

【青年儒士修身营分别在曲阜和贵阳举办】该活动于 8 月 3 日至 5 日由弘道书院、弘道基金和儒士社联合举办，分别在曲阜国学院与贵阳修文县两地举行，共计 60 余位来自全国各地的儒学同道齐聚一堂，展开了为期 3 天的修身活动。活动期间，杨汝清、白彤东、柯小刚、慕朵生、余东海、段炎平、张新民、齐义虎、白敏等进行了执教讲座，修身营营员举行了早晨读经、修身论坛、晨昏礼拜天地君亲师牌位等活动，增进对儒家义理的理解和儒士生活礼仪的训练。曲阜营区还在 8 月 3 日当天在孔庙举行了祭孔礼，由余东海领祭，柯小刚等陪祭，罗仁和司仪，40 余名营员参礼。随后，两地的儒士社社员分别在曲阜尼山中学和修文谷堡小学展开义教活动。（薛超）

【曾亦主编《儒学与古典学评论（第二辑）》出版】该书由上海人民出版社出版发行。该书是关于古代儒学经典与西方古典学著作的论文合集，分为"思想争鸣""经学研究""西学译介""古籍整理""学术札记""书刊评论"六个部分。既有关于儒学在当代发展的探讨，也有扎实的经学考证研究，既有对西方古典文教之名家解读的翻译介绍，也有对珍贵古籍资料的收集整理。它关注思想的交锋，展开儒学与现代生活的对话，也重视扎实的学术功底，下功夫考史溯源。它表明，新儒家学者力图在现代新形势下，提供一个对于中国传统文化的新的解释框架，并从文明的源头出发，让中西在古典学的层面相遇，与当今时代对话。（薛超）

【郭齐勇主编《儒家文化研究》第六辑出版】该书由生活·读书·新知三联书店出版。该书以"中国哲学与海外哲学研究"为主题，收入的诸篇文章是 2010 年 6 月在武汉大学召开的"近三十年来中国哲学的发展：回顾与展望"国际学术研讨会的部分会议论文。这些论文虽非都是讨论儒家文化，但均与儒家文化有千丝万缕的联系。该书编者认为，历史上的儒家文化是在与诸子百家的争鸣过程中不断吸收其他各家的长处而发展起来的；当代儒家文化的发展也应当在世界范围内的诸子百家争鸣中，吸收诸家之长，发展自己的理论与文化。（胡治洪）

【第三届书院传统和未来发展论坛在北京举行】该活动于 8 月 6 日在北京开幕，来自北京大学国学院、中国人民大学孔子学院、中国书院研究中心、岳麓书院、白鹿洞书院、苇杭书院、博雅书院等 108 家院校、书院及国学研究和推广机构参加了大会。此届论坛的主题是"书院立志与启发式教育"。来自学术界、现代书院实践者、大学国学社等各界人士，就儒学现状、书院发展模式及书院教育进行了研讨与交流。书院传统和未来发展论坛由白鹿洞书院、中国书院研究中心和七宝阁书院主办，从 2011 年起每年一届，旨在通过洞察国家、社会乃至世界格局中存在的问题和机遇，打开民众视野，探索新的教育模式。（薛超）

【第二届礼乐文化研习班在上海举办】该活动由清华大学中国礼学研究中心和嘉礼堂共同举办，于 8 月 10 日至 15 日在上海举行。本届研习班的开学礼暨释菜礼在上海市嘉定孔庙举行，之后全体师生迁至青浦区金泽镇进行为期 6 天的讲授和学习。来自全国各地的教育机构、新闻媒体、企业、社会文化机构等 80 余名学员参加了此次研习班。本届研习班课程主要内容为日常礼仪，主要包括概论、个人仪容（容礼）、家庭礼仪、尊师敬长、社交礼仪（做客待客礼仪）、宴饮礼仪、公共场合礼仪等内容。为借鉴日本礼仪教育的成功经验，特辟明治时代礼仪教育一课。另外还设有论儒家的乐教及其音乐哲学、钱宾四先生的礼学观和传统蒙学礼仪文献等课程。（薛超）

【道里书院暑期经典会讲第二期在上海举行】该活动于 8 月 20 日至 25 日在同济大学哲学系举行。会讲为期一周，以"学"为主题，分别研读了《庄子·达生》《论语·学而》《周礼》《礼记·学记》《荀子·劝学》《白虎通·辟雍》《近思录·为学》《理想国》《诗学》《论学诗》《千字文》等文本，柯小刚、张文江、吴小锋、吴笑非、齐义虎、张硕、谷继明、陈畅、李明坤、陈明珠、张轩辞、张振华、田园春、刁品熙、马超等负责主

讲。（薛超）

9 月

【秋风著《国史纲目》出版】该书由海南出版社出版，以中国人的传统理念来深刻分析梳理中国历史；揭示中国5000年来历史发展一以贯之的发展之大道。作者怀揣对国史书写传统的温情与敬意，尊仿朱子《资治通鉴纲目》及钱穆《国史大纲》之例，专意从礼乐制度之肇造入手，在力图贴切释读古文献中若干关键概念的基础上，梳理华夏治理秩序之演变轨迹。

【杨少涵、宋立林、孙齐鲁三部儒学论著在台出版】2013年9月，杨少涵《中庸哲学研究》、宋立林《"儒家八派"的再"批判"——早期儒学多元嬗变的学术史考察》、孙齐鲁《陆门禅影下的慈湖心学——一种以人物为轴心的儒家心学发展史研究》一同入选林庆彰主编《中国学术思想研究辑刊》十七编，由台湾花木兰文化出版社出版。杨著分辨了孔子心性之学蕴含的两种成德方式，即加强礼的学习和认知以规约培养感性情感的儒学外化和按照良知之心和道德情感行动的儒学内化，认为《中庸》作为思孟学派的早期作品，承担着为儒学建立道德本体和寻找道德终极根源的形上课题，但《中庸》只完成了道德情感的内化，良知之心的内化是由孟子完成的。宋著在儒学发展史的宏观视野和战国时期思想学术的大背景下，以"儒家八派"形成之内因外缘为考察，结合当今出土的简帛文献等，对早期儒学传承进行了系统研究、理性反思，对学界流行的成说多有驳正。该著指出，由儒家八派之再探讨，可知早期儒学的发展历程，经历了一个"正—反—合"的辩证的多元嬗变历程，而子思则处于核心地位。孙著以慈湖心学为津梁，通过对慈湖心学与孔孟儒学、陆王心学、佛教禅宗之异同的辨析，较详细地论述了宋明心学的产生、演变及其特色。指出了慈湖心学之融禅的重大变异，

加强了儒学的内证性和宗教性，却使儒学经世致用的品格有所减弱，是宋儒"援禅入儒"中的极端化思想样态。（吹剑）

【教育部提请国务院审议修改教师节日期至 9 月 28 日】9 月 5 日，国家法制办公室公布了教育部报请国务院审议的《教育法律一揽子修订草案（征求意见稿）》全文，意见稿中拟对教育法、高等教育法、教师法和民办教育促进法四部法律相关条款进行修订，将每年 9 月 28 日定为教师节，并增加了校长任职资格要求、提高民办学校地位等一系列重要条款。调整教师节日期的呼吁由来已久，大规模的呼吁更是从 2004 年开始便一直持续至今。（薛超）

【第六届世界儒学大会在曲阜举行】该活动于 9 月 27 日在曲阜举行，来自中国内地、香港、台湾，日本、韩国、越南、马来西亚、印度尼西亚、以色列、澳大利亚、英国、爱尔兰、俄罗斯、美国 14 个国家和地区 60 多个儒学研究机构与学术团体的 120 多位专家学者，根据"儒家思想与当代社会建设"的主题，围绕"儒家思想与生态文明""儒家伦理与道德教育""礼乐传统与社会礼仪""儒家思想与文化传播"四个议题进行了深入研讨与广泛对话。自 2007 年发起举办国际会议以来，世界儒学大会至今已成功举办了六届七次。本届大会还发布了世界儒学大会会歌暨孔子研究院院歌《文明足迹》，彰显了孔子六艺中"乐"的含量。礼、乐并具，更突显了大会的儒学内蕴。此外，从本届会议开始，世界儒学大会将改为两年举办一届。（薛超）

【岳麓书院重启祭孔大典】该活动由湖南省中华文化学院、湖南省湖湘文化交流协会、岳麓书院主办，于 9 月 28 日在湖南长沙岳麓书院举行。来自湖南大学岳麓书院及海内外各界人士代表近 500 余人齐向至圣先师孔子行三鞠躬礼，之后与会者齐声诵读《大学》《论语》经典章节，并同时启动"首届全球华人中华经典诵读日"活动。祀先圣先师仪式是古代岳麓书院三大规制之

一，在中断百年后首次于书院得到重启。（薛超）

10 月

【蒋庆著《儒教宪政秩序》（英文版）出版】该书由美国普林斯顿大学出版社出版，英文书名全称为 A Confucian Constitutional Order——How China's Ancient Past Can Shape Its Political Future，被认为是迄今为止最为详尽而系统的儒教宪政主义作品。该书在对儒教宪政图景的规划中，和盘托出以政治三重合法性为基础的王道政治，并推演出最能体现儒家政治理想的三院制立法机构；主张建立某种机制以制约议员们的权力，设立象征性的君主以代表国家的历史和跨时代身份。书中还提供了 4 位中国自由主义和社会主义健将（陈祖为、李晨阳、王绍光和白彤东）的批评——他们审视了作者的理论，而作者也对他们的批评进行了详细的答复。该书提供了一个评估中国政治进步的新标准，丰富了对中国发展可能性的讨论。（米湾）

【北京孔庙荷兰时装展事件引发争议】9 月下旬，北京孔庙和国子监博物馆举办了一场荷兰时尚服装展，将几十个"性感"塑料模特摆放在国子监十三经碑林，在遭到游客投诉后，以中国文化具有包容性为由，将展览悄然移放国子监西厢展馆继续进行。作为传统和弘扬传统文化场所管理单位的北京孔庙的这一举动，是对孔庙、孔子乃至中国文化的极大不尊重，引发了传统文化学者的强烈抗议。（薛超）

【"儒生文丛"第二辑出版】由中国政法大学出版社出版，包括姚中秋著《儒家宪政主义传统》，余东海著《儒家文化实践史（先秦部分）》，米湾著《追望儒风》，张晚林著《赫日自当中：一个儒生的时代悲情》，林桂榛著《"亲亲相隐"问题研究及其他》，陈乔见著《闲先贤之道》，任重主编《政治儒学评论集》等。（薛超）

【郭齐勇主编《宋明时期湖北的儒学研究》出版】该书由中国社会科学出版社出版，由多位学者合著，共 11 章，主要研究未被重视的宋明时期湖北籍或来湖北旅居的学者（理学家与经学家）的思想，具体内容包括：洛学、湖湘学、闽学与荆楚之地；谢良佐与洛学南传；郭雍的易学思想；陈士元的经学思想；李承箕兄弟的思想；郝敬哲学思想探析；胡承诺的实学思想等。宋代湖北是理学交汇之地，以二程洛学、湖湘学、朱子学的碰撞为主。程门高弟谢良佐知应城，荆门朱震乃易学大家，长期居住湖北长阳的郭雍的易学思想丰富，陆九渊晚年出知湖北荆门，重启儒家修身与治国的根本。明代湖北儒学更为复杂，王阳明及其后学、陈白沙与湛甘泉学俱兴，会通三教成为趋势，这在嘉鱼李承箕两兄弟、黄安耿定向三兄弟身上都有体现。明后期应城陈士元、京山郝敬、黄梅瞿九思、天门胡承诺等重视经学诠释，主张重新"回到孔孟"，强调践行，注重心性实学与修养工夫，是其时代与地域性使然。（胡治洪）

【陈乔见著《公私辨》出版】该书由生活·读书·新知三联书店出版，以中国哲学史上几个重要时期关于公私问题的讨论为切入点，对各家做了考察和梳理，辨析了公私问题上的诸种流行之论，提出了新的见解；基于以上背景，进一步具体分析儒家的公私观念和公共哲学的理论。本书上篇对诸子百家的公私概念都做了细致的梳理和分析，指出春秋时代"公室"和"私家"的张力与冲突构成了当时公私观念的基调，而春秋后期，"公"作为公平、公正的价值理念发展出来。下篇阐发了古典儒学视野下的公共哲学的理论内涵，对公私观念给出现代诠释，努力构建儒家式的公私领域理论。（薛超）

【彭国翔著《重建斯文：儒学与当今世界》出版】该书由北京大学出版社出版，汇集了作者近年来对儒学与当今世界若干问题的一些思考，包括儒学的时代反省、儒学经典与世界、儒学与宗教、当代儒学人物、儒学与当今世界的访谈等部分，大都关乎当前的文化问题，尤其是中国文化和儒家传统的重建，从较为宏观的文化角度，在一个全球的视域中聚焦和反省儒学的精神价值与时代课题，反映了作者的文化关怀与价值立场。（薛超）

【荀子庙修成暨祭荀典礼、荀学研讨会在山东兰陵举行】该活动于 10 月 13 日在山东兰陵举行，中国孔子基金会、山东省社会科学院、中国孔子研究院、临沂市、苍山县等单位或地区的负责人及来自海内外的荀子研究者、荀子后裔等参加了本次荀子庙园修成暨祭荀典礼。典礼后，来自海内外的百余位专家学者在苍山县城兰陵大酒店举行了为期一天半的"荀子思想当代价值学术研讨会"，由中国孔子基金会、山东省社会科学院、临沂市政府、苍山县政府主办。会议共收论文 49 篇，这是迄今为止东亚大陆学界就荀子生平及思想所举行的第四次专题学术研讨会（前三次有两次在山东临沂，另一次在河北邯郸）。（薛超）

【文礼书院开学迎来首批书生】该书院由王财贵教授发起，于 10 月 15 日开学，迎来进入学院的准书生 12 人。书院在王财贵读经教育推广中心（北京季谦教育咨询中心）的支持下于 2012 年 9 月 28 日在京成立，其文礼文教基金经获准下设于中国青少年发展基金会。书院以"继承道统"为纲，以"中西会通"为维，面向招收有大量读经之基础，性情平正且好学尚志的青少年并长期培养。（薛超）

【首届儒家公共政策论坛在京举办】10 月 17 日由弘道书院主办在北京举行。本届论坛以"教育之更化"为中心议题，围绕"教师节日期调整与中国教育之更化""教育目标与君子养成"和"中国经典进入中小学教育体系之必要性和可能性"三个主题展开。学界、政界、教育界、传媒界等数十位贤达与会，他们来自国家行政学院、北京师范大学、中国人民大学、九三学社、湖南大学、语文出版社、北京市教委等单位。《文化纵横》

《21世纪经济报道》《教育家》杂志、《经济观察报》、腾讯网等各大媒体对本届论坛进行了报道。（薛超）

【纪念梁漱溟先生诞辰120周年】今年是梁漱溟先生诞辰120周年，由中国文化书院、外语教学与研究出版社、北京大学哲学系主办，中华孔子学会协办的"这个世界会好吗？——纪念梁漱溟先生诞辰120周年座谈会"在京召开。艾恺、王尧等海内外知名学者，梁培宽、梁培恕等梁漱溟先生后人，以及廖晓义等梁漱溟先生乡村建设思想的追随者等70余人共聚一堂。同时，上海、天津、桂林、重庆等地也举办相关研讨会和讲座共同缅怀一代大儒。此外，出版界有多部与之相关的作品出版、再版，涵盖专著、自传、日记、书信、手迹等类别。（薛超）

【深圳第四届孔子文化节举行】该活动由深圳市孔圣堂儒家文化交流中心、广东高科技产业商会和三和国际集团联合主办，于10月20日在深圳隆重举行。本次文化节由"祭孔大典""文化论坛"和"慈善晚会"三大主题活动组成，来自全国学界、政界、商界及新闻媒体等社会各界力量超过2 000人共同支持、参与和见证。在东湖公园孔子文化广场，由孔圣堂主持的祭孔大典揭开本届文化节的序幕；在五洲宾馆的"儒家智慧高峰论坛"，围绕"传承中华文化从爱子有道起步"的主题展开，将2014年定为组委会"关爱子女年"，以此作为深入推进儒家教育思想、践行孔子教育理念的主要方向和核心内容，并希望得到政府、学界、企业界、媒体等社会各界的呼应与参与，共同推动各种优秀教育理念的传播、渗透，以教育为基础提升素质，为社会转型构建坚实的基础。晚上的慈善晚会上，三和仁爱文化基金会正式成立，并授予高占祥和杜维明"仁爱传播奖"与"仁爱学术奖"，表彰两位在儒家文化领域的特别贡献。基金会的宗旨是：弘扬孔子思想，复兴民族文化，振兴国民道德，促进社会和谐。（薛超）

【姚中秋著《治理秩序论：经义今诂》出版】该书由广西师范大学出版社出版，是一部以儒家经典和中国古代社会治理秩序为研究中心的政治哲学类著作。作者认为，中国的治理之道呈现在儒家十三经当中，构建今日中国优良治理秩序，须立足于中国经验，探究中国治理之道，会通中西，温故知新。作者从《论语》《孟子》《礼记》《尚书》《周易》中择取十章进行疏解，并运用现代人文与社会科学理论，从天下之大义、人心之趋向、君子养成之道、启蒙之道、客观规则之道、健全的财政之道、治国平天下之大道、华夏－中国之秩序想象等十方面进行阐述，从儒家的政治理论和经验中探究合理的现代治理秩序。（薛超）

【梁涛著《儒家道统说新探》出版】该书由华东师范大学出版社出版，以长篇论文形式探讨儒家之"中"与子思思想，纵横于出土文献、孔孟荀、朱熹韩愈，力图对儒家道统说进行全面的检讨和重构，回溯儒学思想丰富的源流，统合仁学与礼学，统合孟荀，发展"合外内之道"的儒家新道统。（薛超）

【"青春国学大讲堂"巡回讲座活动启动】随着10月27日北京师范大学专场讲座的成功举办，由弘道书院主办的青春国学大讲堂正式启动。该活动是弘道基金、弘道书院面向青年朋友弘扬国学的专题性活动。邀请知名学者、企业家、社会活动家主讲，旨在传播儒家价值、培养君子人格，以儒家帮助青年朋友面对现代社会，面对成长发展中的各种问题与困惑。价值性、知识性、趣味性并重是青春国学大讲堂的鲜明特点。（薛超）

11 月

【《经学研究》第二辑出版】该书由干春松、陈壁生主编，以"经学与建国"为主题，由中国人民大学出版社出版。本辑旨在回顾一个问题：晚清民初，面对中国从帝国转向民族国家的局面，康有为、章太炎等人如何凭借经义，提出他们的建国理念。重温晚清民初经师大儒的建国理念，并非认为他们提供了现成的答案与灵验的药方，而是因为他们开启了一系列的问题，并且这些问题在百年后的今天，仍有值得借鉴的意义。（薛超）

【"汉服文化周"活动在浙江西塘举办】该活动由台湾名人方文山发起，于11月1日至3日在浙江嘉善县西塘古镇举办。该活动以中华传统服饰文化、礼仪文化的弘扬及传承为根本目的，是中华传统服饰和传统礼仪文化首次大规模的呈现，将汉服运动十周年纪念系列活动推向高潮。（薛超）

【2013中华礼乐大会暨汉服文化艺术展在福州举办】该活动由福建省社科联、福州市文明办、福州市文新局等单位联合主办，于11月16日在福州市文庙举行。两岸数百名传统礼乐文明研究学者、汉服推广和复兴者、华夏传统礼乐文化践行者以及非物质文化遗产传承者欢聚一堂，共话中华礼乐文明之复兴。如何保持和发扬中华礼乐文明的精神，保护和传承中华礼乐文明之精华，以及传统文化精华如何复兴，成为话题聚焦所在。大会还在福州西湖之畔举办华夏古乐演奏会，邀请包括世界级非物质文化遗产南音、古琴及非物质文化遗产十番、禅和乐、安南尺等在内的多支传统古乐演奏团队，以传统音乐之雅，传播华夏文明之美。此前，大会于11月9日至11日在浙江横店分会场进行了炎黄祭祀典礼、汉服服饰T台展、汉文化集市展、华夏礼仪展等一系列丰富多彩的传统文化活动。（薛超）

【第十届当代新儒学国际学术会议在深圳举行】该活动由深圳大学主办，深圳大学国学研究所承办，于11月16日至17日在深圳大学举行。来自海峡两岸、香港、澳门及美国、加拿大、新加坡、马来西亚等国家和地区60多所高校和研究机构的120多名代表出席会议。会议围绕"儒学的当代发展与未来前瞻"这一主题，从近30年来儒学发展的实践入手，立足当代、回顾过去、展望未来，对儒学的当下境遇、发展与问题及其未来走

向，做了深入的探讨和前瞻性研究。(薛超)

【同济大学第一届儒学与古典学年会在上海举行】该活动由同济大学中国思想与文化研究院于 11 月 16 日至 17 日在上海举行，来自各院校院系的近 30 名学者参加。会议以经学视角为主题，认为近年来中国哲学研究范式发生巨大变化，以西方哲学概念剖析中国传统学术的"中国哲学"形态受到了普遍质疑，"中国哲学"学科面临合法性危机。回归中国经典阅读方式的固有传统成为大势所趋，而重建经学则是这一方向变化中的关键。(薛超)

【儒家与当代中国思想之创生暨《儒生文丛》第二辑出版座谈会在京举行】11 月 24 日，由弘道书院承办的"儒家与当代中国思想之创生暨《儒生文丛》第二辑出版座谈会"在北京燕山大酒店牡丹厅举行。本次座谈会由弘道书院学术部主任、中国人民大学任锋副教授主持。会议邀请了张晚林、林桂榛和陈乔见三位《儒生文丛》作者代表发言，并安排了两轮学术气息浓厚的评议与对话。对话一方是任剑涛、许章润、胡水君、程农、张旭、张龑六位来自政治学、法学和哲学等学科的代表性学者，另一方则是姚中秋、陈明、梁涛、任锋和唐文明五位儒家学者。关于当代中国思想能否创生、何时登场、如何展开的深入剖析，在这种跨学科、论辩式的讨论中展开。与会学者还就"家哲学"的普世性与哲学定位，"亲亲相隐"的考证和当代意义，儒家宪政主义的史学证据等话题展开了激烈的思想交锋。(薛超)

【第十届"国际儒学论坛"在北京召开】该论坛由中国人民大学与韩国高等教育财团联合主办，于 11 月 29 日在中国人民大学逸夫会议中心开幕。来自韩国、日本、俄罗斯、美国、荷兰、中国大陆、中国香港、中国台湾等国家和地区的近百名学者参加会议。本次论坛会期 3 天，包括大会和分组会议，围绕会议主题"儒家与理想之治"，与会学者就"儒家思想与理想之治""中西理想政治哲学模式""儒家的正义观"和"儒家政治哲学对海外影响"等方面展开深入研讨和交流。国际儒学论坛于 2004 年创办，每年举行一届，如今已成为极具影响力的国际儒学盛会。国际儒学论坛自创办起，便坚持研究和弘扬中国传统儒家文化的精髓，致力于推动东亚和世界的儒学研究交流。（薛超）

12 月

【康晓光著《君子社会：国家与社会关系研究》出版】该书由南都公益基金会资助，新加坡世界科技出版公司出版，是康晓光先生关于国家与社会关系研究的最新成果。该书把国家与社会关系置于民族国家之内来研究，把中国置于世界之内来研究，把现实置于历史之中来研究，不仅对政社关系进行实证研究，也对其进行规范研究，对现状做出了价值判断，提出了政社关系理想模式——建基于儒家文化之上的"君子社会"，对中国当下的政府与社会组织的关系的现状及存在的问题、成因、解决之道进行了研究分析，并提出了如何实现政社关系理想蓝图的策略和步骤，以"卫道"——遵循中华文化精神，重塑中国的国家与社会关系。作者强调，在全球化时代，不能无视其他民族的经验，要善于向别人学习；不能切断历史，背叛自己的文化传统，要从传统中汲取资源，建造自己的未来；要高度重视文化变量，高度重视历史文化的建构功能，在民族文化中发掘建构未来中国的政社关系的资源，并将未来的政社关系建立在民族文化的基础之上。（罗德）

【钱穆先生遗稿《中国经济史》在大陆出版】该书首次在大陆问世，由北京联合出版公司出版。该书是钱穆先生于 1954—1955 年期间在香港新亚书院讲授"中国经济史"及"中国社会经济史"两门课程时的授课内容，由其弟子叶龙详尽笔录及整理并对一些内容做出了补释，最后结集出版形成本书。该书扼要地讲述了由上古春秋战国至明清时代的经济情况及财政政策，并道出经济与政治、文化、社会、军事、法律、宗教之间的相互影响和联系，评价政策和朝代兴亡之关系，不仅填补了先生缺乏经济专门史著作的遗憾，更令读者能够通过阅读中国经济史加深对钱穆先生其他著作的理解，以体悟钱穆先生强调要在文化传统一体性中做研究的教诲。（薛超）

【李祥俊著《熊十力思想体系建构历程研究》出版】该书由北京师范大学出版社出版。该书从研究熊十力先生思想体系的建构历程出发，对存在论、认识论、外王学、学术观等方面较为全面的阐释、评价，把熊十力思想放到中国近现代学术文化的大背景下，看他如何回应时代与人生提出的问题，如何处理儒与佛、中与西、传统与现代的关系，从而梳理其思想演进的发展阶段、核心问题、学术脉络。（吹剑）

【广东私塾联谊会 2013 年联合年会暨教学论坛在广州举行】该活动由广东私塾联谊会主办，联合了全国读经夏令营联谊会以及全国各地十余家私塾联谊会与读经推广机构，于 12 月 7 ~ 8 日在广州华南农业大学举行。与会的读经教育界同仁及关心传统文化教育的社会各界人士围绕本次会议主题"传承圣贤智慧，促进教学相长"进行了交流。（南山石）

【海峡两岸中华传统文化教育论坛在武汉举办】该活动由武汉大学台湾研究所于 12 月 18 日在武汉主办，来自海峡两岸的 60 多位专家围绕中华传统文化教育问题展开讨论，旨在交流两岸教育经验，更好地促进优秀传统文化与当代社会相适应、与现代文明相协调、与世界文化发展趋势相符合。（薛超）

【国学大有班在上海招生】本月，由道里书院和新知书院主办，国学新知媒体支持的国学大有班开始对外招生，着手有志于学习传统文化，尚友古人、研修经史、修养性情、变化气质、经世致用的各界人士，尤其欢迎有志于投身国学教育事业者。学制 3 年，分为甲、乙两班，轮流隔周上课（甲班单周，乙班双周），每班一个学期共 9 周，系统教授经史学问和传统艺术，以培育国学高级人才为主，学满 3 年后进行考核，各科合格则颁发由道里书院和国学新知联合授予的修学证书，旨在促进传统文化通识教育，培育国学师资。（薛超）

跋

万未料想，从事儒家事业会如此艰难。个中滋味，非亲历则难知矣。除却弘道过程中之各种曲折反复外，首要困难当属筹资问题，以及坐而论道之外缺乏真打实干之做事者的问题。

前年冬天，与神交已久之邸继文兄相会于京，并与王达三等人餐聚，相谈甚欢。继文兄提前悄然结账，且当场捐助人民币3000元以资《儒生》之用。其后，继文兄又提出要捐2000元资助《儒生》，因其亦为工薪族，并非大富，我再三推辞，但他一再坚持要尽心意，并云"为儒门做点事是我们共同的心愿"。盛情难却，惴惴接纳，主要用于资助《儒生》和向高校青年儒家社团赠阅书籍。继文兄在山西朔州积极弘扬儒学，身体力行，创造出卓有成效的"朔州模式"，让人好生感佩！《儒家邮报》、儒家网、儒生书系之面世，即得益于继文兄这般民间儒友之倾力支持。比如西安刘明，南宁谢建雄，贵阳白敏，上海尔雅台，北京林先生、苏女士、黄先生、明夷，南昌弘毅，苏州陈光荣，湖州苏醒，石家庄承冯志，常州孔祥东，深圳周北辰，亦有佛门朋友济南如是平，上海计善、计因，等等。承这些赤忱友人之鼎力相助，方披荆斩棘走至今日。

3年前，一个项目在万事俱备之际，却因资金不足而陷入困境。无奈四处募捐，有友人回短信曰："要获得资助有难度，须是很喜欢这些的人，又有些钱，才有可能。"我曰："现在暴发户太多，儒商太少。有钱人非绅士，是中国目前最大的悲哀！"友曰："所以中国没有上流社会嘛！"于此心生感慨，遂将交流内容发至微博，随后引来秋风兄等诸多儒友之讨论与共鸣，亦因此催生后来成立"弘道基金"。

目前中国，儒家虽已显一阳来复之势，但仍步履蹒跚，长路漫漫。多年前跟陈明老师一同做事之时，他便常说："现在儒家颜回太多，要做子贡！"跟秋风诸师友小聚商议"弘道基金"成立问题时，秋风兄亦感叹："儒门不缺读书人，缺的是做事者。"儒家强调知行合一，推崇德功言并立。先师孔子曰："我欲载之空言，不如见之行事之深切著明也。"此之谓也！

在传统社会，珍视儒家价值理想之绅士，乃地方自治领袖。在中国传统农业社会，主体即是乡绅。在现代工商业社会，积极参与推动社会自治、经济发展、政治建设之商业精英，恪守"仁者以财发身，不仁者以身发财"之信念者，即为商绅。简言之，商绅非为谋利而谋利者，而是深具社会责任感与历史文化意识之商人。今日之时势下或可曰，商绅不现，则中国不兴。

谨与诸师友共勉。

任重
2015 年 8 月落笔于北京